世界法语区发展研究

Études sur le Monde francophone et son Développement

2023
第一辑

理解当代中国　沟通法语世界

主　编◎杨少琳
副主编◎文雅　董遥遥

主办单位：四川外国语大学世界法语区发展研究中心

中国社会科学出版社

图书在版编目（CIP）数据

世界法语区发展研究. 第一辑, 理解当代中国　沟通法语世界 / 杨少琳主编. —北京：中国社会科学出版社, 2023.12
ISBN 978 - 7 - 5227 - 2815 - 5

Ⅰ. ①世… Ⅱ. ①杨… Ⅲ. ①法语—国家—研究 Ⅳ. ①K91

中国国家版本馆 CIP 数据核字 (2023) 第 233750 号

出 版 人	赵剑英
选题策划	郭曼曼
责任编辑	黄　丹
责任校对	韩天炜
责任印制	王　超

出　　版	中国社会科学出版社
社　　址	北京鼓楼西大街甲 158 号
邮　　编	100720
网　　址	http://www.csspw.cn
发 行 部	010 - 84083685
门 市 部	010 - 84029450
经　　销	新华书店及其他书店
印　　刷	北京明恒达印务有限公司
装　　订	廊坊市广阳区广增装订厂
版　　次	2023 年 12 月第 1 版
印　　次	2023 年 12 月第 1 次印刷
开　　本	787×1092　1/16
印　　张	11
字　　数	248 千字
定　　价	69.00 元

凡购买中国社会科学出版社图书，如有质量问题请与本社营销中心联系调换
电话：010 - 84083683
版权所有　侵权必究

编委会

主　编　杨少琳

副主编　文　雅　董遥遥

编辑委员会成员(按姓氏拼音为序)

　　　　　　陈　昉　胡博乔　刘帅锋　唐　果

　　　　　　游　滔　叶　治　张俊丰

顾　问　王朝文　刘　波

《世界法语区发展研究》创刊词

　　法语作为一门国际通用语言，在世界范围内拥有广泛的使用群体和应用领域。法语世界覆盖五大洲，法语世界的国际组织包括近百个国家，是世界格局中的一支重要力量。同时，法语区国家也因其独特的历史和文化渊源而形成了自己独特的可资镜鉴的发展模式、文化资源和思想体系。

　　在当今这个充满急剧变改的时代，人类社会面临着许多共同的问题和挑战。在"理解"与"沟通"蔚然成为时代主题的今天，中国和法语世界之间的交流显得尤为重要，因为双方都具有悠久的历史和文化底蕴，独特的现实和社会背景。"理解"是包容和相互尊重的前提，"沟通"是交流和共同发展的契机。如何在理解与沟通的基础上平等相待，共同探索解决问题的途径和应对挑战的方法，这是时代赋予人文学科的重大使命和宝贵机遇。

　　创办《世界法语区发展研究》辑刊的机缘，是四川外国语大学法语学院于2022年11月举办的主题为"理解当代中国，沟通法语世界"的国际研讨会。这次会议汇聚了国内外数十位专家学者，在文学、文化与翻译、语言与教育、区域国别研究四个领域展开了卓有成效的广泛讨论。为此次会议设定的这四个领域，也顺理成章地成为本刊四个栏目构架的来源。

　　"理解"与"沟通"，这既是对待文化多元性的态度，也是促进文化交流的方法，此为本刊的立意基点；"中国情怀"与"国际视野"，此为本刊的精神基因。创办本刊的目的，就是深入探究世界法语区各国之间存在的联系与差异，探讨法语国家在政治、经济、文化、教育等领域的最新发展动态和趋势，以及对全球化进程中各种挑战所做出的应对，同时，加强中国与法语世界在文化层面的理解与沟通，深入探析当代中国与法语世界之间多样化的沟通途径，进而促进中华民族与法语区国家之间更紧密的交流合作。本刊的办刊宗旨，就是以"同情了解"和"圆融贯通"之心去亲近与己不同的文化，以"通和致化"和"化感通变"之法去化解不同文化间的隔膜，以此跨越横亘在时空、语言、思维方式、文化背景、意识形态等之间的差异。只有通过理解和沟通，我们才能真正在包容中实现丰富多彩的不同文明间交流互鉴的目的，而不同文明的交流互鉴，是推动人类文明共同进步和世界和平发展的重要保证和动力来源。

　　作为一本关注法语国家在文学、艺术、教育、历史、社会、政治、经济等方面发展，以及中国与法语世界之间文化交流的学术刊物，《世界法语区发展研究》鉴于其广泛的涉猎，将凸显和坚持"跨学科融合导向"，努力为国内外从事法语区文化研究、中法（跨）文化交流、新文科背景下法语教育等领域的法语人文学者打造一个增长见识、拓

《世界法语区发展研究》创刊词

宽思路、畅通言路的开放平台，使之成为他们发表真知灼见的学术园地，进行有识之辩的博弈论坛，际会同行专家的沟通桥梁，同时也让大众有机会领受他们融会文史哲的学问、融合中西学的艺术、融通教科文的方略。本刊不求光怪陆离、立异标新，但求脚踏实地、会通诸学，以深层透视探幽发微，以多元检索查探殊途，以现代学理重审故旧，以创辟考察谱写新章，力求做到发挥洞察纤毫的敏锐从细微处见大观，秉持包举环宇的胸怀于平凡处出精彩，体现出和而不流，新而不怪，创而不伤的品格和气象。

在中国逐渐走进世界舞台中央的今天，人文学者要有从近代"西学东渐"的输入模式转向"多元共生"的比较和对话模式的意识。在中国走向世界之际，我们需要了解世界；在世界需要和关注中国之时，我们更应该让世界了解中国，倾听中国，认识中国，进而理解中国。一个具有现实意义的命题是，在中国参与全球化的过程中，中国的脚步走到哪里，中国的利益延伸到哪里，中国的学术研究就应该跟进到哪里。这就要求人文学者要有超前识变的敏锐触角、积极应变的充裕才能、主动求变的过人胆魄，从中国立场出发，确立在世界学术和知识生产中，中国学术话语体系和中国叙事体系的自主意识，推动"研究中国，就是研究世界""研究世界，就是研究中国"态势的形成，加强国际传播能力建设，提高沟通世界不同国家和民族的方法技巧，形成与中国综合国力和国际地位相匹配的国际话语影响力。

共同的语言、共同的目标把我们汇聚到了一起。沟通法语世界，汲取其文明资源助力中国的发展，并且让法语世界理解新时代奋发迈进的中国，这是我们的双重职责与使命。我们相信，本刊的创办定会是一项有价值、有意义的工作，冀望能够为相关决策提供参考依据，为解决全球化进程中遇到的各种问题提供智慧支持，为中国和法语区之间文化的互鉴共荣做出绵薄但积极的贡献。

果如此，则深以为慰！

刘　波
2023年6月于重庆歌乐山麓

目 录

特 稿

加强中国国际传播能力建设　提高沟通法语世界方法技巧 …………………… 王朝文(3)

文 学

卡马拉·莱伊:撒哈拉沙漠以南永远的黑孩子…………………………………… 刘成富(9)

"反现代者"
　　——波德莱尔对资本主义现代性的批判……………………………………… 胡博乔(17)

用遗忘构建记忆
　　——帕特里克·莫迪亚诺………………………………………………………… 谭　颖(26)

中国科幻小说在法国的译介与接受………………………………………………… 李梦彧(34)

文化与翻译

法国南方文献出版社与中国当代文学的出版……………………………………… 尹　丽(45)

二十世纪初的长江记忆
　　——武尔士《长江激流行》翻译考证…………………………………………… 曹　娅(50)

讲好中国故事　提升传播效能
　　——以法语短视频制译传一体化为例………………………… 尹明明　胡彬雅(58)

从高技术移民到中小企业家
　　——中国移民在加拿大法语地区的职业决策研究…………………………… 王　艳(72)

目　　录

语言与教育

法国高等教育"卓越计划"背景、历程及启示 …………………… 杨少琳　魏媛媛（83）

从外语教育政策看中国高等外语教育的发展与价值取向 ………………… 董遥遥（92）

研究生"三进"课程中的美育与思政之融合探索 …………………………… 文　雅（101）

象似性与理据性
　　——法国汉语二语教学学科大分裂现象分析 ……………………… 苏　逸（109）

区域国别研究

西非经济共同体货币变革的历史背景、主要动力及挑战 …………… 游　滔　王　战（119）

21世纪中国的西非研究 …………………………………………………… 石　芳（133）

塞内加尔语言状况与语言政策 …………………………………………… 刘帅锋（145）

非洲法语国家仲裁制度发展研究 ………………………………………… 王　娅（156）

征稿启事

《世界法语区发展研究》稿约 ………………………《世界法语区发展研究》编辑部（167）

特　稿

加强中国国际传播能力建设
提高沟通法语世界方法技巧

王朝文
参考消息报社原社长　党委书记
北京语言大学特聘教授

尊敬的董洪川校长，尊敬的杨少琳院长，各位专家，各位朋友：

感谢四川外国语大学邀请我参加这次以"理解当代中国、沟通法语世界"为主题的论坛，并非常荣幸作为嘉宾第一个发言。我发言的题目是：加强中国国际传播能力建设　提高沟通法语世界方法技巧。

党的十八大以来，习近平总书记胸怀中华民族伟大复兴战略全局和世界百年未有之大变局，深刻洞察国内外形势发展变化，多次就加强国际传播能力建设发表重要论述、作出重要部署。2021年5月31日，在中共中央政治局第三十次集体学习时，习近平总书记就加强国际传播能力建设发表重要讲话。在党的二十大报告中，习近平总书记强调指出："加快构建中国话语和中国叙事体系，讲好中国故事、传播好中国声音，展现可信、可爱、可敬的中国形象。加强国际传播能力建设，全面提升国际传播效能，形成同中国综合国力和国际地位相匹配的国际话语权。深化文明交流互鉴，推动中华文化更好走向世界。"[①] 习近平总书记的重要讲话为我们加强中国国际传播能力建设提供了根本遵循，指明了前进方向。

近十年来，中国站在了世界舞台中央，世界关注中国，想要倾听中国。中国的国际传播能力显著提升，国际传播格局出现可喜的"东升西降"趋势。但是，在国际舆论场，我们还是感觉到，中国"挨骂"的问题没有解决。总有一些人戴着"有色眼镜"看中国，将中国的发展视为威胁和挑战，攻击诋毁中国，妖魔化、污名化中国，给中国的发展设置障碍、制造麻烦，使我们常常有理说不出、有理传不开、有理声不响，涉华的负面新闻、虚假信息到处传播。尤其在西方国家，中国的声音很弱，无法有效地向世界介绍真实的中国。

进入新时代，随着中华民族的伟大复兴，"文明的冲突"仍会持续，意识形态的分歧仍会加剧。法语世界是一个广阔的世界，覆盖五大洲，法语世界的国际组织包括近百

[①] 《习近平著作选读》第1卷，人民出版社2023年版，第38页。

个国家,是世界格局中的一支重要力量。中国需要加强与法语世界的合作与交流。在合作与交流中,怎样让法语世界更好地理解新时代的中国,怎样与法语世界更好地沟通,向法语世界讲好中国故事,切实加强中国国际传播能力建设。方法技巧很多,我认为最主要应抓好以下几个方面。

第一,树立跨文化思维。从本质上来说,国际传播是一种跨文化传播,需要跨越不同国家、民族的文化差异,因为国际传播中客观存在时空差异、语言差异、思维方式差异、文化背景差异、意识形态差异等。

法语是当今世界使用最广泛的语言之一。据统计,目前,全世界使用法语的总人数为3.21亿人,其中60%的人在非洲。法语也是联合国教科文组织、欧盟等国际和地区机构正式使用的工作语言。在英语世界,法语是第一外语。法语由于其发音的甜美以及语调的细腻、柔和、顿挫更是一种非常优美的语言。法国著名的作家都德(Alphose Daudet)和法郎士(Anatole France)都赞美过法语。19世纪末,法国地理学家雷克吕斯(Onésime Reclus,1837—1916)为了形容和表述所有讲法语的人和国家的整体,首次把语言概念和地理概念结合起来,最早使用了"La Francophonie"一词,经过塞内加尔前总统桑格尔、柬埔寨前国王西哈努克等知名政治人物,以及法国一些语言学家、媒体的大力宣传和推动,"La Francophonie"一词被广泛地使用。后来有人将"La Francophonie"译成了"法语圈"和"法语世界"。由于法语世界跨度大、地域广、人数多,且每个国家的政治生态、社会环境、人文状况、文化背景、思维模式、饮食习惯千差万别,因此,沟通法语世界,就要研究法语世界不同国家受众群体的心理特点和接受习惯,承认并尊重和适应不同文化背景下的价值观、宗教观、思维方式、风俗习惯、语言表达等方面的差异,树立融通中外的国际传播理念。

第二,要善于话语表达。法国哲学家米歇尔·福柯(Michel Foucault)有句名言:话语即权力。话语是传播的基本要素构成,是实现传播目标和提升传播效能的主要手段。在日常生活中,我们都有一个感觉,有人说话我们爱听,有人说话我们不爱听。那么,在与法语世界的沟通中,怎么让法语世界的人们爱听呢?重要的是讲究话语的表达方式。既要敢于表达,更要善于表达,要会说、善说、能说;表达方式既要国际通识,又要融通中外;内容要国际化、标准化和通俗化,不能自说自话,更不能指责说教,有些事不需要讲大道理,而是要讲小故事、小细节,从小处入手,从细微之处入手,从情感入手,要用法语世界听得懂的语言、习惯听的方式和词语、容易懂的事实来讲述反映现实、触动内心情感的故事,表述一个真实、立体和全面的中国,引起共鸣,让法语世界的受众愿意听、主动听、经常听,从而塑造一个"可信、可爱、可敬"的中国形象。

第三,以文化传播为重要载体。习近平总书记指出:"文明因交流而多彩,文明因互鉴而丰富。文明交流互鉴,是推动人类文明进步和世界和平发展的重要动力。"[1] "文化交流是民心工程、未来工程,潜移默化、润物无声。"[2]

---

[1] 《习近平著作选读》第1卷,人民出版社2023年版,第228页。
[2] 《文化交流是民心工程、未来工程——记习近平主席会见俄汉学家、学习汉语的学生和媒体代表》,《新华每日电讯》2013年3月25日。

文化是加强中国国际传播力建设最好的载体之一。因为任何文化都承载着民族精神，任何文化都包含着爱与宽容，任何文化都存在着共同之处。文化最能感染人、吸引人、影响人，触动人的心灵。我从中学开始学习法语，接触法国文学、电影和艺术，后来在南京大学学习法国语言文学。20世纪80年代开始在法属非洲国家从事新闻工作，之后又在法国、比利时、瑞士、卢森堡以及非洲法属国家工作多年，在我的成长和工作过程中，深受法语和法语世界文化的影响，法国的小说、绘画以及法属非洲的舞蹈、艺术、雕刻给我留下了非常深刻的印象。但与此同时，我更深深感受到中国文化对法语世界的影响，深深感受到法语世界对中国文化的喜爱。每次到法语世界国家，都能在不同场合看到很多中国文化的印记。比如，过去，非洲人了解中国文化更多的是通过李小龙、成龙的功夫片。20世纪八九十年代，我到非洲法语国家采访，很多小孩在向我示好的同时向我展示中国功夫。1996年我作为新华社喀麦隆分社首席记者，专门采访并报道了喀麦隆少林弟子马拉创建的"中华少林武馆"和喀麦隆人雅克创建的"天蝎宫"中华武馆。今天，随着"一带一路"建设和改革开放的深入，中国的歌舞、艺术、绘画、书法、语言文学等已深入法语世界人们的日常生活。现在在法语世界，不仅是法国、比利时、瑞士、加拿大、越南、柬埔寨等喜欢中国文化，法语国家的非洲人也喜欢中国文化，法语世界追捧中国文化和汉语语言文学的"中华粉丝"越来越多。这充分说明，中国文化在沟通法语世界、促进中国与法语世界的交流中发挥着非常重要的作用。

第四，要不断提高法汉翻译水平。翻译是一种再创作，既要忠实原文，又要信达雅。在中法文化交流中，中国的一大批优秀翻译家为我们打开了法语世界之窗，法语世界的一批汉学家将中国文化传播到了海外。通过翻译，中国和法语世界得以彼此了解。

加强中国国际传播能力建设，面对的是海外受众。沟通法语世界，面对的是讲法语的人群。因此，汉法翻译尤其重要。当前，中国真实形象和西方主观印象的"反差"说到底就是翻译水平没有到位，翻译的东西不够精准、没有人看、传播力不广。

要让法语世界正确地了解和理解新时代中国，就要不断提高法汉翻译水平，实现精准传播。汉法翻译特别需要注意语言词汇的差异。举两个简单的例子：比如，同一个法语世界，讲的同一种语言，但由于国家不同，词语的表达也会不同。如法国人形容人个子高矮，会用GRAND或者PETIT来形容（Il est grand, elle est petite），而在有的非洲国家，形容人个子高矮则用LONG或者COURT，这在法国人看来是长和短的意思。再比如，法国人和比利时人对数字的表达方式也不一样。由于中外文化存在的现实差异，我们在与法语世界沟通时，更要注意词语的精准表达和精准翻译，因为有些中国词语如果不加上足够的背景注释，外国人无法迅速理解。我记得外文局原副局长黄友义举过一个例子，说有一次华为老板任正非在讲话中说，华为要"杀出一条血路"来。任正非当过兵，讲这样的话非常正常。在中文里人们不会把任正非说的"杀出一条血路"理解为"一路杀人，血流成河"，但有西方人把这句话翻译成"一路杀人，血流成河"。在当今复杂的国际舆论环境下，这种错译和恶毒的翻译行为越来越多。因此，我们在和法语世界沟通时，一定要注意翻译精准，尽量使用通俗、国际标准化的词汇，避免使用一些战争词汇，如杀出一条血路，打一场人民战争，建立桥头堡，等等。

第五，充分发挥法语世界汉学家的作用。数百年来，世界汉学家在向世界介绍中国、宣介中国过程中发挥了特殊作用。《论语》《孟子》《易经》等最早都是由汉学家和传教士翻译到西方去的。事实证明，世界汉学家是中国文化走向世界的传播者、向世界客观介绍中国的推动者。一代代的汉学家通过文学作品的翻译，通过对中国的研究，纠正了世界对中国的一些偏见和错误的认识。有些西方人，尽管不是传统意义上的汉语家，但经过在中国的亲身经历，也起到了向世界宣介中国的特殊作用。如斯诺当年的一本《红星照耀中国》让全世界了解了中国工农红军和中国共产党领导的中国革命，帮助中国革命赢得了国内外舆论的理解和支持。

在法语世界，也有许多知名的汉学家，他们通过翻译中国的文学作品，撰写对中国的研究报告，向法语世界客观介绍中国，架起了一条中国与法语世界沟通的桥梁与纽带。而且，事实证明，通过法语世界汉学家翻译的中国作品进行传播有时能够达到意想不到的效果。所以，充分发挥法语世界汉学家的作用，"借嘴说话""借船出海"非常重要。

各位专家、各位朋友，参加今天论坛的都是中国法语圈的知名学者，共同的语言、共同的目标让我们会聚到了一起。沟通法语世界，让法语世界理解新时代的中国是我们的职责与使命。在"5·31"重要讲话中，习近平总书记专门强调："要加强高校学科建设和后备人才培养，提升国际传播理论研究水平。"作为一所专门的外语类院校，四川外国语大学数十年来为沟通法语世界培养了大批人才。这次又按照中央的总体要求，克服疫情带来的不利因素，专门组织这次论坛，致力沟通法语世界，宣介新时代中国，可敬可贺。衷心希望四川外国语大学继续利用学科优势、外语人才优势、科研优势，在中国国际传播能力提升、沟通法语世界、连接中国与法语世界等方面做出更大贡献。

再次感谢四川外国语大学，感谢董洪川校长。祝此次论坛取得圆满成功！

（本文编辑：唐果）

文学

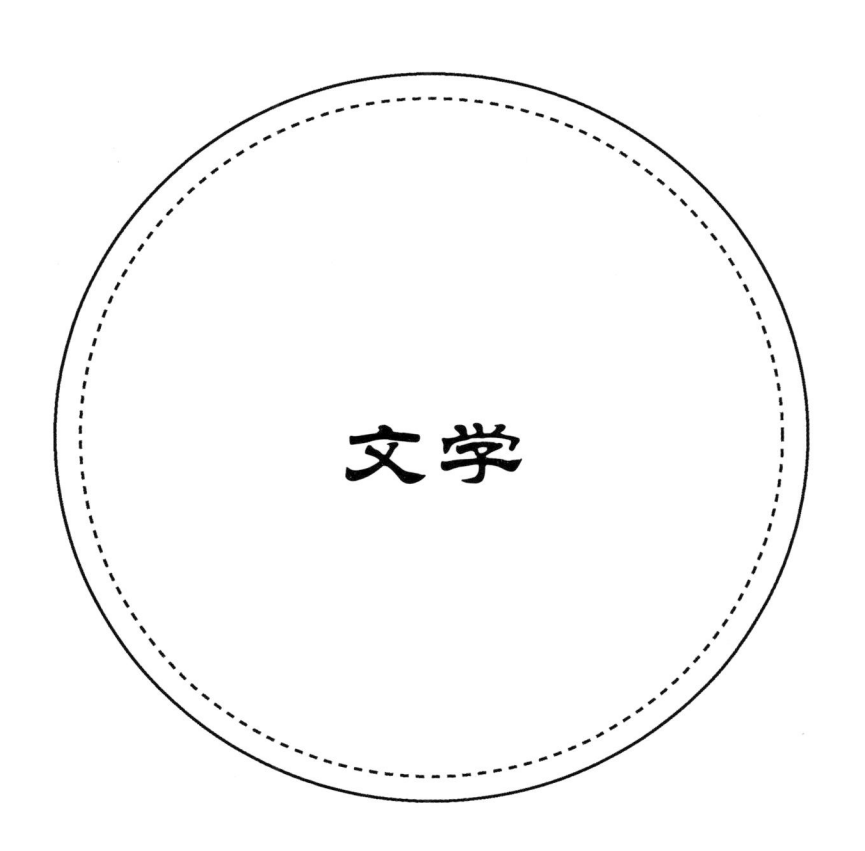

卡马拉·莱伊：撒哈拉沙漠以南永远的黑孩子[*]

刘成富[**]

【摘　要】 本文以当代几内亚著名法语作家卡马拉·莱伊为研究对象，通过对《黑孩子》创作主题和写作风格的研究，论述了个人自传与集体记忆之间的关系，肯定了作家对非洲传统文化所抱有的特殊情怀，并在此基础上，从文化身份的角度对这部备受争议的作品进行了探讨，进一步凸显了其深刻的文化内涵。

【关键词】 卡马拉·莱伊；非洲传统文化；争议

非洲最早的一批流散作家可以追溯到20世纪五六十年代，几内亚作家卡马拉·莱伊（Camara Laye，1928—1980）就是其中一个重要的代表人物。1928年，卡马拉·莱伊出生在几内亚的库鲁萨市（Kouroussa）。其父亲是一名勤劳善良的金银匠兼铁匠，母亲达曼·萨丹也来自一个铁匠家庭。莱伊从小学习成绩优异，后来由位于首都的科纳克里技工学校保送至法国阿尔让特汽车中心学校继续深造。1956年，卡马拉·莱伊回到祖国担任工程师，两年后，开始担任信息部下属的研究中心主任。在接下来的10年，他为《黑人俄耳甫斯》和《非洲存在》等期刊撰写了一系列短篇小说。1954年，《国王的目光》一问世便被视为几内亚最佳小说之一，作者生动地描绘了一个白人在丛林中寻找一位非洲国王的过程。从1964年开始，莱伊流亡塞内加尔，在达喀尔大学从事伊斯兰教研究工作。莱伊出身于马林凯家族，这个家族的谱系可追溯到13世纪。尽管几个世纪前他所在的地区已皈依伊斯兰教，但仍保留着祖先的万物有灵论的思想。对莱伊来说，非洲永远是他年轻时候的非洲，他总是用欣赏的目光看待自己的同胞。

一　一部进入中小学教材的小说

《黑孩子》（*L'Enfant noir*，1953）是莱伊的成名作。作者饱含深情地回忆了幸福的童年和青少年时代，生动地描绘了作坊里的劳作、丰收的水稻、校园生活、传统节日以及割礼仪式等场景，将马林凯民族的社会生活表现得栩栩如生、淋漓尽致。莱伊酷爱非洲

---

[*] 本文系国家人文社科一般项目"法国前殖民地法语文学研究"（项目编号：16BWW069）的阶段性成果。
[**] 浙江越秀外国语学院非洲大湖区研究中心执行主任，南京大学外国语学院教授、博士生导师，主要研究方向：法语文学、非洲问题研究。

的传统生活，尤其是法国殖民前的当地文化。在作品中，他对法国的殖民感到深恶痛绝，对非洲黑人因文化变化而带来的痛苦深表同情。从1953年起，《黑孩子》这部有关非洲传统的社会习俗和风俗人情的小说就一直赢得读者的广泛好评。在非洲大陆，这部作品作为最早一批非洲法语的作品进入了许多国家的中小学教材。流畅的笔触、平易质朴的语言、真挚的情感，所有这些使莱伊成了公认的最好的非洲作家之一。众所周知，非洲最早的一批流散作家带有那个时代强加给他们的文化标签，他们身处复杂动荡的社会，常常被直接或间接卷入地缘政治的旋涡。如果说这些作家的作品有一个共同的特点，那就是"流散书写"。边缘体验、身份焦虑、种族歧视、文化寻根等成了他们笔下最为重要的思考对象。在这一类作家中，用法语进行文学创作的几内亚作家莱伊就是其中最为杰出的代表之一。

《黑孩子》以法国统治时期的几内亚为背景，以青少年巴巴为主要人物，描写了巴巴和他的家人生活在尼日尔河畔的故事。天黑后，他的父亲马杜总是跟朋友们在一起。巴巴跟他的家人很亲近，也感到很幸福，只是有的时候也会遇到意想不到的烦恼。马杜为了让儿子过上更加美好的生活，决定把巴巴送到寄宿学校，后来又把他送到首都科纳克里。一开始，他在学习上信心不足，但在中产阶级叔叔穆萨及其家人的帮助下，巴巴适应了那里的生活节奏。巴巴对滨海城市的生活时而感到兴奋，时而感到彷徨。最后，巴巴终于毅然决然地回到了自己的村庄。

显然，莱伊一方面竭力表现殖民文化所带来的精神痛苦，另一方面又不遗余力地进行身份的重构。《黑孩子》的故事发生于1933—1948年，那个时候几内亚还没有获得政治独立。故事的开头描绘了莱伊一家的日常生活，尤其是父亲带有神秘色彩的炼金过程以及母亲的通灵术。紧接着，作者为我们讲述了发生在舅舅家的农忙景象。莱伊讲故事的能力十分高超，在他的笔下，法国人开办的小学、"宫登·迪亚拉"练胆量的习俗以及黑人的割礼场景无不生动有趣。小说的最后，作者追忆了主人公考进科纳克里技工学校后在叔叔家度过的难忘时刻以及被保送到法国阿尔让特汽车中心学校学习的美好时光。从库鲁萨到科纳克里、从科纳克里到法国，主人公莱伊逐渐走向成熟。正是在对原生环境残酷别离的过程中，莱伊意识到了自身的身份，因而从内心深处不断发出"我是谁"以及"我要去何处"的叩问。在小说的开头，作者就借父亲之口，表达了莱伊的未来道路："总有一天，你会离开这所学校，跨进更高的学府，你将离开我，孩子……"[①] 面对父亲的不舍和牵挂，莱伊陷入了困惑。在几内亚，炼金是一门技艺和人品要求极高的职业。在懵懂的小莱伊眼中，没有什么职业比炼金更为高尚了，唯有炼金的作品才配得上艺术。但是，他又无法将自己界定为家族事业的传承者，他本能地感受到内心深处有着更为远大的呼唤。这种身份上的困惑同样表现在丹迪港割小麦时的沉思之中："我不在这儿生活……也不在父亲的铁匠铺生活，可我在哪儿生活呢？"（EN：45）田野里团结协作、互帮互助的场面深深地打动了他，使他体会到了大都市里少有的幸福和温暖。但是，

[①] 卡马拉·莱伊：《黑孩子》，黄新成译，重庆出版社1984年版，第12页。正文里引用原著时，不再加脚注，在正文里用（EN：页码）表示。

他仍然无法排解与出生地格格不入的疏离感。他的叔叔认为,他今后不可能从事农活。尽管莱伊并不赞同这种将自己身份特殊化的说法,但似乎在纷乱的身份迷宫里找到了一个出口:也许自己更喜欢在学校里学习。

莱伊选择了一条与家人、与非洲传统生活方式截然不同的路。这种意识实际是殖民统治所带来的现代性的召唤,但是,这种意识又在代际传承之间产生一个难以逾越的鸿沟,预示着传统文化在现代性面前无能为力。在得知莱伊即将远赴法国的消息后,他的母亲很矛盾,根本无法面对再次分离的残酷现实。悲切之下,她直言儿子"忘恩负义"。显然,莱伊母亲的控诉不再是她个人对于母子离合的情感发泄,而是化身为非洲大陆无数母亲对游子的不舍,或者说,是非洲大陆对于流散子民的强烈呼唤。母亲哭着将莱伊紧紧搂在怀里,哭道:"你不会把我抛下不管的,是吗?"(EN:171)这种带有普遍性的患得患失的不安全感象征着非洲母亲精神上的失落与情感上的困窘。实际上,家庭内上演的别离寓意着整个非洲大陆正遭受史无前例的身份割裂。当莱伊将远大的梦想寄予领土之外的"他者"身上时,其实他已经默认了与原生文化之间某种难以跨越的距离。在他的身上既折射了殖民时期流散黑人的心态,又洋溢着强烈的爱国情怀。

《黑孩子》记录了莱伊童年和青年时期的美好回忆,他用流畅的、诗意的散文笔触再现了其在几内亚度过的童年时光。他描述的非洲传统城镇的生活是一种田园诗般的生活,其中,人的价值观是至高无上的。然而长期以来,这部小说的自传性饱受质疑,其主要原因就在于作者对于父母神秘能力和超现实现象的描绘。其实,这些元素同非洲本地的风俗交织在一起,构成了一种对传统社会的神话书写。在小说的开头,莱伊从父亲的口中得知,经常前来探望他的那条小黑蛇竟然是家族的守护神。父亲的名望都归功于这条能够预知未来的小黑蛇。当"爸爸"用手抚摸小黑蛇的时候,蛇的身体微微颤动起来。在幼年的莱伊眼中,这意味着一种神秘的、仅限于两者之间的亲密对话。更有甚者,"爸爸"的炼金过程也被赋予了强烈的魔幻色彩:"他的嘴唇一动一动的……这些话不是咒语又是什么?难道他不正在向火神、金神和风神祈求保佑吗?"(EN:17)神祇的在场被视为炼金必不可少的条件,在很大程度上体现了非洲原始的精神信仰。莱伊妈妈的形象颇具象征意义:一方面,她能干精明,备受当地人敬重;另一方面,在非洲的传统中,紧接着双胞胎之后出生的孩子"赛勇"则被视为具有巫师的能力,能够用自身的智慧化解孪生兄弟间的矛盾。小说对"妈妈"的神化可谓登峰造极,尤其是在图腾的描述中达到了高潮。他的母亲继承了他外祖父的鳄鱼图腾,当她前往鳄鱼密布的河流打水的时候,鳄鱼不会对她造成任何伤害。在作家的笔下,母亲几乎成了全知全能的通灵者。不管是对看不见、摸不着的怪异自然现象的化解,还是与动物之间维系的亲缘关系,智慧的读者都能够从中发现非洲原始万物有灵论的痕迹。自然界与人类不再处于凝视与被凝视的对立关系之中,而是走向了更深层次的融合。但是,《黑孩子》的神秘书写也难以掩饰背后的怅惘之情,字里行间无不流露出社会急剧变化所带来的焦虑心态。莱伊写道:"世界在动荡,在变化……我们再也不是我们过去的那副样子,我们再也不是这些奇迹在我们眼前出现时的我们。"(EN:60)

二 几内亚人文化身份的困惑与重构

《黑孩子》集中体现了几内亚人文化身份的割裂与重构。这部小说具有多重文化交织的特征，字里行间流露出的不是同质恒一的情感表达，而是身份游离的自我迷惘，尤其是传统与现代思潮冲击下的复杂心态。对现代性的渴望以及对传统社会的怀旧成了最早一批流散知识分子的集体意识。在对自身文化身份的割裂性和尝试修复的过程中，有些人走向了怀旧式的神秘书写，但是并不能真正摆脱"他者"留下的痕迹，他们的作品总是建立在一种边界模糊、界限不明的身份指向体系之上。正如霍米·巴巴所指出的那样："某个文化的特征或身份并不在该文化本身中，而是该文化与他文化交往过程中形成的一个看不见摸不着但又存在的模拟空间。这个空间既不全是该文化又不全是他文化，而是两者之间接触交往的某个节点，这个非此非彼，亦此亦彼的'第三空间'中。"① 莱伊的自传体回忆与他的个人经历构成了巨大的互文场域，叙事空间与主体所面临的社会空间相互呼应。

在对父母神秘能力的夸张描绘中，"我"却始终处在"失语"的尴尬境地。作为客观的观察者，"我"记录着父母家族中发生的超自然现象，从来不知道这种神秘能力的渊薮。面对母亲在鳄鱼前坦然自若的样子，"我"只能向读者坦承自己从来不知道自身的图腾。"我"就像个被排除在非洲原始文化之外的"异邦人"。实际上，这就是现代化进程中年青一代的身份困惑，也是客居他乡的作者内心深处的真实写照。自身的不在场表现了对非洲人宗教信仰与精神迷失的双重状态。毫无疑问，对于几内亚作家莱伊来说，写作成了慰藉精神创伤的手段，书写神秘成了追寻自我身份的特有方式。即使在莱伊的第二部小说《国王的目光》中，神秘的叙事和超现实的表现手法同样也占有重要的位置。作者曾说："在布满绝望和骗局的世界里，一切可见的让位于不可见的，不可言明的神秘重新确定了至尊的地位，这就是神所在的地方。"② 在经历了巴黎的精神幻灭之后，或许只有神秘的想象力才能接近神祇，从而抵抗世事无常的虚伪秩序。阿贝尔·库乌阿玛教授就非洲法语文学的虚构性曾经指出："对他们（作家）来说，不是要对过去的历史和当下事件的整个过程来进行书写，而是要从这些事件的整个过程中发挥出另一个虚构的叙事……历史与虚构的关系被确立为自我认同与叙事认同的关联点。这个点也是书写话语与叙事话语的连接点。"③ 面对时代的斗转星移和自身存在的虚无感，莱伊通过《黑孩子》中真实与虚构的串联赋予了非洲大地诸多特性：原始、梦幻、野性和活力。作者用鲜活的文字再现了记忆的鲜活，展现了故土无比强大的感召力，从而激发了对几内亚民族文化身份的认同，用诗意的想象为现实中漂泊的人生提供了立足点。小说中"小黑蛇""鳄鱼"等图腾所代表的"无限"与母亲所代表的"有限"重叠在一起、融合在一起。作者也由此实现了生命的融合，在现象流逝的偶然性之外找到了绝对的心安

---

① Bhabha, Homi K., *The Location of Culture*, London & New York: Routledge Press, 1994, p. 204.
② Jacques, Chevrier, "Un écrivain fondateur Camara Laye", *Notre Librairie*, No. 88/89, 1987, p. 73.
③ 阿贝尔·库乌阿玛：《法语非洲文学中文本意图的来源》，汤明洁译，《社会科学战线》2017 年第 10 期。

理得的场所，从混乱和异化中找到了自信。

从自传体的角度来看，叙事首先是作者自己想要展现的故事，卡马拉·莱伊的《黑孩子》深刻地反映了一个非洲儿童的心路历程。作者成功地克服了殖民主义带来的自卑心理，最终获得了广泛的赞誉。在《黑孩子》中，个人的经历已超越个体层面而成为集体记忆，回到了原点，寻回了儿时的记忆或非洲的根源。从小说的题目来看，作者给人的印象就是他想通过自己的自传来展现非洲儿童的形象，表达对母亲以及对黑人女性的致敬。这不仅体现在小说的开头，还体现在叙事过程中的不同场合："我知道我母亲所表现出来的权威似乎令人吃惊。大多数时候，人们认为非洲妇女的地位是低下的。确实，在一些国家妇女的地位很低，但是非洲幅员辽阔，差异也很大。在我们国家，这种习俗就是一种固有的、与生俱来的独立和自豪感；只有愿意被侮辱人才会被侮辱，而女人很少被侮辱。"（EN：73）。在一个动荡不安的时代，非洲局势十分紧张。作者给我们描绘了一个田园诗般的无忧无虑的非洲；在那里，小莱伊回忆起童年时代在库鲁萨（特别是祖父母的小村庄廷迪坎）幸福而美好的时光。那些地方让人想起了一个个人不可能离开群体而存在的时代。生活就是和父母、朋友、亲戚、经销商们相处。莱伊总是有人陪伴，成了团队里的一员。莱伊回忆了与他人相处的日子，那时候的人与人的关系体现的是团结和对他人的信任："他们在唱歌，他们在收割；他们齐声唱歌，一同收割。他们的声音交融，他们的手势一致。他们团结成一人，一起工作，一起唱歌。志同道合，每一个人都享受着完成一项共同任务的快乐。"（EN：63）

《黑孩子》中叙述的故事发生在人类与自然以及与自然的各个组成部分，包括最野蛮的或和谐相处的那个时代。可怕的物被超自然驯服，消除了恐惧和疑虑，给人们带来了信任和平静。至于母亲，她拥有她的父亲种姓的力量，继承了他的图腾——鳄鱼。面对令人遗憾的过去，面对殖民者造成的伤痛，这个小男孩的目光就像外国人的目光一样。这个欧洲人很乐于寻找异国情调存在的原因，却怎么也找不到进入其中的钥匙。他发现自己对属于他的东西是陌生的，他感到十分痛苦。"但是世界在变动，世界在变化，我的世界可能比任何其他人都变得快，所以我们似乎不再是我们原来的样子，实际上我们确实不再是以前的我们。当这些奇迹在我们眼前实现的那一刻，我们就已经不再完全是我们自己了。"（EN：80）

从非洲特定地区的文化来看，非洲作家能够推动一种具有参照意义的故事叙事话语，并代表非洲几个世纪以来一直被边缘化的整个种族。在大多数情况下，这是为了接受某种差异和找回一种文化上的认同。他们毫不犹豫地从文本中汲取灵感，以便更好地歌颂某些传统价值。值得一提的是，文化在身份冲突中扮演着重要的角色，使自我与他者保持了一定的距离。这种身份体现在一个民族的各种仪式中。在《语言大师》（*Le Maître de la parole*）一书中，莱伊试图竭力强调非洲文化的重要性，以此作为非洲人在当代世界中的地位。主人公在那里度过了童年，然后开始了学业上的冒险。莱伊将几内亚人民以及后来面对学校威胁的黑人传统习俗理想化。非洲文化的一个特点是，人与自然之间正在形成一种特殊的关系。因此，会让读者在阅读过程中产生许多谜团。奇怪的事物与一种可怕的爬行动物的力量有关：被父亲崇拜的黑蛇被视为种族的守护神。人与自然之间永恒的纽带被视为部落的保护者，消除了真实与虚幻之间的所有障碍。莱伊解释说，我们在非洲比在欧洲更接近生命和事物，其原因其实并不神秘。也许我们只是过着不那么忙碌的生活，也不那么分心：确实是这样，那里很少有什么花招或设施能够形成遮挡我们的屏障。相比之下，城市也很难缩短我们与自然之间的距离。

三 惨遭非议："玫瑰色的文学"

不过，这部作品引起的争论和非议是不容忽视的。有些人认为，这部自传体小说回避了沉重社会现实，还提出了下列问题：莱伊有没有取悦西方读者的猎奇心理的嫌疑？非洲文学是否能够独立于历史疮疤而不以社会现实为根本导向？1955年，喀麦隆作家蒙戈·贝蒂在《非洲存在》杂志上发表了《黑色的非洲，玫瑰色的文学》一文。他把几内亚作家莱伊的《黑孩子》称作"玫瑰色的文学"。他认为，为了刻意消除世界西方对于非洲的刻板印象，莱伊忽视了表现非洲真实的那一面。[①] 在文章中，他旗帜鲜明地提出了非洲文学的根本任务，首先就是要揭露法国的殖民历史及其罪恶……书写撒哈拉以南非洲就是选择支持还是反对法国的殖民统治，作家不能对其避而不谈。文章一发表就引起非洲大陆学界的激烈论战。非洲文学究竟"为谁写？""写什么？""怎么写？"等热点话题进入大众的视野。在蒙戈·贝蒂看来，《黑孩子》就是一部为取悦西方读者而对非洲社会现实进行美化的作品，作者刻意淡化了几内亚沉重的殖民历史和残酷现实，用理想化的写作构建一种文学奇观，而这种奇观与非洲大陆的现实主义文学相去甚远。

就作品的创作倾向而言，"文化身份"是人们最为关切的核心。写作遭遇了外部力量的干扰之后，在符号的建构过程中消解了主流叙事。这种写作就是霍米·巴巴后殖民理论中所说的通向调和的"第三空间"。文化身份问题直接面向主体身份，文学作品就像主体在与他者或他世界的关系中所经历或想象的空间。法国解构主义理论家福柯认为，"话语就是权力"，话语内部存在着一种制约、役使、支配或者界定社会实践主体的力量。毋庸讳言，西方殖民的权力渗透在非洲作家的个人经历和写作实践之中。就几内亚作家莱伊而言，他早期赴法深造就是塞内加尔知识分子的一个小小的缩影，他的教育经历在风雨变幻的时代中被赋予了深层的意义。众所周知，20世纪二三十年代是法国在非洲办学方兴未艾之时，法国人对非洲学生在语言文字、宗教理念、思维方式等方面的渗透和同化已构成一种"润物细无声"的殖民景观。法国人通过资助留学把非洲学生的个人发展与宗主国海外拓展战略联系在一起，试图通过潜移默化让非洲人在不知不觉中对法国文化产生情感上的认同。莱伊选择留法深造看似无可非议，而实质上，他的选择早已被纳入了法国文化战略的考量之中。在20世纪的非洲，几内亚作家是法国殖民教育下的特权阶层，其中有不少人先后进入了国家的权力中心。莱伊在学成回国之后就被任命为政府的外交官，从某种意义上来说，他个人的发展也就成了法国政府文化渗透路线的

---

① Beti., M., "Afrique Noire, littérature rose", *Présence Africaine*, Vol. i – ii, No. 1 – 2, 1955, pp. 133 – 145.

一部分。

尽管这部小说一经问世就赢得西方文坛的高度评价（这也是"玫瑰色的文学"这一看法的由来之一），但是，费尔迪南·奥约诺（Ferdinand Oyono）、詹姆斯·奥尔尼（James Olney）、克里斯多夫·米勒（Christopher Miller）等一批非洲作家或评论家却不以为然。应该说，他们对《黑孩子》的评价始终停留在"幼稚""虚幻""自恋"等印象里。他们觉得这部小说并非取材于真实的非洲体验，而是更多地满足西方的审美逻辑，有媚俗之嫌。此外，这部作品的写作背景也招来非议，有人认为莱伊是在欧洲人的鼓动之下创作了《黑孩子》，小说文本的产生受到了西方价值评判体系的监督和规训，其中不可能出现任何有损殖民主义或有损西方形象的元素。在他们眼里，这样的写作在受众和语言层面都是一种毋庸置疑的异化行为。

在《异化颂》一文中，非洲学者艾琳提出了一个十分新颖的观点，她觉得非洲现代文学中的任何表达都与在非洲人民心中对殖民行为的病理情结有关。① 莱伊等一批非洲作家对传统社会的怀旧书写、神秘建构乃至神性的赞颂都无法回避这一既定而深刻的事实。但是，艾琳同时也认为，非洲在拥抱异化的过程之后，逐步过渡到意识和身份的双重独立阶段，异化成了非洲人走出困境的唯一出路。那么，我们究竟如何理解"异化颂"呢？艾琳笔下的异化并非对殖民同化行为本身的赞颂，而是一种对特定历史环境下身份杂糅性的正视和接纳。只有客观认识到一切表达都是殖民的产物，我们才能够在包容他者性的基础上展开积极的行动，向外做出更多"求异"的身份探索。不断涌入的新鲜元素由此构成了本体对外界的反抗和挑战，莱伊的神秘书写凭借其"异质性"表达了对西方现代性叙事的消解和颠覆。实际上，莱伊的写作常常呈现同化与抵抗并行的特点，文本之中并非全然没有对社会现实的回应。在《黑人法语作家的反抗》一文中，阿奇里加（Jingiri J. Achiriga）指出，《黑孩子》并不是一派祥和安宁，那只是个表面现象，在冷静优雅的冰山表层下，这部小说旨在通过对过去的追忆表达对残酷现实的抗争，转向过去只是因为现实遭到了否定。② 由此我们想到了霍米·巴巴的论断，混杂性"将抵抗定位于隐含在殖民矛盾本身之中的颠覆性话语实践中，以此来瓦解帝国主义话语提出其优越性声明的基础本身"。③ 如果说莱伊的写作主要面向的是广大的西方读者，那么小说中非洲传统诗性元素的存在便成了一种看似混乱的、无序的、不确定的美学，因为作家成功地将外部力量的牵引导向了未知的开放场所，打破了原本单一的、稳定的西方秩序，动摇了其不容置喙的专断权威，在"震动"中走向了兼容调和的所谓"第三空间"。话语在语义生成和符号的构建过程中逐渐偏离了原本的轨迹，因而出现了话语与"反话语"共生并存的现象。

---

① Frank, Kevin, *Censuring the Praise of Alienation: Interstices of Ante-Alienation in Things Fall Apart, No Longer at Ease, and Arrow of God*, The Johns Hopkins University Press, Vol. 34, No. 4, 2011, pp. 1088 – 1100.

② Sainville, Léonard, "Revue de *La révolte des romanciers noirs de langue française*", *Présence Africaine*, Nouvelle série bilingue, No. 91, 1974, pp. 162 – 165.

③ 生安锋：《霍米·巴巴的后殖民理论研究》，北京大学出版社2004年版，第59页。

结　语

　　在双重文化的夹击之下，怀旧成了以莱伊为代表的流散作家脱离彷徨与不安的重要途径。通过个人记忆的书写，作家从"无根"和"边缘"最终走向了精神层面的"独立"和"自主"。虽然这种怀旧总是打上神秘主义和理想主义的色彩，但是通过怀旧这一过程中，主体与社会之间的联系得到了进一步的巩固和加强。乡土神话的书写成了莱伊抵抗现实中快速崩坍流逝的所有一切，因此，我们不能将他的作品归为一种纯谄媚或纯媚俗的政治文本。《黑孩子》所营造的乌托邦可以被理解为作家个人和几内亚人民的梦想。莱伊用玫瑰色的想象悬置残酷的社会现实，为漂泊在异国他乡的游子提供精神栖身之所。

（本文编辑：刘帅锋）

"反现代者"

——波德莱尔对资本主义现代性的批判*

胡博乔**

【摘　要】 波德莱尔不仅是诗人，还是一位思想家，作为"审美现代性"的提出者，他对"现代性"有着独到的思考，是旗帜鲜明地反对西方资本主义现代性的代表人物，也是"反现代者"的先锋。在资本主义发轫之初，他就洞观了资本主义的弱点，对"金钱至上的美国主义"和"庸俗的均质化"进行了批判，看穿了资产阶级所谓的"进步"背后的空洞与虚假。正是这种反现代的精神，促使他对诗歌与语言进行不断地革新。

【关键词】 夏尔·波德莱尔；资本主义现代性；反现代者；现代性批判

无论是出于政治原因，还是作为文学变革和文化演变的潮流，在19世纪末的法国，约莫从第二帝国时期开始，在文化界出现了一种"反现代的潮流"。约瑟夫·雷纳赫（Joseph Reinach）敏锐地指出，这股思想潮流的共同点就是"对时代的颓废和堕落的认识"。自1871年巴黎公社革命失败以来，这股"反现代、反资本主义"的力量愈演愈烈。究其原因，是因为"政治和社会的不振，加上思想上的严重混乱，现代进步和文明经常受到质疑"①。历史学家让·埃尔·加马尔（Jeam El Gammal）称这股潮流为"对历史的堕落的感知"②。这股潮流的主要力量由诗人和作家组成，这是一群"受诅咒的诗人"，罗伯特·考普（Robert Kopp）列出了这些人的名单："福楼拜、龚古尔兄弟、戈蒂埃、巴尔贝·德奥雷维利、波德莱尔，以及之后的纪德、普鲁斯特、瓦莱里和尼采。"③

---

* 本文系四川外国语大学青年科研项目"波德莱尔的'沉醉体验'研究"（项目编号：sisu202028）阶段性研究成果。

** 四川外国语大学法语学院讲师，研究方向：法国文学、象征主义诗学、西方现当代文论。

① Joseph Reinach, *Essais de politique et d'histoire*, Paris: Stock, 1899, p. 37.
② Jeam El Gammal, "Décadence, politique et littérature à la fin du XIXe siècle", *Romantisme*, 1983, No. 42. Décadence, p. 23.
③ Robert Kopp, "La fin du monde: progrès, modernité, décadence", *Revue Des Deux Mondes*, juillet-aout, 2015, p. 43.

文　学

在这股反现代的潮流中，最无法忽视的人物之一便是诗人波德莱尔。人们常常将波德莱尔视为开启"审美现代性"的第一人，而这样的审美现代性的首要特点便是对"资本主义现代性"的批判和反对。波德莱尔是"反现代者"的代表人物，他经历了资本主义如火如荼的发轫时期，在众人沉迷于资本主义带来的进步的美梦之中，他却清晰地感受到了属于时代的"精神异态"，看到了整个时代的"精神疾病"。波德莱尔之所以被视为西方现代主义的启发者，是因为他对他所处时代的敏感洞观，以及在这种敏感性的影响下对人类存在状况的思考。因此，除了诗歌之外，对波德莱尔的资本主义现代性批判思想的解读和考察，更加有助于我们了解这位现代诗人的全貌。

一　对"进步"的拒绝

波德莱尔的时代是一个狂飙突进的年代：西方资本主义迅猛发展，"资本主义现代性"全面降临。尤其是法国大革命之后，资产阶级的世俗价值取代了宗教的形而上学，工业革命和科技发展凝聚成的理性力量又蔓延和渗透进生活的各个细节和人们的潜意识之底。这是属于"进步"的时代，也是属于理性取代上帝成为主宰的时期。这是启蒙思想影响下的辉煌时刻，也是理性全面胜利的时期。人们坚信历史是朝着更好的方面发展的，因为理性是完善的，所以一切只会越变越好。

但这一切之中却暗含着极容易被人忽视的困境：对资本和金钱的崇拜，带来了拜金族和拜物教的出现，同时也导致了对精神价值的漠视。人们的生活陷入了对物质与财富的追求，这就造成了在资本主义现代性的宰制之中，人被"工具化"和"物化"，人们的剩余劳动时间被资本家大大剥削。生活和时间被撕成了碎片，资本主义虚伪而唯利是图的风气甚嚣尘上。

对波德莱尔来说，这一切不仅不是进步，反而令他想到以原罪作为标志的自然堕落的人性。波德莱尔在这样的人性中看到的不是一味的进步与乐观，更多是罪恶的痕迹，因此，他对资本主义的乐观进步精神进行了猛烈的批判，面对鼓吹"博爱与进步神话"的资产阶级，波德莱尔称呼他们为"寻求幸福的神魂颠倒的疯子""精神的卖淫者"：[1]

> 翻阅任何一天、任何一个月或任何一年的任何一份公报，不可能不在每一行中发现最骇人听闻的人性反常的迹象，连同最令人吃惊的正直、善良、慈善的夸耀，以及最无耻的进步和文明的断言。每一份报纸，从第一行到最后一行，都不过是一张恐怖的网……世间万物都是犯罪的产物：报纸、墙壁和人的面孔。[2]

波德莱尔对进步的憎恨是由对启蒙运动的蔑视而激发的。启蒙运动基于一种对人性

---

[1]《波德莱尔全集》（以下简称《全集》）（Charles Baudelaire, *Œuvres complètes*, Vol. 2, coll. Bibliothèque de la Pléiade, t. Ⅰ 1975; t. Ⅱ, 1976），第一卷，第313页。
[2]《全集》，第1卷，第705—706页。

本善的信赖，将文明的前进视为人性的完美性的体现。而波德莱尔却并不认同对"人性本善"的乐观态度，他将其视作具有"小资情调"的自我欺骗。从这一点上我们可以理解波德莱尔对以乔治·桑（Georges Sand）为代表的"进步主义作家"的反感与厌恶，他曾指责桑只会表达"人类的美好善意"，而把恶的一面全部忽略。波德莱尔认为，这种把存在于世的丑恶用道德美化的办法是一种本质的虚伪，是面对真相的谎言，因此诗人指责乔治·桑"一直是个道德家，所以从来都不是艺术家"①。道德家所提供的是令人麻醉的安慰剂，而艺术家则提供了深刻的真实。

因此，对波德莱尔而言，"否定原罪"是这个时代所有罪恶的根源。对诗人而言，"物质的进步"和"精神的进步"代表了完全不同的意义，资本主义现代社会中，对物质和金钱资本的过分追求，造成了人们对"物质世界"和"精神世界"的混淆不分，对波德莱尔而言，这对他一直追求的"精神价值"有着戕害作用。他在评论文章《1855年的世界博览会》中对此有所表述：他认为人们所谓的"进步"，仅仅是科技发明的进步，是物质性的进步，是那些汽车、电力和灯光设备。人们仅凭这些所谓的"进步"就认定自己胜过了古希腊的哲学家，这在波德莱尔看来是十分荒唐的——因为"现代人"仅凭进步的科技就认为自己的精神境界也随之进步了，这是一种极端错误的混淆。②而正是这种进步，令人类的思想退化、灵魂堕落，"由人变成了动物"。

因此，波德莱尔对进步的批判是丝毫不留情面的，他对所谓的"资产阶级进步思想"避之如同躲避地狱，并将其比喻为"漆黑的阴暗灯笼"，看上去好似可以为人类指点明路，却只能让人们陷入没有尽头的迷宫。他在《论爱伦·坡》中表达了对"资产阶级进步思想"的鄙视，认为它是现代人狂妄的结果。人们过分依赖这种崇尚物质的"进步思想"，意味着在精神和灵魂上的怠懒和懈怠，因为这种观念忽视了精神的价值，宣扬只凭借金钱和物质就能解决一切问题，波德莱尔认为这是一种"悲戚的疯狂"，是一种无可救药的退化与堕落，是人类因为自鸣得意所制造的颓废的地狱，是令一切精神意志干涸的荒漠，在这种情况下，人类已经进入了全面退化的边缘。③

对资产阶级来说，"物质的进步"以其完美性的概念，似乎使每一个人摆脱了原罪，摆脱了获得救赎的责任，这是波德莱尔所无法容忍的："对进步的笃定是懒汉的学问，是比利时人的专利，是只能依赖着别的人来完成自己必须的工作，而事实却是，只有依靠自己，每个人才能实现真正的进步。"④资本主义的物质与科技进步否定人的天性的堕落、原罪和有关精神与灵魂的构想，这在波德莱尔看来是个人获得救赎的障碍。波德莱尔认为，真正的进步应该是精神层面的，应该在个体的心灵内部发生，是灵魂境界的提升，是精神秩序的升华，是对自身存在境界的明了，是对内心幽暗之谜的体察和探索。

如果说波德莱尔认为"物质的进步"是社会颓废的一个因素，那么他也认为通过工

---

① 《全集》，第1卷，第686页。
② 《全集》，第2卷，第580页。
③ 《全集》，第2卷，第267页。
④ 《全集》，第1卷，第681页。

业和科技革命表现出的"技术的进步"导致了另一种堕落——艺术的堕落。在《1859年的沙龙》中,波德莱尔把"工业"视作令艺术颓废的因素,并加以谴责。他尤其对摄影技术进行了批判。波德莱尔认为,摄影技术的问世对于"想象力"这个"人类一切感官力量的统治女皇"来说是一种绝对的异端、一种摧毁的力量。在波德莱尔看来,摄影是一种实证主义的艺术,它只产生真实,是对自然的反映,却无法映照出心灵的深度,它与波德莱尔所批判的现实主义绘画一样,是品位的一种退化,并让美、梦想、想象力以及蕴含其中的个体的精神性的部分陷入危险的境地。对他来说,摄影技术意味着"科学技术粗暴地将艺术视为一种物质性的存在",其后果是减弱了人类的想象力,摧毁了他们超验感知的体受能力,抑制了他们的天性中对精神、对神秘的渴望和憧憬。① 因此,对于波德莱尔来说,摄影技术既代表了资本主义功利观念对艺术的入侵,也代表了现代文明对精神的入侵。在波德莱尔眼中,由于资本主义现代性的威胁,"美"陷入了严重的危机。

二 对"美国主义"的仇视

除了对资产阶级所宣扬的乐观与进步表示不屑之外,波德莱尔对所谓的"美国主义"(américanisme)也视若仇敌,因为它代表了"对物质的强烈渴求"②。波德莱尔对美国主义的批判集中在关于爱伦·坡的论述之中。对波德莱尔来说,爱伦·坡正是那种在平等主义民主和进步的敌对气氛中窒息的诗人。从《非凡故事》(Histoires Extraordinaires)的序言到《爱伦·坡新笔记》(Notes nouvelles sur Edgar Poe),波德莱尔对"美国主义"进行了激烈的批评。在当时欧洲的主流思想中,美国代表着物质进步,代表着重商主义和功利主义精神,代表着大众的标准化,但波德莱尔认为它也代表了对艺术的无知和不敏感。这种倾向让波德莱尔感到恐惧,因为这样的美国正在成为欧洲各国的榜样。

在波德莱尔看来,爱伦·坡在美国化的物质世界里感到窒息,他通过酗酒和鸦片进入梦境而逃离了这个世界,从最下等之物中寻求精神性,以对抗美国主义对物质的追捧和对灵魂的扼杀。③ 在诗人眼中,这样的行为似乎是必需的,因为物质化的社会不再给精神的部分留有余地。④ 因此,对于波德莱尔来说,作为艺术家、诗人的爱伦·坡是心灵的贵族,"是一个奇特而孤绝的灵魂"⑤。爱伦·坡在实用主义的氛围中遭受了精神的孤立,他在波德莱尔眼里成为社会的"殉道者",正如托克维尔在《论美洲的民主》(De la Démocratie en Amérique)中所定义的那样,成为"多数人暴政"的牺牲品。波德莱尔借助对爱伦·坡的同情,表达了对现代资本主义对人性压制的激烈抗议。

波德莱尔所厌憎的民主,是一个粗暴的"少数服从多数"的民主,是遵循集体固见

---

① 《全集》,第2卷,第619页。
② 《全集》,第2卷,第321页。
③ 《全集》,第2卷,第323页。
④ 《全集》,第2卷,第323页。
⑤ 《全集》,第2卷,第299页。

而对少数边缘人群实行暴力的民主，是以"大多数的庸俗"压制"少数人的独特"的民主。波德莱尔真正关怀的是那些少数人群，"那些身体和心灵处于社会边缘、被社会倾轧和排挤的人们，而波德莱尔在资本主义所宣扬的民主之中看不到属于他们的救赎"①。

波德莱尔在文字中频繁重复"爱伦·坡和他的国家不在同一水平线上"②，这不免让我们联想到波德莱尔本人在法国也遭受了同样的精神上的孤独。波德莱尔在《我心赤裸》（*Mon cœur mis à nu*）中写道："国家有伟人，只是因为他们自己的缘故。故大丈夫胜其国也。"③ 爱伦·坡的天赋才华在他的国家里被误解、浪费和糟蹋。对波德莱尔来说，造成爱伦·坡的孤独和被误解的主要原因是美国没有贵族制度。法国拥有一个贵族阶级，尽管发生了革命，但其辉煌的过去仍然闪耀着"矛盾的光泽"，使其成为"美"的保存者。然而，美国是一个没有贵族气质、没有贵族历史的国家，对美的崇拜沦为对物质和金钱的崇拜，从而为平庸和庸俗所统治和湮没。④

在旧制度下的法国盛行的贵族沙龙，波德莱尔将其描述为一个美丽的范式："一个由美主持的精神共和国"，相比之下，美国没有这样精致的沙龙，只有那些"庞大的夜总会，生意人一拥而入，在邋遢不堪的酒台上，在嬉笑打诨中进行生意上的勾对"⑤。美国资产阶级精神中所强调的功能性和实用性与波德莱尔所钟爱的"幽深奥妙的精神性"在观念上根本是互相抵触的。

波德莱尔眼中，在美国，艺术和文学被染上一种商业气息。波德莱尔列举了那些美国编辑对文学天才爱伦·坡的态度——他们不断地因为金钱问题而向坡纠缠。诗人认为，这都是因为美国人太过庸俗："他们妄图用金钱把天才禁锢起来，让他们的创作能力以一种更美国化的方式运作，简单来说，为金钱而创作。"⑥ 波德莱尔认为美国民主制度所特有的大众统一化导致的平均主义推动了资产阶级将艺术和文学的作品量化与商品化。

如果说美国公民对"美"的崇拜不怎么关心，如果说艺术对他们来说主要是一种资本和市场的价值，那么美国人对各种形式的艺术所能传达的"有用的信息"非常感兴趣——艺术作品必须是有道德寓意和功利功能的。波德莱尔从中看到了一种资产阶级的虚伪，他认为，资产阶级如此重视艺术作品的实用性，那是因为他们根本不具备审美的能力，"在美国，实用主义风头正盛、独领风骚，它是美最恶劣的敌人"⑦。然而对于波德莱尔来说，艺术家具备在道德之外的自律性，只有"美"的观念才是他创作的目标和主导。在诗人看来，所谓的"道德真理"是属于短篇小说的领域，不能介入诗歌，"否则就会死亡或失败"。美优先于道德，在波德莱尔眼里，倘若将诗歌作为一种宣传教化的

---

① 参见 Arnaud Souty, *Le décadent ou la haine de la démocratie, de Charles Baudelaire à Elémir Bourges*, Lille, Université Charles de Gaulle-Lille Ⅲ, 2016。
② 《全集》，第 2 卷，第 299 页。
③ 《全集》，第 1 卷，第 681 页。
④ 《全集》，第 2 卷，第 299 页。
⑤ 《全集》，第 2 卷，第 237 页。
⑥ 《全集》，第 2 卷，第 237 页。
⑦ 《全集》，第 2 卷，第 237 页。

教育媒介,则是名副其实的异端,会导致不可避免的虚伪、做作和精神堕落。① 波德莱尔指出,这种异端并非美国批评家的特权,法国批评家的头脑中也有这种异端。换句话说,诗人所厌憎的美国化已经在法国发挥作用了。

波德莱尔在《火花断想》(*La Fusée*)第 15 则的片段中有着长长的关于"世界即将毁灭"的一段描述。批评家们一般把这个片段看作波德莱尔计划写的一篇题为《世界末日》("Le monde va finir")的散文诗的草稿,波德莱尔在给阿尔塞纳·胡萨耶(Arsène Houssaye)的信中提到了他的散文诗的创作计划,其中便有这一篇《世界末日》②。虽然散文诗最后没有成型,然而这篇片段式的文字似乎是一气呵成的,"因此它的讲述口气具有流畅和演说性"③。在这段文字中,作者描绘了一个世界末日,一个被美国主义彻底侵蚀腐坏的平等主义社会,人与人之间的一切关系都被金钱和贸易的撒旦本质腐化。波德莱尔在《我心赤裸》中写道:商业是属于魔鬼的,因为它是自私自利的形式,最低级,最卑鄙。因进步而"美国化",因"对财富之神普路托斯的热情"而"美国化",人类"将在普遍的动物性的怀抱中痛苦地挣扎"④。对于波德莱尔而言,现代性的资本主义社会,就像大麻和鸦片一样,是个"制造虚假欲望的世界,并且不断地更新"⑤。没有灵魂的个人犹如一个傀儡,丧失了生命力,沦陷在渴求金钱和物质的消费主义之中。

三 对"平庸"的批判

"对平庸的批判"也是波德莱尔对资本主义现代性批判的核心之一。波德莱尔在文章中向那些资产阶级发话:"人的灵魂中,一类事物的兴盛,一定会给另一类事物带来致命的衰落,所谓的'进步',让人们的内在只剩肚肠。"在诗人眼中,资产阶级进步观不仅使人的灵魂萎缩,也让人感染上致命的平庸——因为每个人所追求的都是同样的事物,一样的标准,一样的规范,最后变成了一样的面目。

波德莱尔在文章中援引了"变兽妄想症者"贝特吕斯·鲍莱尔(Petrus Borel)说过的话:"在数不尽的庸俗和做作中,只有烟卷和通奸是留给我们的。"⑥ 波德莱尔真正厌恶的,是资本主义中令人失去个性自由的一面——它以自由为幌子,却压制了每个人的个性自由。诗人在《可怜的比利时》(*Pauvre Belgique*)中责备比利时人在狂热的"集体性思维"中所表现出来的大众的统一性、思想的统一性与守成性。为了表达对资本主义现代性平庸的蔑视和抵抗,波德莱尔推崇一种带有挑衅性的纨绔主义式的优雅,他倡导"盥洗室的高度精神性"⑦,抛弃实用性,对法国的"为艺术而艺术"的思想注入一股深

---

① 《全集》,第 2 卷,第 333 页。
② 《通信》,第 2 卷,第 197 页。
③ Jacques Crépet et Georges Blin, Notes, éclaircissements et commentaires sur Fusées, Charles Baudelaire, *Journaux intimes*, Paris, José Corti, 1949, p. 306.
④ 《全集》,第 1 卷,第 665 页。
⑤ Olivier Apert, *Baudelaire, Etre un grand homme et un saint pour soi-même*, illico, Infolio, 2009, p. 119.
⑥ [法]夏尔·波德莱尔:《浪漫派的艺术》,郭宏安译,上海译文出版社 2009 年版,第 95 页。
⑦ 《全集》,第 2 卷,第 714 页。

刻的精神力量。

对于波德莱尔而言，革命提升了人民，他们曾经被昂扬的意志激励。而资产阶级掌权后导致的社会理想的失败，催生了平庸的乌合之众，消灭了他们精神中的活力，加重了他们的惰性。乌合之众组成的人群是一个无差别的群体，在这个群体中，每一个人都放弃成为自己，而屈从于对资本主义"金钱至上"的标准的趋炎附势。

诗人认为平等意味着平庸，在波德莱尔眼中，现代人统一的黑西装，类似于殡仪馆的打扮，打上了为丧失个性而哀悼的烙印，这也是对鲜活生命的厌恶，"这是一个巨大的殓尸人的队伍，政治殓尸人，爱情殓尸人，资产阶级殓尸人。我们都加入了丧葬的队列"。① 在现代的世界中，每个人都犹如囚徒，被囚禁在平庸里，禁锢在对一致性的屈从中。缪塞在《一个世纪儿的忏悔》中，在谈到"现代人的制服"黑西装时，也阐述了与波德莱尔相似的思想："我们不要搞错了：我们这个时代的人所穿的这件黑衣是一个可怕的象征；为了穿上它，盔甲必须一块一块地掉下来，刺绣必须一朵一朵地败落。是人类的理性打倒了一切幻想；但它却在哀悼自己，以便得到人们的安慰。"②

波德莱尔的散文诗《人各有其怪物》（"Chacun sa chimère"）中，叙述者讲述了他在城市中与几个人的遭遇，看到他们每个人都"背着一个硕大的怪物""它用强韧的筋肉把人牢牢圈住，用巨大的利爪死死地扒着他们"，人们背着沉重的巨怪，面无表情地弓着身子，走在一片荒凉的景象中，正如罗伯特·考普指出的那样，这与但丁《神曲》中的炼狱的景致并无二致。③ 作者在题目中用了"chimère"这个法语词的多重意思，它本意是指"狮头羊身龙尾的吐火怪物"，同时也指"空想、幻想、不现实的计划"，法语中有个谚语是"每个人各有其梦想"（Cette part de rêve que chacun porte en soi），而波德莱尔沿用了这个成语的句式，写出了"每个人各有他的怪兽（幻想）"：

> 我问背着怪物的其中一人，你要走往何处？他木然地说，他也不知，所有人都与他一样，然而，他们确实是往一个共同的方位走，这是不容置疑的"进步"的力量在鞭打驱策。④

诗人似乎对这些被怪兽驱使的人感到惊讶，他无法理解究竟是什么驱使人们在一个荒诞的、物质至上的资本主义世界中产生希望，因为在波德莱尔看来，精神堕落的世界中不存在任何希望，如果有，那也是戕害人心的怪兽，这种希望只是虚假的希望，只是精神理想状态的虚假对应物——就像是"人造天堂"对应的真正的天堂，鸦片和大麻对应的纯粹的诗歌理想。

在诗人这里，资本主义现代性标志着理想的终结，只给忧郁留下空间。在这个充斥着陈词滥调、平庸无奇的世界里，理想的坍塌使波德莱尔陷入了郁悒，让他更加深刻地

---

① 《全集》，第 2 卷，第 494 页。
② Alphonse de Musset, *La Confession d'un enfant du siècle*, Paris, Folio, 1973, p. 28.
③ Robert Kopp, Introduction, *Petits Poèmes en prose*, Paris, José Corti, 1969, p. LXI.
④ 《全集》，第 1 卷，第 282 页。

体验到生命在时间的深渊里遭受的宰制和压抑。资本主义现代性所唱诵和赞美的一切，都仿佛在哀悼一个神的消失、一种精神之美的消失。波德莱尔在诗歌中喜爱使用的"月光"是资本主义现代性的苍白面孔的象征，因为代表"美"的太阳已经黯然失色。对诗人而言，在资本主义统治下的西方世界已经变成人类自我膨胀的一种怪胎，人们安于舒适、安于虚幻的福祉。在世人眼中，进步和福祉的神话，其唯一目的是掩盖资本主义世界中精神性的退化。在废墟上徘徊的"卑鄙的众人"的景象永远困扰着波德莱尔。①

在拜金主义和务实至上的资本主义现代性的世界中，在"卑鄙的众人"群体里，似乎已经没有了诗人的位置，诗人处于一个被冷漠对待甚至被迫害的地位。然而波德莱尔将自己诗人的身份异常珍而视之。波德莱尔把资产阶级比作佩特罗那（Pétrone）讽刺诗中的人物特立马尔西翁（Trimalcion）：他是一个曾经的奴隶，一旦摆脱了锁链，获得了财富，就开始把自己的奴隶当作物品来恶劣对待，在完全没有文化和修养的情况下展示新贵的自我膨胀。在诗人笔下，那些资产阶级，就如同特立马尔西翁一样，用狐疑而鄙视的目光盯着诗人，完全不明白诗人天赋的精妙之处。诗人——波德莱尔将这个身份称为"所有人的珍贵王冠"，就这样被一种社会状况贬低，这令波德莱尔感到愤怒。

结　语

资本主义所推崇和许诺的幸福，波德莱尔皆弃之如敝屣。我们要知道，波德莱尔的思考逻辑从头到尾都不是世俗的或经济学的逻辑，而是一种诗歌的逻辑。与资本主义的逐利本质格格不入的波德莱尔，用诗人的身份抵抗他所处的时代，努力不被资本主义的原则裹挟。在波德莱尔看来，被资本主义宰制的西方世界是一个失去了灵魂和精神的世界，是精神信念和灵魂理想不断被出卖和被消解的世界。在一个没有精神理想的世界里，又怎么能做一个诗人呢？这使诗人陷入郁悒的深渊，也迫使诗人想要在诗歌的世界中营造出一个全新的世界，一个与他所憎恨的资本主义的价值观和伦理趣味完全不同的世界。正因如此，诗人通过诗歌来进行抗争，通过一部"给巴黎的天空带来震颤"（雨果语）的诗集《恶之花》，抒写了时代潮流的悖论、启蒙运动的悖论，也是崇尚乐观进步的资本主义现代性的悖论。

归根结底，对于波德莱尔而言，"资本主义现代性"的问题根源，就在于"自由与奴役"之间的对抗：资本主义通过"物质至上""自由民主"许诺人类自由的天堂，然而这个天堂的许诺却同时带来了某种禁锢和压制。波德莱尔在所撰写的《人造天堂》（*Les Paradis artificiels*）中，用大麻和鸦片映射了资本主义的制度：给予人们美妙的感受体验，却对人们的精神和灵魂造成危害。这样的逻辑还适用于现代科技文明，它对人类产生了双重性影响：一方面让人类的生活更加方便与自由，另一方面给人类的精神和灵魂带来不可挽回的成瘾和依赖，让人们失去自主思考和创造的能力。

---

① 参见 Asbjörn Aarnes, "Malaise et nostalgie chez Baudelaire", *Revue de Métaphysique et de Morale*, Octobre-Décembre 1971, 76e Année, No. 4, pp. 466–474。

尤利娅·克里斯特瓦在《诗歌语言的革命》中指出："艺术家对时代的不适感，往往与他们对诗歌语言革新的尝试结合在一起。"[①] 这种观点完全适用于波德莱尔，诗人正是通过对诗歌语言和诗性象征的"复魅"来表达他对资本主义现代文明的反感。了解到波德莱尔对其所处时代的不适感和对压迫灵魂的"物质至上"的资本主义世界的批判与反抗，就能够更加深刻而精准地对这位跨时代的伟大诗人的诗歌作品做出解读与诠释。

（本文编辑：唐果）

[①] Julia Kristeva, *La Révolution du langage poétique*, Paris, Seuil, 1974, p. 27.

用遗忘构建记忆

——帕特里克·莫迪亚诺[*]

谭 颖[**]

【摘　要】 莫迪亚诺的小说主题通常涉及个人和集体记忆，尤其是第二次世界大战期间和法国过去历史的记忆。他的作品风格独特，常常采用第一人称叙述，以一个寻找失落的人或事件的故事为主线，同时将叙事与回忆、历史和遗忘紧密结合在一起。他的小说中，经常出现法国社会中的边缘人物、神秘事件、追求真相的探险和迷雾笼罩的疑团。在虚构的世界中，作者展示了记忆的变形，以及意识和无意识在记忆中所扮演的重要角色。在浪漫主义的世界里，遗忘通过艺术的形式得到展现。在这个过程中，我们尤其需要注意的是有益的遗忘，这是一个很少被提及的方面。为了更好地生活，我们必须学会遗忘，而作品中的"留白"则是遗忘的艺术形式之一。这种留白意味着作品中的片段性语言、沉默和不确定性共同构成了其独特的氛围。

【关键词】 记忆碎片；遗忘；留白；重复

一　引言

莫迪亚诺的创新在于将遗忘视为记忆的补充和对立，并参与到记忆的机制中。未来的建构应该建立在历史和希望的基础上：个体应该承担记忆的责任，也应该学会遗忘。关于遗忘的起源，有两种假设：一是对先前学习痕迹的彻底抹去，二是暂时性地阻止记忆的重新唤起。莫迪亚诺将遗忘与重返联系起来，后者是承担过去存在的方式。前者和后者之间形成了耦合，就像期望的视野和经验的空间之间形成了耦合。莫迪亚诺将已存在置于过去的位置。以遗忘的方式，"已存在"让遗忘成为最初开放的视野，在这个视野中，那些被忘却的存在可以被回忆起来。已存在将遗忘视为记忆工作所提供的不朽

---

[*]　本文系重庆市教育委员会人文社会科学研究一般项目"记忆与留白——探寻莫迪亚诺的东方智慧"（项目编号：22SKGH 263）阶段性成果。
[**]　四川外国语大学法语学院讲师，主要研究方向：法国文学、莫迪亚诺研究。

资源。

作者在语言表达技巧上不断创新，不断发明新的叙事方法，并且保持两年出一部小说的高产，有持续研究的价值。他的作品向我们展示了更多的语词创新、叙事创新，我们应通过对其"遗忘"的主题及其诗学进行更深入的研究。如法国现代思想大师列斐伏尔在其《空间的生产》中所述，莫迪亚诺的记忆或遗忘也是一种不断生产的文学空间，社会化媒体的碎片化传播特征吻合了现代社会本身的碎片化趋势及其空间实践，莫迪亚诺用写作创新向我们揭示了铭记历史的意义，以及为了更好地生活而选择乐观地遗忘。将遗忘的潜在能量化为内驱力，摆脱精神困境，创造生活。

二 有益的遗忘

遗忘如果侵犯了一些非常有价值的东西，就会被视为有害、不利、灾难性的，甚至像诅咒一样。但是，如果遗忘能减轻复杂性并掩盖某些负面因素，那么它就被视为积极的。就像记忆一样，遗忘也表现出其在个人、社会和历史心理方面具有建设性和破坏性的功能。一方面，通过其积极的作用，治愈了创伤，不管是个体还是集体，共享着一种解放性的身份，与选择性记忆一起成为社会发展的巨大推动力。另一方面，如果遗忘被用于压制和暴力行为，例如合法权利的借口、历史中的话语、文化霸权或仅仅是出于复仇的原因，它将对个人和社区造成严重的物质或道德打击。这本作品中涉及的重要功能的研究将鼓励更多的学者致力于研究"遗忘—记忆相关性"。

与简单的记忆消除不同，很多遗忘都来自欺骗或内疚的意识。此外，消除只能部分隐藏，而不能完全消除记忆。莫迪亚诺对记忆、遗忘和虚构进行的研究，可以被视为对生活内容的修正和进步，解密了人类历史、遗忘的存在主义和相互虚构的存在主义。生活中的元素因此可以被解释为一个带有希望和失望的世界。因此，哲学家们有责任关注这种人类存在主义理论，基于这种理论，他们将强调道德方面的问题。

（一）记忆选择

当一个群体在面对文化中的创伤事件时，选择"记忆或遗忘"来重建集体身份和未来想象时，就出现了记忆选择。选择"遗忘"并不一定意味着放弃身份，相反，它促进了记忆的实现。有效的方法是有选择地遗忘和记忆，以实现文化创伤的治愈。遗忘是和解的方式，创伤的记忆不再痛苦，不可逆和无法修复的东西变得不可消除和古老，而不是永恒不灭的幽灵。通过在社区内发展积极的记忆，消除不快经历的遗忘，我们将实现与过去的和解。

遗忘被视为记忆的对立面，威胁记忆的存在，但实际上正好相反，遗忘是非情感的记忆。通过消除我们经历的痕迹，遗忘削弱了刻在记忆中的经历。时间的无情作用使我们无法回忆过去发生的事情。然而，正是遗忘使记忆成为可能，过去被重命名，由海德格尔发起的"曾经"的呼唤被称为"曾经"。"曾经"基于消失的基础，是某些不存在的东西，而"被曾经"则意味着存在过的事实。根据保罗·里克尔的说法，这种先前性只存在于关于过去的过时概念中，看似不可察觉；相反，"存在过"的事实证明了它与现在的积极相关性和可感知性。选择术语的差异使我们对遗忘和过去有了全新的思考：在"被曾经"意义上的过去指的是"需要记忆的遗忘"，而"曾经"指的是可有可无的记忆。正如希望建立在现有元素上一样，记忆建立在遗忘上，而不是相反。因为在遗忘的模式中，保存在无威胁外观下的记忆痕迹可以在"被曾经"的状态下被提醒。遗忘构成了想象社区的基本条件，它取决于人们忘记和记忆的内容。

莫迪亚诺的回忆录并不是为了唤起历史事件的集体记忆。并非所有事情都能被人类记住，所谓完美无缺的记忆对清醒的意识来说是痛苦的，因为它通过压抑扭曲了潜意识的方面，这将导致不可预测的负面后果。选择性遗忘实际上是虚构创作的一部分：在叙述中，必须从虚构的角度简化事件、转折点和无意义的琐事。过去已成为过去，过分关注损失和剥夺对幸存者重建新身份并没有好处，我们应该试着筛选遗忘的事情，以更好地实现身份认同。

（二）赦免

"赦免"和"遗忘"之间的近似发音和含义暗示了与否认记忆有关的秘密协议。大赦的目的是和解。无论对于社会还是个人，大赦都是必要的。人们必须学会遗忘，才能品味现在、当下和期待的味道，但是记忆本身也需要遗忘：必须遗忘最近的过去才能找回古老的过去。

过去的记忆、未来的期待和现在的关注构成了大多数人类生命的秩序，它们首先是旨在思考和管理时间的工具。这三种时间之间存在重叠的区域，不能忽视其他时间维度而考虑其中任何一种，生命是现在的记忆和期待之间紧张关系的典范，因为生命组织了从"之前"到"之后"的过渡，既是媒介又是标志。

在莫迪亚诺的作品中，我们可以看到三种形式的赦免，我们因此将它们称为象征性的。

第一种是回归的形式，其首要目标是通过遗忘现在来找回失去的过去。莫迪亚诺在他的作品中多次使用"永恒回归"这个词。对于作者来说，生命中最重要的不是未来，而是过去，因为所有的起源都在过去。关于永恒回归，叙述者梦想着能够重新体验他经历过的一切，"但是比第一次更好地生活，没有错误……"[①] 发生在叙述者生活中的事件似乎是巧合和偶然的，但这是命运的另一个名字，我们也可以梦想着我们有数百个替身，他们已经实现了我们生活中提供的多种可能性。

第二种是悬念的形式，其首要目标是在暂时切断过去和未来的同时找回现在，具体而言，在忘记未来的同时也忘记了它代表的过去的回归。神秘的身份转换是这种时间暂停的标志性表现，对应着不确定的时期。通常在这种场合玩弄身份转换，展示其例外和过渡性质。玩弄身份转换的人玩的是废除自身存在的游戏。他不再是曾经的样子，也忘记了他会变成什么样子。悬念对现在这一瞬间的美学表现，只能用将来完成时来表达：

[①] Patrick Modiano, *Encre sympathique*, Paris: Gallimard, 2019, p. 56.

"总之，三十年来，诺埃尔·列斐伏尔只占据了我一天的心思。"① "这就是我亲爱的让。谁知道呢？也许我以后还会有其他信息要告诉你。在此期间，祝你好运。"②

第三种是重新开始的形式，与重复的形式完全相反：它是一种根本的开始，前缀"re-"意味着同一生命可以有多个开始。它的野心是通过遗忘过去来找回未来，创造新生的条件，这在定义上开启了所有可能的未来，而没有特别优先考虑任何一种未来的可能性。重新开始的象征形式将是启蒙，根据不同的方式，始终被视为一种创生和诞生。赦免促进了人与世界的和谐。"你没有选择你生命交叉口上未走过的那一千条路，但是千万个你的替身选择了，而你却认为只有一条路。"③ 每当我们决定重新开始时，生命会给我们一个新的选择。每次开启，我们都会进入一个新的人生阶段，但这个过程永远不会结束。作为忠实于回忆录写作的作家，莫迪亚诺始终关注着被遗忘的过去，从他独特的视角来看待它。关于遗忘，莫迪亚诺在他的世界里总是唱着同样的调子，即我们只有通过重温过去才能走向未来。

一种遗忘的方式是赦免，而赦免则有利于政治和平，后者建立在不遗忘的遗忘之上。能够谈论愉快的回忆使我们思考一个问题：是否存在类似愉快遗忘的东西？遗忘并不是由任何事物或任何人产生的事件，而记忆则与某个事件有关。当然，遗忘在我们身上是可以感知到的，而且在某个时刻它也会留下痕迹，但这种感知和意识只是取决于我们当时的状态，被称为一种力量、一种抑制能力，同时也是一种真正意义上的自发表达，表现为一种遗忘意愿，迫使我们抑制自己的欲望。这就是遗忘的一种形式，它使我们忽略和忽视自己的欲望。

三种遗忘形式存在：对过去的回忆，对现在的关注，对未来的期望。遗忘是与记忆相对的，它不是关于所发生事件的记忆，也不是技能或基于事件的身份的记忆，而是一种关于我们所担心的心态，它在时间上更倾向于一种焦虑的形式。我们常常倾向于把自己系于过去，这是一种记忆焦虑，是否存在一种使我们免于此类焦虑的遗忘？人类如何能够以自己的方式生活，而不必担心与他人比较，只需作为人存在呢？

在一定程度上，无意识等同于"保留的遗忘"，在寻求一种公正的标准来平衡记忆和遗忘的过程中。回忆的存续形式是遗忘。由于物质的消失所引起的遗忘不再是痕迹消失所致，而是被称为保留的遗忘，它是由一种不断的不可察觉的状态，从意识中撤回的关注导致的。

同时，保罗·利科在试图类比"关切的存在主义"的形象时，还加入了"漫不经心的存在主义"：在存在和看似漠不关心的个性方面是否存在最高级？此外，这也是一种逃避遗忘风险的存在方式，与著名的关注死亡的忧虑相对立。保罗·利科认为赦免是一种积极的遗忘，是安抚创伤记忆和调和不同民族的最佳方式。他认为，如果特赦可以通过某种方式引发遗忘，那么遗忘会以一种更加温和、没有愤怒的方式表达，而不是在面对邪恶时保持沉默。这种声明不仅是一种纪律和秩序，还成为一种祈祷，用于验证和试图

---

① Patrick Modiano, *Encre sympathique*, Paris：Gallimard, 2019, p. 101.
② Patrick Modiano, *Encre sympathique*, Paris：Gallimard, 2019, p. 108.
③ Patrick Modiano, *Encre sympathique*, Paris：Gallimard, 2019, p. 104.

实现和平：表达遗忘接近意图的可能性。遗忘和记忆最终解开了它们长期以来的僵局，发现了它们之间的辩证和奇妙关系：记忆的目的是遗忘，以便我们朝向最终和解的方向前进。遗忘和记忆共享治疗功能，相互之间并不排斥，重要的是行动、接近、尝试。

一起庭审揭示了遗忘和记忆之间的无限联系。记忆的目的在于遗忘，强调两个方面：首先是记忆，其次是通过赦免的帮助实现遗忘与和解。例如，在基督教的忏悔中，罪行在被揭露后由牧师宽恕。弗洛伊德的心理治疗依赖于记忆，以便将过去的沉重感带入意识，然后将其舍弃。分享记忆仍然是一项必须完成的义务，需要建立一个记忆群体，以便最终达到与他人和解的目的。随着道德的后继，记忆更倾向于赦免，而不鼓励复仇的意图，从而使公开的和解和遗忘成为可能。然而，这种和解永远不是通过暴力来实现的，正如《隐形墨水》故事结尾中诺埃尔的解放失败一样。我们仍然需要问自己，遗忘是否会减轻双方的负担，一个全新的开始是否会建立在平等的基础上，无论如何，我们的现代社会都应该鼓舞人心的和解和抑制愤怒的精神。

三　文本中的留白机制

"想要记住的人必须委托于遗忘，委托于绝对的遗忘的风险和成为记忆的美妙偶然性。"[①] 小说的前言引用了莫里斯·布朗肖的话，作者承认了遗忘或留白在记忆中的力量。通过留白，作者安排了人物、时间和空间，为记忆的再现开辟了道路。著名的英国浪漫主义作家托马斯·德·昆西使用"重写"来描述记忆。他认为，人类的记忆就像是"一层层地积累起各种思想、形象和感觉，就像光一样逐渐地在你脑中。每一层记忆似乎都把它前面发生的事情埋葬在它下面，但实际上它并没有让任何一层消失"[②]，重写展示了记忆保存的工作方式，而《隐形墨水》则可以被视为重写的近似物，它代表了深藏于意识深处的记忆。本杰明在《考古和回忆》中提出了思想图像，以避免正面和反面（分析者和被分析的对象、考古学家和考古学对象）之间的对立。他引入了记忆的第三个范畴，即媒介（记忆是媒介）[③]。考古挖掘不仅包括记忆的空间特征（如分层的考古文物），还包含时间质量，这是由考古文物所代表的历史时间。记忆的持久性和连续性在"隐形墨水"的空间特征中占据重要地位。莫迪亚诺的"隐形墨水"用于使深藏于记忆深处的沉睡记忆再现。在这部小说中，他给出了"隐形墨水"的定义："墨水，当使用时是无色的，但在特定物质的作用下变黑。"[④]

（一）悬疑

莫迪亚诺在小说开头悬疑地构建了人物的存在。"在这个生活中有空白，如果打开档

---

① Patrick Modiano, *Encre sympathique*, Paris: Gallimard, 2019, préface.
② ［德］阿莱达·阿斯曼：《记忆的空间：文化记忆的形式和转变》，潘露译，北京大学出版社2016年版，第154页。
③ ［德］阿莱达·阿斯曼：《记忆的空间：文化记忆的形式和转变》，潘露译，北京大学出版社2016年版，第181页。
④ Patrick Modiano, *Encre sympathique*, Paris: Gallimard, 2019, p.91.

案就能感觉到这些空白：一个简单的文件放在褪色的天蓝色文件夹里。"① 这是《隐形墨水》的第一句话，作者留下了人物身份的空白，这让我们想起《暗店街》的第一句话："我什么都不是。那晚在咖啡馆的露台上，只是一个清晰的轮廓。"② 暂停人物身份留下了许多故事的空白。从《暗店街》中的自我身份不确定到《隐形墨水》中的他人身份不确定，都反映了人类存在的空虚，对于每个卑微的生命来说，解开他们的秘密是值得的。

　　一种难以解释的力量推动着作者寻找人物的踪迹。这个力量来自空虚。《沉睡的记忆》的叙述者通过通讯录上的姓名、住址、电话号码来加快，透过这些简短、无序的记忆碎片，他努力回忆起人物的生活："我希望这些名字像磁铁一样吸引新的人浮出水面，这些短语段最终组成段落和章节，连续起来。"③ 面对那些缺席的事物，叙述者通过直觉寻找答案："我坐在床边，离床头柜很近，就像被磁铁吸引过来，重新找到了以前的生活习惯。"④ 根据萨特的想象力，虚无源于寻求的对象不存在或在别处，莫迪亚诺认为寻求的人物已经不存在或在别处，但他们的"曾经"的存在缠绕着叙述者。

　　此外，莫迪亚诺创造了一系列的不确定性，构建了模糊、间歇和混乱的时间和空间。在《隐形墨水》中，一些证人认为女主人公诺埃尔已经消失了，而另一些认为她已经死了，而她在巴黎的住所也没有固定，这些不确定因素都塑造了角色的存在。想象一个人的外貌，就是进行一种综合和有意识的活动，这种综合将过去的一系列事件汇集起来，通过这些不同的记忆确认角色的身份，并通过某种视角呈现出一个相同的物体。在莫迪亚诺的写作中，人物是无形的，这种无形是作者对人物的意图。通过这样的距离，人物处于不存在中。人物的形象既不生动也不感人。诺埃尔的所有痕迹只存在于这些文件中，有一张模糊的照片，因此，人物的所有信息都是不确定的。在想象中，叙述者漫步在他所创造的氛围里。为了探索诺埃尔的踪迹，他经常在她附近的咖啡馆逗留，观察每一个经过的女人。在一个想象中的世界里，叙述者认为他看到的每个人都可能是诺埃尔，"当他们经过我身边时，我差点问她是否叫诺埃尔·列斐伏尔"⑤，但他知道她不在那里。

　　莫迪亚诺的小说中最基本的留白反映在叙事策略中：莫迪亚诺采用了多声部。在《隐形墨水》中，作者使用了第一人称和第三人称的内部焦点。莫迪亚诺开创了小说的新视角，不同的视角相互补充，填补了记忆的空白，不仅丰富了回忆，而且形成了文本之间的隐形对话。莫迪亚诺试图在《青春咖啡馆》中通过多声部讲述故事，从四个人的角度回忆女主人公露姬。《隐形墨水》更具创新性，叙述者从有限的视角中寻找女主人公诺埃尔的遗忘症迹象，然后，全知的第三人称叙述者洞察诺埃尔的心理，到小说的结尾，一部分过去的记忆被找回。全知叙述者采用诺埃尔的内部焦点，这个叙述似乎补充了第一人称叙述，但事实上，也留下了第一个故事的叙述者的空白，叙事悬而未决，诺埃尔在多年的遗忘中经历了什么，这个空白留给读者去填补。这种多声部不仅给记忆带

---

① Patrick Modiano, *Encre sympathique*, Paris：Gallimard, 2019, p. 11.
② Patrick Modiano, *Rue des boutiques obscures*, Paris：Gallimard, 1978, p. 9.
③ Patrick Modiano, *Souvenirs dormants*, Paris：Gallimard, 2017, p. 58.
④ Patrick Modiano, *Encre sympathique*, Paris：Gallimard, 2019, p. 34.
⑤ Patrick Modiano, *Encre sympathique*, Paris：Gallimard, 2019, p. 100.

来了希望,而且保留了人物存在的想象,就像一个梦境的延续。莫迪亚诺通过展示如何将他人的记忆转化为自己的记忆,以及如何通过他人的命运书写自己的命运,从而引导读者的阅读体验,为他们找到多种存在可能性。

(二)蒙太奇

除了文学领域,莫迪亚诺还在电影界留下了他的印记。事实上,他是许多电影的编剧,例如《拉孔布·吕西安》、《一路顺风》和《伊冯娜的香水》(根据他的小说《悲伤别墅》改编)。在他的母亲(演员)的影响下,莫迪亚诺非常喜欢电影艺术。在他的小说中,我们可以看到许多情节发生在电影院中,因此他的电影风格应运而生。他广泛使用了电影的蒙太奇剪辑技术,特别是通过连接来自不同时空的图像。就形式而言,电影由一系列从时空连续体中提取的片段组成。结果,电影的基本组成部分以片段形式呈现。然而,电影艺术并不仅限于时空。事实上,它可以在不同的时空层面上展示多个图像,只需要以不同的方式组合这些图像即可。这就形成了电影剪辑技术。

拼图在莫迪亚诺的记忆艺术中经常被提及,这也很好地解释了电影剪辑艺术,有助于每个图像的连贯性,随后在电影中实现运动。图像的交织和组合在莫迪亚诺的作品中是可见的,他擅长使用剪辑技术,特别是在将"混乱"引入时空方面。例如,在《隐形墨水》中,当叙述者回忆起母亲的一位神秘朋友雅克的一句话时,与过去相关的汽车图像慢慢地出现在他的思维中,同时紧随着现实的模糊:"雅克说过的一句话,当时我并没有特别注意,我听见了,但这一次比上一次更清晰:一个奇怪的家伙……每次他回到安纳西,我们都会看到他的车……美国敞篷车的图像逐渐印在我的脑海中,就像我在暗房里等待一张照片的显影一样。"① 然后场景从巴黎切换到安纳西,他在那里认识了桑乔。两个不同的场景没有镜头移动而联系在了一起。当汽车的图像逐渐侵入叙述者的回忆时,我们可以看到现在的时空与过去的时空通过图像的退去和同时出现的旧图像联系在一起。

此外,莫迪亚诺经常使用闪回技术来转换场景,这是一种用来转换场景的蒙太奇技术。与插叙不同,闪回体现了一个更快的时间,它通过跨越时空差距而走向过去。在《隐形墨水》中,记忆碎片分散在叙述者的思维中,它们随机地在他的记忆中浮现,没有特定的时间顺序。例如,第一个回忆场景出现在看到记录诺埃尔信息的文件夹时,此时主角回忆起自己曾经进行的寻找失踪女子诺埃尔的经历。在这个寻找过程中,插入了他在一家侦探机构工作的场景、在诺埃尔住所周围的寻求以及与诺埃尔朋友的询问。这些记忆有时是 20 年前、10 年前或 2 年前的。莫迪亚诺偏爱在故事开头使用"一个晚上"、"多年以后"或"星期天"等表达方式的原因在于这些时间片段不受时间发展的约束,有助于自愿地组织不同的回忆。在拼接的效果下,记忆图像通过多个镜头和多个场景交替组合而成,这种技术源于镜头的构图。由于人物的不确定性和歧义,他们的记忆被分成许多碎片,任何时期的镜头和场景都会突然出现在他们的脑海中。因此,这种艺术性的拼接技术打破了空间和时间的限制,完美地契合了莫迪亚诺的创作特点。

---

① Patrick Modiano, *Encre sympathique*, Paris: Gallimard, 2019, p.84.

值得注意的是，莫迪亚诺在他对时空的电影化体验中采用了不同的叙事视角。例如，在《隐形墨水》中，他交替使用"我"和"她"来叙述故事。这两个人称代词指的是第一位叙述者让和第二位全知的未知叙述者（作者），后者深入诺埃尔的心理，并通过引起主人公让对她的回忆来讲述故事。故事的场景也从巴黎转移到罗马。这种方法加深了摄影的视觉效果。这两个叙事视角就像两个放置在不同位置的摄影机，从不同角度捕捉同一个场景，从而在两个空间中创造出一种精心布置的感觉。在这个片段中，读者随着摄像机的移动漫步在巴黎或罗马的街道和小巷中。此外，第三人称的未知叙述者扮演着动态记忆的外部声音，为读者提供了引导。使用这种叙事方法很容易引起读者的共鸣。事实上，这种方法不仅减少了人物与读者之间的距离，而且将文本的内部空间与外部空间（读者的空间）联系起来。通过这种方式，文本中的"封闭"空间被外部空间打破，而视角的变化有利于向读者传递有关时空变化的信息。通过不同计划的摄像机运动，不同图像的组合变得可能。因此，莫迪亚诺在小说中使用的多视角叙事表明，叙事文本揭示了许多讲述故事和展示图像的可能性。

留白和记忆的碎片被视为莫迪亚诺创作的技巧，它们为莫式美学提供了许多可能性。留白或沉默与直觉的闪现有关，给想象留下余地，并形成了无意识记忆的诗意叙述。记忆碎片、幻想梦境或错觉被包裹在故事中，通过这种虚实结合的方式，组成了新的记忆。这些来自无意识的艺术形式，重新演绎了莫迪亚诺小说的磁性，留白吸引着读者进入创造性的回忆中。

（本文编辑：胡博乔）

中国科幻小说在法国的译介与接受*

李梦彧**

【摘　要】 2016 年，《三体》系列第一部法文译本出版，由里昂三大中文系讲师兼译者关首奇（Gwennaël Gaffric）主笔翻译，被视为目前为止最忠实于原著的译本。法国多家媒体以"中国的儒勒·凡尔纳"称赞刘慈欣，他的《流浪地球》《赡养人类》等中短篇作品也在近些年陆续被改编成漫画发行，赢得了法国大批年轻读者的喜爱。除刘慈欣外，中国科幻"新浪潮"的领军人物（如韩松、陈楸帆、郝景芳、夏笳等作家）的作品也引起了法国译者与汉学家的广泛关注，正是在后者不懈努力的推动下，中国科幻小说在法国的传播实现了较为理想的译介效果。

【关键词】 中国科幻小说；法译本；译者主体性；文化软实力

一　引言

2015 年，刘慈欣的《三体》英译本摘得第 62 届"雨果奖"最佳长篇故事奖，标志着中国科幻小说在西方国家正式打开知名度，该年也是中国科幻文学外译研究具有"分水岭"意义的一年①。复旦大学教授严锋认为刘慈欣"单枪匹马将中国科幻拉到了世界水准"②，中国科幻文学从此以后正式进入"后三体时代"③。自此以后，众多代表中国当代科幻创作实力与水平的作品被陆续译介到海外，中国科幻"新浪潮"的代表作家不仅获得了欧美等国出版界的一致青睐，同时也受到大批外国读者的推崇和喜爱。国内学界对于中国科幻文学在海外传播的现象也产生了浓厚的兴趣，既有对中国百年科幻小说发展史与海外译介史详细的梳理与回顾④，也有从译者主体性角度研究《三体》英译本的

---

* 本文得到中国国家留学基金委资助。
** 三峡大学讲师，研究方向：文学译介、法语语言教学法。
① 刘健：《当前海外中国科幻文学研究述论》，《天津师范大学学报》（社会科学版）2021 年第 4 期。
② 严锋：《光荣与梦想——刘慈欣的世界》，刘慈欣：《流浪地球》，长江文艺出版社 2008 年版，第 3 页。
③ 夏笳：《"后三体时代"的中国科幻——兼谈小众与大众之辨》，《人民日报》2015 年 4 月 7 日第 14 版。
④ 王雪明、刘奕：《中国百年科幻小说译介：回顾与展望》，《中国翻译》2015 年第 6 期。

翻译特点，还有针对中国科幻文学走向海外的影响要素的条分缕析①。本文从中国科幻小说在法国的译介背景出发，试图展示译者主体性和中国科幻文学在法国传播之间存在的密切联系，以期填补国内相关研究领域的空白，并推动更多学者对法译中国科幻小说进行深入研究。

二　中国科幻小说在法国的译介情况概述

（一）1949 年之前：中国科幻小说的萌芽时期

中国科幻小说作为类型文学的一种，虽肇始于清末民初，但长久以来被归为不登大雅之堂的"俗文学"，始终处于文学译介与传播的边缘地位，且常常受制于社会思潮转变与政治体制改革，导致自身发展缓慢。正如学者吴岩和方晓庆分析的那样，面对救亡图存的残酷现实，作家纷纷背离了经典科幻小说的创作模式，积极响应"科学救国"的口号②。因此，早期的作品无论从数量还是质量上来看，都与以英美为代表的科幻文学世界产生了巨大的发展鸿沟。1949 年之前便发表科幻作品的作家中，仅徐卓呆、徐念慈、吴趼人与老舍四人的作品被译成英文。发表于 1933 年的《猫城记》是这一时期作品中唯一一部被译成法文的科幻小说③，也是老舍创作的为数不多的兼具讽喻与科幻色彩的小说，但他并不算严格意义上的科幻小说家。

事实上，这一时期的中国科幻小说整体还处于萌芽阶段，一些心系国家与民族前途的有识之士（如梁启超、林纾、鲁迅等）通过译介西方古典科幻著作的方式，希冀促进国家的民主转型与科技进步，也见证了本土科幻作家从模仿、借鉴到推陈出新的整个成长过程。虽然此时的中国科幻小说远没有形成颇具规模的市场影响力，但借助翻译的力量，极大地拓展了中国科幻作家的文学视野，渐渐形成了一些属于中国特色的科幻元素，它们将在多年以后开启与西方科幻文学对话的空间。

（二）1978—1989 年：西方第一波翻译浪潮

1978 年 3 月在北京召开的全国科学大会标志着"科学的春天"到来，一年之后《科学文艺》杂志开始系统译介西方优秀的科幻文艺作品。据统计，仅 1981 年便有超过 300 本中外科幻小说面世，科幻文学真正进入了"黄金时代"。但好景不长，随着 1983 年 9 月"清除精神污染运动"的不断开展，科幻文学创作遭受了沉重的打击，甚至一度被视作"反科学"与"伪科学"的代名词。这一时期的代表作有叶永烈的《小灵通漫游未来》和童恩正的《珊瑚岛上的死光》，后者最初在《人民文学》杂志发表，标志着科幻文学终于开始被主流文学接纳。

---

① 唐润华、乔娇：《中国科幻文学海外传播：发展历程、影响要素及未来展望》，《出版发行研究》2021 年第 12 期。
② 吴岩、方晓庆：《刘慈欣与新古典主义科幻小说》，《湖南科技学院学报》2006 年第 2 期。
③ Aloisio Loïc, "La traduction et la réception de la littérature de science-fiction chinoise en France", *Comparative Korean Studies*, Vol. 26, No. 1, April 2018, p. 19.

80年代伊始，中国科幻小说也开始引起了西方译者的关注，有8名科幻作家的作品被陆续译介到西方国家，引发了第一波翻译浪潮，但其中只有叶永烈的作品拥有法语译本，他也是这一时期作品被翻译次数最多的中国科幻作家（英语、法语、意大利语、德语），他的两部小说《碧岛谍影》和《如梦初醒》被华裔学者黄育顺（Yok-Soon Ng）于1986年译成法语出版。与德国、意大利等国不同的是，法语译本通常从原语言直接翻译而成，法国出版社普遍不接受译者从英语二次转译成目标语言的翻译方式。另外，由于大多数译者、汉学家在此时尚未把译介的目光正式投入科幻小说等通俗文学类别，再加上科幻文学创作者自身所面临的信任危机，使得这一阶段的中国科幻小说在法国的传播规模十分有限。

（三）1990—2015年：蓄势待发时期

20世纪90年代初，在《科幻世界》以及银河奖的大力推动下，科幻文学市场逐渐在国内复苏，涌现了一大批优秀科幻作家，如王晋康、韩松、刘慈欣等。2000年以后，随着互联网文学论坛的兴起与网络小说的盛行，科幻小说风格趋于多样化，有刘慈欣为代表的"新古典主义"硬科幻小说，也有陈楸帆的"赛博朋克风"科幻故事，以及夏笳自我指称的"稀饭科幻"类型，他们不仅赢得了众多读者的喜爱，也得到了主流科幻奖项的嘉奖与肯定。美籍华裔学者宋明炜更是把他们视作中国当代科幻小说"新浪潮"的领军人物，因为他们以新奇、独特的面貌将文学的"先锋性"重新呈现出来[①]。

但直到2012年，中国科幻小说才以黑马姿态再次与法国读者见面，苏童《红粉》的法文译者丹尼斯·贝纳加姆（Denis Bénéjam），在这一年推出了中国香港作家陈冠中《盛世》的法译本。2014年，法国斯托克（Stock）出版社发行的《复眼人》法译本，一经推出便获得了法国岛屿文学奖。该书作者是首次被译介到法国的中国台湾作家吴明益，其作品所涉及的议题通常与当代社会息息相关，比如生态环保以及全球化对传统生活模式的冲击与影响，与作家韩松、陈楸帆的作品共同构成了中国特色"科幻现实主义"的文化内涵。成立于2014年的简太友（Jentayu）杂志社，一直致力于译介亚洲小说、诗歌、散文等多种文学类型，在2015年发表了两篇由关首奇翻译的短篇科幻小说，分别是陈楸帆的《霾》与夏笳的《百鬼夜行街》，为中国科幻文学在法国的译介与传播起到了巨大的推动作用。

（四）2016—2022年：西方第二波翻译浪潮

2016年是中国科幻小说在法国传播的重要转折点，《三体》系列第一部的法译本在这一年问世，该书由《复眼人》的译者、里昂三大中文系教师关首奇主笔翻译，也被视为目前市场上最忠实于中文原著的译本。同年，郝景芳凭借《北京折叠》获得了"雨果奖"最佳中短篇小说奖，法译本也于2017年由法国最著名的科幻小说出版集团

[①] 张清芳：《海外中国当代新科幻文学研究及其诗学建构——以美国学者宋明炜的研究为中心》，《当代文坛》2021年第6期。

代勒古（Actes Sud）发行。除了以每年一部的速度推出《三体 2：黑暗森林》与《三体 3：死神永生》的法译本外，关首奇还翻译了刘慈欣的《带上她的眼睛》《流浪地球》等多部短篇小说。此外，韩松的中短篇小说《长城》《我的祖国不做梦》《宇宙墓碑》《美食乌托邦》《噶赞寺的转经筒》《安检》也首次被罗宇翔（Loïc Aloisio）译成法语出版。

在一系列国内外科幻奖项的带动下，中国科幻文学的法译本数量持续攀升，截至 2022 年已有 14 名作家的共计 36 部作品被翻译成法语（见表 1），由于这些作品的译者（如罗宇翔、关首奇等人）大多也从事着汉语教学或中国现当代文学研究工作，他们在翻译的同时，也在持续推动着西方学术界对中国科幻文学进行更深入、细致的研究。

表 1 　　　　　　　　　　中国科幻小说法译情况统计

时间	作家数量（人）	法译作品数量（部）
1949—1979	1	1
1980—2010	1	2
2011—2015	4	4
2016—2022	8	29
合计	14	36

三　译者主体性在法译本中国科幻文学作品中的体现

"译者主体性"问题一直以来是中外翻译界探讨的趋势与热点之一，从"忽视"译者的主体地位，到"肯定"译者对文本的选择，进而从跨文化的视角强调译者对文本的创造性作用与主观努力，翻译学界对此的探讨大致经历了以上三个阶段[1]。针对如何界定译者主体性的问题，虽然学界的观点不一，但都突出了译者"在对文本、原文作者和译文读者的适应与选择活动中"所发挥的主观能动性[2]。此外，译者与各种"社会文化要素"（如赞助商、出版社、社会规范与主流价值观等），均可以视作译者主体性关系研究的重要组成部分。法国的很多大型出版社［如加利玛（Gallimard）、弗拉马利翁（Flammarion）、菲利普·毕基埃（Philippe Picquier）、代勒古（Actes Sud）等］长期以来关注亚洲文学的发展，并专门设立亚洲文库，已翻译、出版了众多亚洲文学作品。以出版社牵头、编辑策划、译者内容负责制的译介模式，已经成为当今法国出版界普遍遵守的重要规则。

在这一章节，我们之所以把目光聚焦在两位年轻的法语译者关首奇和罗宇翔身上，

---

[1] 胡庚申：《从"译者主体"到"译者中心"》，《中国翻译》2004 年第 3 期。
[2] 侯林平、姜泗平：《我国近十年来译者主体性研究的回顾与反思》，《山东科技大学学报》（社会科学版）2006 年第 3 期。

是因为他们长期从事中国科幻文学的译介与研究工作，均成果斐然。前者主笔翻译了刘慈欣、陈楸帆、夏笳等中国科幻作家的主要代表作，后者发表了韩松的多部中短篇科幻小说的法译本，目前法语学术界针对中国科幻文学的翻译和研究也大多与他们密切相关，且二人私下熟识，共同参与过有关中国科幻小说译介史的对谈活动，为中国科幻文学走向海外出谋划策，贡献良多。通过对两位法语译者的译著与学术研究背景的介绍，笔者试图揭示出译者主体性与中国科幻文学在法国传播之间存在的密切联系。

（一）从吴明益到刘慈欣，关首奇的科幻文学翻译之路

2014年3月底，关首奇刚刚通过了里昂三大的跨文化研究博士学位论文答辩，题目是《台湾、书写与生态：生态批评视角下的吴明益作品分析》[①]。从跨学科、跨文化与跨文本的角度入手，重点介绍了吴明益作品中呈现的哲学思辨、科学思维与文学创作理念，展现了作者追求"东方野生美学"的自然书写特点。在其论文撰写时，吴明益的作品尚没有法译本，论文中所有需要引用的部分皆是关首奇自译，由于对作家写作风格、语言特点了如指掌，又对作者笔下的地方文化与日常生活一清二楚，他这种因研究而翻译的独特历程，使他成为吴明益《睡眠的航线》《复眼人》等作品法译本的最理想译者。此外，关首奇也首次敏锐地意识到吴明益作品中所展现的科幻思维之"另类"：作者在小说中并没有描写蝴蝶振翅会引发一场大的自然灾害，而是在试图展示自然灾害如何终止了蝴蝶的飞翔。与美国或苏联经典科幻作家所秉持的创作理念不同的是，吴明益并不认为科学技术的进步与能动性可以推动人类文明的持续发展，例如在小说《复眼人》中，作者曾借其中一位老昆虫学家之口，表达了他对于21世纪持续不断地"乌托邦式"地改造地球运动的愤懑之情。

生态批评作为一种研究方法，利用跨学科的视角研究文学与环境的关系，而科幻文学起源于人类对科学和未来"双重入侵"现实的一种反思，因此很多科幻文学作家也会在其作品中深入探讨科技发展对未来地球的生态环境所造成的负面影响。作为一名从事生态批评研究的学者，关首奇对于是否应该把《复眼人》归类于科幻文学，起初是存在疑虑的，担心损害了作品的文学性，但事实证明，好的文学作品与类型无关，也正是在韩松以及美国著名科幻、奇幻作家厄休拉·勒古恩等人的大力推荐下，吴明益的作品才在英语出版界占据了一席之地。时隔不久，该书的法译本也获得了2014年度主题为"岛屿的出现与消失"的法国岛屿文学奖。由此可见，关首奇从生态批评的研究理论出发，通过挖掘吴明益作品中的"东方美学"价值，"意外"地闯入了中国科幻文学译介与研究的领域。

从事中国科幻文学译介工作之外，关首奇也是里昂三大中文系的一名讲师。其汉语流利，甚至略通闽南话与日语，多年来已陆续发表了多篇关于中国科幻文学的研究论文，也出席了多场国际学术研讨会，如2018年7月，他在香港中文大学举办的有关

[①] Gaffric Gwennaël, *Taïwan, écriture et écologie: explorations écocritiques autour des œuvres de Wu Ming-yi*, Ph. D. Lyon: Université Jean Moulin (Lyon 3), 2014.

科幻小说翻译的研讨会上，专门作了有关刘慈欣《三体》三部曲在海外译介与传播的研究报告。

除了长期译介以刘慈欣为代表的"硬科幻"小说以外，关首奇也经常以生态批评的视角为出发点选择翻译文本，比如他十分推崇中国科幻"新浪潮"代表作家陈楸帆的作品，便在法国亚洲文学期刊《简太友》（Jentayu）上译介了其短篇小说《霾》。他也曾多次提及陈楸帆的另一部代表作《荒潮》。这部由他挑选的作品也于 2022 年年底推出了法译本。《荒潮》的故事发生在一座名为硅屿的小岛上，电子垃圾泛滥成灾让这座岛屿变成了垃圾之岛，与吴明益《复眼人》中少年阿特烈经由虚构小岛瓦忧瓦忧岛一路顺着太平洋垃圾形成的涡旋与现实台湾相遇的故事形成了某种程度上的"互文性"与对话。关首奇作为读者对文学作品主题、风格的偏爱显然与他对中国科幻作品的译介与研究息息相关，在他俚语与书面语灵活转换的译文风格下，法国读者得以透过中国的独特视角看待当今国际性争议话题。

此外，法国图书出版行业整体面临着相对宽松的环境，除了市场考量以外，唤醒大众的觉悟也是一个很重要的因素，尤其面对法国科幻图书市场基本依赖引进英、美等国作品的现状，给予译者充分的尊重与信任，一方面可以激励他们挑选出一些代表世界级水平的外语原著，另一方面也可以换取其高水准的翻译质量，图书市场也因此更加趋于合理化、多元化，最终可以满足消费者不同的需求。笔者在梳理关首奇目前出版的中国科幻小说译著时，会明显感受到译者本人的主观能动性对于文本选择的直接影响，比如他在翻译完《三体》三部曲之后不久，又向出版社推荐了即便在国内也名不见经传且饱受"三体迷"诟病的科幻作家宝树的《三体 X：观想之宙》。关首奇曾在个人博客上解释道："《三体 X：观想之宙》就像我们在吃完一顿饕餮大餐后，吃的那一小块巧克力。如果我们深思熟虑，也许不会吃它，如果是刚参加完盛宴，我们尤其会感到失望。但是我们有时也会想吃点小零食，即便我们声称已经吃得太饱了。"① 近些年，关首奇甚至翻译了蒲松龄《聊斋志异》里的名篇《聂小倩》以及夏笳的短篇作品《百鬼夜行街》。后者是一部取材于中国古代神话传说的科幻小说，与《聊斋志异》也建立了某种程度上的小说互文性，比如宁采臣、聂小倩、燕赤霞等小说人物被打造成"玩偶"放置在游乐园的百鬼街，但由于被植入了人的记忆而产生了独立思维。在面对海量的作品与资源时，我们可以清晰地观察到关首奇在"读者"与"译者"的双重身份下所调动与发挥的主观能动性，以及对中国科幻文学作品在法国的传播所产生的影响与作用。

在《三体》的翻译策略上，与英语译者刘宇昆不同的是，关首奇对小说的篇章结构并没有做出太大的改动，整体上与原著保持一致，在遇到一些法国读者比较陌生的特定历史词语（如"黑五类""牛鬼蛇神"等）时，他会加入注解和简短的背景说明。刘宇昆在英译本中对一些原著不足之处做了不同程度的改写与增译，如被中文读者诟病过于单一的女性角色程心。但关首奇在翻译过程中却尽可能"隐身"，他认为译者的首要任

---

① 关首奇在其博客（http://gwennaelgaffric.blogspot.com）针对翻译宝树作品的原因所发表的观点，原文为法语，笔者译。

务是尽可能还原作品，它的瑕疵与价值应交由市场与读者评判，他的法译本也因此被视为最忠实于原著的版本。

（二）以译介韩松作品为出发点，罗宇翔的科幻文学研究之路

韩松是当代中国科幻文学走向世界的代表性人物之一，写作风格以冷峻、黑暗、晦涩和多线叙事著称，作品已被译成多种语言文字，如英语、法语、意大利语、日语、希伯来语等，他曾两次获得中国科幻最高奖项银河奖，并代表中国科幻作家出席海外举办的中国文学周活动，为中国科幻文学本土化与海外的传播奠定了坚实的基础。从1991年发表的《宇宙墓碑》到2014年的《安检》，韩松的多部中短篇、长篇小说在近几年被陆续译介到了法国，这一切都与艾克斯马赛大学博士生导师、科幻文学研究者译者罗宇翔多年来积极地推动与宣传密不可分。他从本科时便开始研究中国语言、文学，其硕士、博士学位论文皆以韩松作为主要研究对象，并以研究韩松作品为契机，对整个中国科幻文学的发展史与在西方世界的翻译与传播史作了细致的梳理与分析。

2018年，韩松的中短篇小说集《地铁》被罗宇翔译成法语出版，与关首奇翻译的刘慈欣《三体3：死神永生》并列成为当年法国图书市场上最受关注的中国科幻小说。作为科幻"新浪潮"的代表人物之一，韩松的作品风格独树一帜，常常流露出悲观与绝望的情绪，比如他的代表作《红色海洋》讲述的便是未来的陆地由于遭受了核战争的摧毁，人类被迫利用基因工程，把自己改造成可以适应海洋生存的水栖动物，同时把曾经蔚蓝的海洋改造成红色的故事。也正是由于韩松过于独特的写作风格，他的作品受西方普通读者的欢迎程度低于刘慈欣，但罗宇翔始终认为，他的文字是对中国的过往与今日的一种有力见证与存证，是80年代伤痕文学的一种延续，反映了他对"遗忘"这一主题的深度反思与哲学思考[①]。

随着信息技术的发展与互联网文学的兴盛，中国科幻文学吸引了夏笳、宝树、郝景芳等一大批"80后"年轻作者的加入，从而大大地丰富、拓宽了科幻小说所能承载的文学主题，比如虚拟现实与人工智能的结合、后现代主义"赛博朋克"与"蒸汽朋克"等，引起了国内外读者的强烈共鸣，在客观上提升了国家文化软实力和国际影响力。因此，在向法国读者译介韩松的科幻作品的同时，罗宇翔近些年也把目光投入了中国科幻文学与国家文化软实力建设之间的关系研究当中。他认为，科幻文学作为一种重要的通俗类型文学，直接推动了中国的现代化建设，也正是通过科幻作家对于未来世界的文字描绘，塑造了普通民众的爱国热情，并激励着一代代中国年轻人为国家的科学与技术的进步与发展贡献自己的力量[②]。韩松的《火星照耀美国》便是例证，小说讲述了2066年时，中国已经崛起成为世界第一大国，而美国此时已经衰落不堪，以超级电脑"阿曼多"为代表的虚拟现实则掌控着世界上绝大多数人民的日常生活。小说主人公唐龙应邀

---

① Aloisio, Loïc, " Han Song: pour un retour sur Terre de la science-fiction", *Monde chinois*, Vol. 51–52, No. 3–4, 2017, p. 79.

② Aloisio, L., Gaffric, G., "A Discussion between Two French Translators of Chinese Science Fiction", *SFRA Review*, Vol. 50, No. 2–3, 2020, p. 75.

赴美参加世界围棋大赛，却意外经历了世贸大厦的坍塌、"阿曼多"的崩溃以及第二次美国南北战争等众多事件，最终他被中国救援队拯救，顺利返回了"福地"。

然而，科幻小说不能只强调技术进步这一个层面，人物塑造、故事情节以及艺术审美等因素同样需要作家的重视，否则科幻文学将会沦为盲目乐观的"唯科学主义"科普作品，或者是对于现代发明创造的机械罗列与陈设。另外，科幻小说创作不可能超脱于现实存在，科幻作者也试图借助这个充满"幻想"的文学类型揭露出当前经济、社会发展中存在的问题，如贫富悬殊、环境污染和生态破坏等全世界民众普遍关心的话题。事实证明，这一类聚焦现实议题的中国科幻文学作品往往会获得法国主流媒体的普遍好评，也更容易进入普通法国读者的视野。近些年在法国文学市场上比较有影响力的科幻作家主要来自以美国为代表的英语世界，如法兰克·赫伯特，他的代表作《沙丘》便涉及了气候变化、能源危机、战争、族群冲突等议题，刘慈欣、韩松、陈楸帆等中国作家的作品则在"宏大叙事"的共同背景下，传递了独特的"东方美学"价值观，客观上推动了东西文明互鉴与对话局面的形成，这也是近些年中国科幻文学能够在法国市场有效传播的根本原因。

总之，罗宇翔对于中国科幻文学的未来发展前景，整体上抱持乐观态度。小说主题的丰富多样、对全球热点议题的深入探讨以及"东方美学"等特点，都预示着中国科幻文学持续被西方关注、译介成为可能。与早期的"唯科学主义"科幻作品不同的是，互联网时代的中国科幻文学不再盲目乐观，而是敢于直面科学所带来的负面影响。如果说关首奇对于中国科幻小说在法语世界的传播功不可没，那么罗宇翔的研究则提升了它在海内外学术界的知名度。和吴岩、宋明炜这些以科幻文学为主要研究对象的学者一样，罗宇翔作为一名年轻的汉学家，为中国科幻小说"正名"的同时也指出了它存在的一些不足与问题，但与前者相比，由于多了一重译者的身份，他可以有幸亲自参与到中国科幻文学的翻译与研究工作当中，因此他既是中国科幻文学译介到海外的"亲历者"之一，又是重要的"见证者"。

四 中国科幻文学走向海外所面临的困境与应对策略

我们必须承认，当前中国科幻文学在海外的影响力仍十分有限，首先与我们在创作层面存在的诸多问题有关，但如果从译介的角度来看，"由于缺乏稳定持续的对外翻译和国际传播渠道"①，也使得众多优秀的中国科幻作品难以迅速被推广到海外，单靠海外华人、汉学家及文学研究者的零散翻译与研究，从根本上无法撼动目前以英美为主导的市场地位。其次，海外科幻小说市场早已形成了以引进、翻译英美等国家为代表的西方作品为主的格局，非英语写作的科幻文学作品除了依靠本土市场外，由于缺乏国际话语权与舆论引导力，事实上很难"走出去"，并获得海外市场广泛、普遍的认可。刘慈欣的《三体》之所以在海外取得了巨大的成功，与"雨果奖"的褒奖与肯定息息相关，在刘

---

① 刘健：《当前海外中国科幻文学研究述论》，《天津师范大学学报》（社会科学版）2021年第4期。

慈欣作品"光环效应"的带动下,韩松、陈楸帆、郝景芳、夏笳等作家的小说也在近些年以"中国当代科幻新浪潮"代表作品等名义,被陆续译介到欧美等国。诚然,国际性文学奖项所带来的难以估量的附加效应与由此带来的知名度的迅速提升,对于中国科幻小说走向世界起到了关键性的作用,但我们不能据此便误以为找到了解决问题根源的"灵丹妙药",从此走向唯"奖项"论英雄的歧途。

中国的版权代理机制在当前数字化、电子化趋势的冲击之下,暴露出许多问题与缺陷,主要表现为优质内容资源长期供给不足与欠缺激发作者创作热情的有效机制。科幻小说作为一种高度依赖市场与读者的文学类型,亟须建立起与国际接轨的新型版权代理体制,才能与海外出版商、译者建立起长期互惠互利的合作关系。

此外,科幻小说的读者群以年轻人为主,因此对作品的推广不必拘泥于传统模式,例如,可以透过世界科幻大会等重要平台与西方具有一定影响力的科幻杂志社、出版商、影视公司达成战略合作协议,以期推动对优秀作品的漫画、影视剧等多元形式的改编。目前来看,除了刘慈欣的中短篇作品(如《流浪地球》《赡养人类》《乡村教师》等)已被改编成漫画在西方发行外,其他中国科幻作家的作品仍以海外科幻小说杂志与图书出版为主要推广形式。相信随着国际流媒体平台奈飞制作的电视剧版《三体》的播出,刘慈欣的作品影响力还会进一步延伸与增强,这也是中国科幻小说走向世界,甚至是国家文化软实力输出的必由之路。

最后,从科幻文学研究的角度出发,学者刘健曾提出一些可行性建议,比如借助中华学术外译项目鼓励、资助中国科幻文学研究成果外译和海外发行,建立中国科幻文学在线资料库,以及举办以中国科幻研究为主题的国际学术会议,等等。通过这些举措,一方面,我们可以逐渐掌握国际学术研究的话语权和主导权,另一方面,我们也可以"以研促译",让那些高水平的本土优秀科幻作品早日拥有质量上乘的译本。

总之,"打铁还需自身硬",正是由于中国科幻文学近二三十年的复苏与繁荣,才点燃了一批批年轻作者的创作热情,同时也引起了海外众多汉学家、文学研究者与译者的浓厚兴趣,最终在多方的共同努力与见证下,中国科幻文学开始呈规模化、体系化被译介到海外。随着我们进一步对文化海外输出与传播规律的了解与掌握,在国际舞台上"讲好中国故事"的目标才会逐步实现。

(本文编辑:唐果)

文化与翻译

法国南方文献出版社与中国当代文学的出版*

尹 丽**

【摘　要】本文通过法国南方文献出版社对中国当代文学作品出版的介绍与分析，探究了中国当代文学在法国的出版情况。本文还分析了南方文献出版社对中国当代文学的关注，重点介绍了包括作品选择、翻译、推广等方面的工作。通过对法国南方文献出版社的个案分析，审视了中国当代文学在法国传播的现状，并提出了发展及扩大影响的建议。

【关键词】法国南方文献出版社；中国当代文学；中华文化"走出去"

一　曾出任法国文化部长的出版界风云人物

2017年，法国总统马克龙的内阁名单出炉之后，新上任的文化部部长弗朗索瓦兹·尼森（Françoise Nyssen，2017年5月至2018年10月在任）立即引起了媒体及公众的极大兴趣。对于一般大众来说，她是完全陌生的人物，因为她并非来自传统的政治圈，在荣任文化部部长之前，她是出版界的风云人物，也是第一个以出版社负责人身份登上法国文化部部长宝座之人。

尼森虽然曾在1978年短暂进入法国文化部建筑司服务数月，但很快便接手经营其父亲创立的法国南方文献出版社（Actes Sud）业务。执掌该社30年来，尼森成长为法国出版界颇有影响力的人物。她于1991年被评为年度最佳商业女性，获得凯歌香槟奖（Prix Veuve Clicquot），2008年获得艺术和文学勋章，2013年获得荣誉勋章，2017年被任命为法国文化部部长，卸任后担任阿维尼翁戏剧节（le festival d'Avignon）行政委员会主席。

法国媒体与文艺领域对尼森担任文化部部长大都带着正面的期许，《费加罗报》和《解放报》都肯定她的才能。通过对其第一年工作的盘点，大部分法国人对尼森在文化方面所推出的举措和效果都比较认可，认为她是大胆设想、说到做到的行动派。

尼森执掌的南方文献出版社，经过她30年的经营打造，已成为法国第九大出版集

---

* 本文发表于《中国文化报》2018年8月1日第4版，原文题目为《法国南方文献出版社：中国当代文学的欧洲伯乐》，文章有增改。

** 广东外语外贸大学西方语言文化学院教授，主要研究方向：法国文学与文化研究。

团，其在文学和童书出版方面的成绩尤为引人注目。该出版社每年用 30 多种语言（包括汉语）出版外国文学，在外国文学出版方面声名远扬。南方文献出版社至今出版过 5 本荣获法国文学界最高荣誉——龚古尔奖（Prix Goncourt），3 本荣获诺贝尔奖的小说。其出版的作品还多次荣获费米娜文学奖、美第奇文学奖、国际图书奖、雷诺多文学奖等多种奖项。自 80 年代以来，南方文献出版社对中国文学给予了极大关注，持续译介中国文学（尤其是中国当代文学）作品，已跻身为法国出版中国文学的重要出版社之一。

二　南方文献出版社对中国当代文学的关注

20 世纪 80 年代，中国当代文学空前发展，受到西方世界的关注，南方文献出版社是最早关注中国当代文学的法国出版社之一。

当时的西方汉学家和出版社对中国当代文学充满了兴趣，非常渴望将这一新兴文学的最新发展和多样性呈现出来。当然这与当时中国文学表现出的创新风格和批判意识有直接联系，而由小说改编的电影在国外频频获奖也是一个不可忽视的原因。但从更广泛的意义上讲，中国整体国力的增强、在世界上地位的提高，促使中国不时成为法国媒体的座上客，而文学作品正是反映中国社会发展变化的一扇窗户，出版社关注中国当代文学似乎也成为顺理成章之举。

据统计，按语种来看，中国文学作品的译介数量最大的前三种语言分别是日语、法语和英语。法国自然也成了西方国家里中国文学译介最为活跃的国度。许多中国当代的优秀作家（如毕飞宇、阎连科等）的作品都是先从法国"起跑"，继而在国际上开创声誉的。

中国当代文学在法国的译介，在相当程度上，还得力于几家年轻的出版社。它们是立足于介绍亚洲文学的菲利普·毕基埃（Philippe Picquier）出版社、中国蓝（Bleu de Chine）出版社（2010 年中国蓝出版社被伽利玛出版社收购，继续推出"中国蓝系列丛书"）、南方文献出版社、弗拉马利翁（Flammarion）出版社和瑟伊（Le Seuil）出版社。这些出版社在推介中国现当代文学方面有口皆碑，各有建树，而南方文献出版社在出版和译介中国文学上所做出的贡献尤其值得关注。

从 20 世纪 80 年代至今，南方文献出版社较为系统地对中国当代文学进行了译介，它的"中国文学丛书"（Lettres Chinoises）向法国读者陆续翻译出版了张辛欣、莫言、池莉、余华、毕飞宇、王小波、马德升、扎西达娃等当代中国 15 位作家的约 54 部作品，极大地促进了中国当代文学在法国的接受和传播。

三　南方文献出版社对中国当代文学作品的翻译、出版与推广

20 世纪 80 年代，法国的一些出版社在好奇心的驱使下试探着出版一两本中国文学作品，但很少有出版社持续追踪一个中国作家或出版同一作家两本以上的作品，中国大多数作家的作品也几乎没有再版甚至加印。而南方文献出版社自推出中国作品之初，就在

跟踪介绍特定的中国作家方面做出了特殊的努力，这在对张辛欣的翻译介绍上可见一斑。多年来，他们一直持续出版张辛欣的作品，这在 80 年代的背景下实属罕见。而自从 20 世纪 90 年代国立东方语言学院教授、中国 20 世纪文学专家伊萨贝尔·拉碧（Isabelle Rabut，中文名何碧玉）接任该出版社"中国文学丛书"主编后，更是把中国文学的译介不断推向新的高潮。

何碧玉首先是著名的翻译家，自 90 年代以来，陆续翻译了沈从文、巴金、池莉、余华、毕飞宇等多位作家的作品；她还是中国当代文学的研究者，著有《中原国土上的美丽叛译：现代华语世界中的翻译问题与实践》（*Les Belles Infidèles dans l'Empire du Milieu : problématiques et pratiques de la traduction dans le monde chinois moderne*，2010 年）、《现代中国与西方：翻译与跨文化协商》（*Modern China and the West : Translation and Cultural Mediation*，2014 年）等著作，对中国现当代文学在西方的译介和接受的情况有着相当深入的了解和研究。她担任"中国文学丛书"主编后，彻底贯彻了作家本位政策（la politique d'auteur），即按照文学出版社的通常做法，走"作家路线"，系统地翻译出版中国当代文学，侧重发掘作家而不是单部作品，也就是说，不是偶然地出版某位作家的一两本作品，而是出版他的一系列作品，以便和作家建立长期的合作关系。这样做也就必然要把不同的作家特有的文学风格、想象力、故事架构、语言特色等文学元素提到第一位，更注重"怎么写"，而不是"写什么"。这种长期稳定的合作关系对提升作家和作品的文学声誉具有十分重要的作用。20 多年过去了，他们在前期"中国文学丛书"的基础上，继续推出了张辛欣、莫言、扎西达娃、王小波、毕飞宇等作家的系列作品，更强力地打造了余华和池莉的作品，共计译介余华 15 部作品、池莉 16 部作品，这在法国其他同类出版社也实属少见，稳步打造了余华、池莉在法国图书市场上的地位。他们的文学作品也进入法国主流发行渠道，在法国已然形成相对稳定的市场。

何碧玉是一位眼光独到、对中国文学有着巨大热情与强烈敏感的文学编辑。作为丛书主编，首先要寻找优秀的作品，她博览中国文学书籍，经过大量阅读，依据专业的判断挑选出优秀的作家和作品，并亲自进行翻译或寻找合适的译者，最终将作家和作品推荐给出版社和读者。多年来，何碧玉组织了杰出的翻译团队，其中包括她的丈夫安必诺（Angel Pino）教授、邵宝庆、埃尔韦·德奈斯（Hervé Denès，中文笔名奚玄武）、雅格琳·圭瓦莱（Jacqueline Guyvallet）等。他们以独立或合作的方式进行作品的翻译，与所译作家始终保持密切的联系，不放过每一个值得探讨与求证的细节。作品翻译完毕，何碧玉会对每个译本进行校对，力求让译本更加完美。一旦作品问世，她还要撰写书籍介绍和广告传单，以供出版社的销售部门使用。

至于中国图书的销售和推广，南方文献出版社主要从以下三个渠道进行。

其一，通过专门的图书销售代表（les représentants）做推广。他们会去全法的几千家书店进行大力推荐，而一旦书店老板愿意销售这本书，他们便会以各种形式（包括讲座、宣讲、讨论或作者签售等方式）向读者极力推荐，从而形成良好的推广链条。

其二，通过出版社的宣传机构（le service de presse）和专门的媒体专员（l'attaché de presse）向所有媒体（如报社、电视台、电台、网络）做推广和宣传，不仅针对法国媒体,也针对比利时、瑞士及所有法语国家媒体。同时,网络等新媒体对中国文学的传播也起到了非常重要的作用,如法国网站"RUE89"(rue89.nouvelobs.com)就对中国文学特别关注。

其三,出版社邀请作者赴法国各大重要文化机构或图书沙龙做巡回演讲,和当地读者面对面交流,如国家图书馆、各大学、文化中心、巴黎图书沙龙、蒙彼利埃图书沙龙等。余华和池莉均被出版社邀请赴法访问,二人都多次参加过图书沙龙,例如余华就曾参加巴黎图书沙龙、蒙彼利埃图书沙龙、圣马罗图书沙龙和洛特河畔新城图书沙龙。

以上三种模式全方位地对中国作家进行包装和推广,而作为译者和主编的何碧玉也时常陪同作者去参加作品的推广活动。为了促进销量,"中国文学丛书"的大部分精装本(尤其是余华、池莉作品的精装本)都发行了平装本和口袋书。作品进入了价格实惠的普及性传播渠道,也就意味着作家赢得了更大的读者市场。

以余华的《兄弟》为例,《兄弟》一经出版就立即引起法国多方关注和主流媒体的一致好评。法国各大报纸〔如《世界报》(*Le Monde*)、《费加罗报》(*Le Fogaro*)和《解放报》(*La Libération*)等〕都用了多个版面的篇幅宣传这部小说。法文版《兄弟》被法国主流社会称为"当代中国的史诗""法国读者所知的余华最为伟大的作品"等。出版社以每次5000册的数量一印再印都无法满足法国读者的需求,只好不断加印,至今《兄弟》各种版本已售出5万册,远远超出出版社1万册的预期,这对于只有6000多万人口的法国和文学作品通常只印2000册的法国出版惯例来说,算是创造了巨大的奇迹。《兄弟》还荣获了2008年法国《国际信使》(*Courrier international*)周刊首次颁发的外国小说奖。余华也早在2003年因其另一部作品《在细雨中呼唤》的大获成功而获得了法国文化部授予的"艺术与文学骑士勋章"。可以说余华是目前中国当代作家在法国译介最为成功的一位。

如果说余华的小说在法国经历了逐渐向好直至巅峰的过程,池莉的小说则可以说是开门大吉、本本畅销,她的书最低销量也有四五千册,销量最高的《云破处》达到22000册,池莉所有作品的总销量达到十几万册。池莉的法国读者还自发组成了读书会。池莉的小说不仅畅销,《云破处》更是破天荒的被改编成话剧在法国上演一个多月,且50多场场场爆满,这在中国文学的海外接受中也是极为罕见的。可以说余华和池莉的文学生命在法兰西的语境中得到了极大的拓展与丰富,他们两人成为法国译介作品最多、最成功的中国当代作家之一,而这一切应该归功于南方文献出版社,正是南方文献对他们的持续译介和推广促成了法国的"余华热""池莉热",助推余华和池莉成为在国际上颇具影响力的中国当代作家。

南方文献出版社出版的中国作品总体上是盈利的,因此,从未来形势上看,对于出版中国文学作品,南方文献出版社还将坚守文学理念和图书品质,继续追踪中国作家的文学足迹,积极维护"中国文学丛书"这个品牌,不盲目追求出书数量,沿袭他们既有的做法,只做精,不做多。

四　中国当代文学在法传播现状及建议

经过南方文献出版社30年来的不懈努力，有时甚至是只问耕耘、不求收获的坚持（最初余华的几本书都让出版社赔钱了，但他们对余华充满信心，宁愿承担赔钱的风险，也继续出版余华的作品），中国文学作品在法国不再是小众读物，不再仅仅栖身于专门经营亚洲书籍的书店，而进入了普通独立书店、大型连锁书店，走出了小圈子，进入了普通文学爱好者的视野。

事实证明，南方文献出版社出版的中国作家的作品达到了公认的水准。除成功打造了余华和池莉外，他们出版的作家作品中，莫言获得了诺贝尔文学奖，毕飞宇获得了法国《世界报》文学奖、法国文化部颁发的"艺术与文学骑士勋章"，等等。南方文献出版社对中国文学作品的高质量译介，为欧洲其他国家的出版社和代理人对中国文学作品的认知和了解提供了优质的法语文本，更为这些作品的欧洲其他语种版本的出版做了重要铺垫。

当然，从中国当代文学在法国的整体传播现状我们不难看到，目前中国当代文学作品在法国虽然拥有了一席之地，但是还远没有上升到主流文学。每年，全法所有出版社加起来，仅有20—30部中国当代文学作品译著出版，最多的是2004年，当年中国是巴黎书展的主宾国，出版的中国当代作品有50部左右。

总体而言，美国文学对法国普通读者的影响最大，其次是英国文学。就亚洲文学而言，日本文学的影响力超过了中国文学。中国文学在南方文献出版社的"外国文学丛书"中占比中等，占比最大的依然是美国文学，这固然有地缘政治方面的因素，还因为中国当代文学走出国门的时间不长，进入法国市场也不过30来年，而日本文学在法国的出版和推广，持续了百年以上没有中断。虽然对于中国文学（尤其是当代文学）的推广力度逐年增加，虽然以莫言为代表的中国作家也屡获各类国际文学奖的青睐，但在法国，真正懂得喜爱中国文学的读者还并不是多数，对中国当代文学作品的阅读和接受还受到来自文化趣味、市场运作、意识形态等因素的制约。

目前中国正在实施中华文化"走出去"以提升国家软实力的战略方针，如何让中国当代文学更好地呼应这一政策，这不仅需要各级政府行之有效的积极措施，更需要翻译界、出版界、文学界、翻译研究界、对外汉语言文化推广和传播机构的共同努力。我们期待不远的将来，中国当代文学为更多的法国读者所了解，更多地融入法国的文学和文化系统之中。

（本文编辑：胡博乔）

二十世纪初的长江记忆

——武尔士《长江激流行》翻译考证*

曹　娅**

【摘　要】《长江激流行》是法国军人武尔士于20世纪初写的一本自传,详细记录了其率领法国炮舰首航长江上游的经历和见闻,反映出在清朝末年中国近现代转折的历史时期,围绕长江上游航运考察所发生的各种中外冲突和社会矛盾,具有重要的史料价值。另外,在这本书的翻译过程中,也需要对历史资料做出大量严谨的考证。

【关键词】《长江激流行》;武尔士;翻译;考证

从2015年起,重庆中国三峡博物馆和重庆地方史研究会开始着手立项、翻译并出版《全球视野下的近代重庆丛书》,目的是在海外广泛发掘历史资料,从不同角度认识和展示重庆的近现代城市历史,为地方史的研究拓宽视野、提供研究史料。《长江激流行》是这个项目下系列翻译作品中的一部,该书于2018年完稿,2019年6月出版。丛书总编周勇先生在总序中写道:该书是"目前所见的、唯一的由法国人撰写的有关川江航行和重庆市历史的著作"[①]。项目启动伊始,编委会就要求译者以严谨的态度,在每一本书中,都以注释形式标注出历史人名、地名,以及重要的历史事件,强调史料价值。

原作名为:《武尔士的第二支考察队:在长江的激流险滩上——武尔士上尉率法国炮舰首航长江上游》,中文版由出版社定名为《长江激流行》。该书基本上是一本自传,局限于其时代和身份,作者描写自己的部分有自我美化的成分和比较主观的评论;但书中主要内容涉及法国炮舰"奥尔里"号和"大江"号在长江上游地区(包括其支流岷江地区)的种种经历,足迹遍及宜昌、重庆、泸州、宜宾、乐山、成都等多地,他甚至制定了沿金沙江深入云南的考察方案。武尔士观察、测量并描述了当地的水文地理情况,对当时的社会事件、官场腐败、民风民俗,以及列强争斗都做了详细记录,是研究地方

---

* 本文系重庆市市级重大项目《抗战大后方海外档案史料收集及青年人才培养计划》子项目"长江激流行"(项目编号:2013—ZDZX0406)阶段性研究成果。

** 四川外国语大学副教授,研究方向:翻译理论与实践。

① 武尔士:《长江激流行》,曹娅、赵文希译,重庆出版社2019年版,第3页。

史的一份不可多得的史料。尤其是事实陈述部分，与现有的汉语资料基本吻合，可以作为对该时期的川渝历史资料的佐证和补充。因此，在翻译中对史实的考证尤为重要。

一　历史人物

（一）武尔士

在有关中文资料上，都提到过该书的作者——首先率法国炮舰进入长江中下游的人Émile Auguste Léon Hourst（1864—1940年）。他被称作"乌尔斯特""虎尔斯特""豪斯特"，甚至也有资料把他的名和姓搞反了。实际上这个法国人有着多重身份。他领导了两次海外殖民地考察，涉及他在尼日尔河和长江上游的两次考察任务，并著书记录，荣获了由法兰西学术院颁发的蒙蒂翁文学奖（le prix Montyon，1897）和索布瑞尔·阿尔诺文学奖（le Prix Sobrier-Arnould，1905）。

由于18世纪法国的"中国热"和19世纪初法国汉学的影响，法国人纷纷来华，各怀目的。他们大都遵循前人的习惯，取个汉语名字。据作者在书中记载，他的名字"武尔士"是由满清派驻法国的外交官陈季同取的："武，尔，士。按照中文发音，这几个字差不多跟我的名字 Hourst 发音相吻合。这是由在法国家喻户晓的陈季同将军给我起的名……'武尔士'实际上的意思是'武官和学者'，对于冒险家来说这倒是个漂亮的题铭。"① 在原著封面上的醒目位置，这三个中文字赫然在目。所以，作者的汉语名字完全可以确定。

1901年来到中国的武尔士，注定是一个非常立体和多面的形象，竭力想彰显自己汉语名字所包含的智勇双全。

首先，武尔士是一名冒险家和航海家。征服激流险滩的雄心贯穿全书。书中诸多内容都来自航行日志和任务报告，时间、地点、事故等记录真实可信。1899年，法国传教士蔡尚质绘制了《扬子江上游地图集》，由徐家汇土山湾印书馆发行出版，但它并不能满足武尔士航行所需。1901年，武尔士的考察队开始了长江上游的实地水文绘制工作。他们运用三角测绘法，将现代技术运用于该水域地图绘制，与川江航运传统的山水绘法和平面符号标注比起来，无疑是一份更为详尽、严谨、有数据和比例支撑的专业珍贵资料。这份最初作为军事用途的测绘资料被保留下来，对川江航运制图方式的现代转型发挥了重要的影响②。

其次，武尔士是一名不折不扣的殖民军人。他忠于法国，极度忌妒、嘲讽和鄙视英国人，想将中国西南地区视作法国印度支那殖民地的战略后方。他怀着非常复杂的态度来观察和看待中国。一方面是强盗逻辑，率领法国炮舰开进中国内河并引以为荣，冷静评判列强争夺中国内地采矿权的各种得失；另一方面，当他站在中国人的角度来考虑问题，想法又大不相同："如果我是中国人，眼看着别人一点一点吞噬自己国家，这种做法

---

① 武尔士：《长江激流行》，曹娅、赵文希译，重庆出版社2019年版，第64页。
② 李鹏：《晚清民国川江航道图编绘的历史考察》，《学术研究》2015年第2期。

我也不能忍受。"① 在书中，还记录了不少见闻，有清帝国海关被英国人把持的历史事实，也有泸州盐道垄断盐业、抬高税收、买卖官爵、荼毒生灵的传闻，表现出他对满清政府腐败和无能的痛恨。

最后，武尔士非常清楚自己是一个外来入侵者："每隔一段距离，就可以看到藏在壁龛里的或是雕刻在整块岩石上的佛像……对中国人来说，他们是保护神。这是世界最古老的文明，但我们刚刚粗暴地撕开了紧裹着它的面纱；两千年来，中国都沉醉于涅槃般的静止中，但我们用机器和工业，蛮横地赶走了这种宁静，对我们这些人来说，它们肯定是敌人。"② 同时，他敏感地觉察到西方工业和贸易给当时封闭落后的中国带来的冲击："在叙府……只要这里建了家置于欧洲人的保护下的工厂，整个行业就毁于一旦。"③ 对于长江纤夫来说，更是如此："要是在主要的险滩都安置绞车，成千上万的人就连日常养家糊口的铜钱都挣不到。"④

但是，他对于传统文化中的很多场景，也不乏生动有趣的讲述：礼节上的拜访、坐轿、进门、奉茶、告辞；行船前的拜祭江神；过年过节的热闹和烦琐；语言上的误解和笑料；等等。虽带微讽，还算客观。而对于近代中国的裹足不前，他扼腕长叹，认为："在他们的不肖子孙那里只剩皮毛。"⑤ 所以，武尔士不断在冒险家、航海家、殖民者、作家的身份中转换。

（二）蒲兰田（Plant）

在现存的中文资料中，蒲兰田远比原书作者武尔士更为有名。1900 年，在他认识武尔士以前，就驾驶载重 310 吨的"肇通"号商船，在无纤夫的情况下，成功穿越长江三峡到达重庆，成为川江现代航运的开拓者之一。对英国恨之入骨的武尔士，居然抓住机会，聘用了英国人蒲兰田，并对其夫妇二人赞不绝口，从中也可看出后者的技术实力不可小觑。航行中，每次出现险情，必然少不了蒲兰田来应对。可以说，他才是书中技术层面的灵魂人物。更为难得的是，据资料记载，在武尔士离开后，他仍矢志不渝，促使川绅和官府成立了川江轮船航运公司，在川江首设岸标、浮标，建立航道信号系统，培训中国水手和引航员，历时 28 年。其辞世后，川人缅怀其功，于新滩立碑，载文："君之旧友及有志振兴长江上段航业诸人，感君情悃，思君勤劳，醵金刻石，以志不忘。"后修建三峡大坝时，纪念碑被搬迁复建。他编绘的《川江航运指南》和《峡江一瞥》成了川江航运史的珍贵资料。由于其显著的历史贡献，在翻译时添加了译者注。

（三）贺缙绅

其为创建川江红船救生船制度的人。书中写道："好在中国人在所有危险地带附近都

---

① 武尔士：《长江激流行》，曹娅、赵文希译，重庆出版社 2019 年版，第 165 页。
② 武尔士：《长江激流行》，曹娅、赵文希译，重庆出版社 2019 年版，第 34 页。
③ 武尔士：《长江激流行》，曹娅、赵文希译，重庆出版社 2019 年版，第 153 页。
④ 武尔士：《长江激流行》，曹娅、赵文希译，重庆出版社 2019 年版，第 153 页。
⑤ 武尔士：《长江激流行》，曹娅、赵文希译，重庆出版社 2019 年版，第 63 页。

停有一两艘救生木船。这是些不会沉没的舢板，漆成红色，所以叫 hong-tchouan（红船），并以此闻名。"① 作者还记录道："这一救生机构的组织由来已久，创立人是一位姓罗的总兵，他统领清帝国的长江水师，红船常年展开救生，每年所救性命不计其数。这是我在中国内地所见过的少有的、合情合理、组织有序的事情之一。此话并非恭维。"② 但是在查阅了资料后，我们发现，当时，朝廷派宜昌镇总兵贺缙绅负责督造红船，其并非姓罗，他还编制了《行川必要》，又称《峡江救生船志》。多方查询，终于了解到，贺缙绅是抱养的，后归宗罗姓，所以这是同一个人。这一情况也在译者注中作了解释。

二 历史事件

（一）"瑞生"号沉船事件

1900 年，德国商船"瑞生"号在崆岭滩触礁沉没，成为三峡的第一次现代船运事故。该事件在不少历史资料中都有记载。但是武尔士的记述给这个事件的时代背景添加了新的注解。首先是小道消息，说德国皇帝答应从私人小金库里拿钱奖励给最先闯进重庆的公司；其次拥有"瑞生"号的"……是德国亨宝轮船公司，它因研制潜水艇受到过德国政府资助"。以法国军官武尔士的眼光看来，这艘商船有着国家资助的背景，"德国人想抢在我们之前派一艘船到长江上游去"③，目的非常明显，就是争得贸易先机。商业的背后掩藏着军方的企图："如果'瑞生'号能到达重庆，它会跟'肇通'号一样成为战舰。"④"肇通"号是长江上游现代航运的探路者立德乐所建，它抵达重庆朝天门码头后，消息在英国国内引起轰动，英国人认为会带来巨大商机。但是它很快被英国海军买下，被改装成了法国炮舰的最大对手"金沙"号。在武尔士对"瑞生"号水难事件的描述下，展开的是 20 世纪初风云变幻、列强纷争的画面。一方面，国家与国家之间、族群与族群之间，胜者为王的丛林规则依然甚嚣尘上，殖民帝国的海外扩张仍在继续；另一方面，海外贸易正在兴起，并在第二次工业革命的推动下，无情碾压保守落后、止步不前的古老文明。

（二）川江"小蓝旗"

众多的历史资料都记载着晚清川江航运的"小蓝旗"。在武尔士的笔下，它是同清朝海关和"厘金"联系在一起的。书中记载，清朝海关建立后，发了份通报，"通报全面规定，在长江上行驶的欧洲船只都要申报他们货物的内容，还要求他们悬挂一种特别的、蓝色的旗帜，被称作海关小蓝旗。"⑤ 外国船只悬挂小蓝旗是为了不交针对中国商人设立的"厘金"，很快，"所有想在长江上行船的中国人，只需要交钱，就可以让人给他

---

① 武尔士：《长江激流行》，曹娅、赵文希译，重庆出版社 2019 年版，第 30 页。
② 武尔士：《长江激流行》，曹娅、赵文希译，重庆出版社 2019 年版，第 31 页。
③ 武尔士：《长江激流行》，曹娅、赵文希译，重庆出版社 2019 年版，第 29 页。
④ 武尔士：《长江激流行》，曹娅、赵文希译，重庆出版社 2019 年版，第 29 页。
⑤ 武尔士：《长江激流行》，曹娅、赵文希译，重庆出版社 2019 年版，第 135 页。

开张证明，说明他们属于该公司，这样，他们就可以像欧洲人一样交税，转而逃避真正的中国地方税务机构厘金局"①。他在书中斥责"厘金"过于贪婪，更挖苦英国人把持的清朝海关无法打击非法逃税。他没有料到的是，此后，在重庆，法国商人参与的类似造假却有过之而无不及，航运公司数年暴富，成为重庆开埠通商之后的一大奇特现象。

三　历史建筑物

在重庆南岸，有一座遐迩闻名的法国水师兵营，见证着百年沧桑。但它的建造者究竟是谁，有关方面一直不能确定，所以希望在这次翻译工作中寻找有价值的线索。在本书中，由于法国炮舰当时的任务是勘探长江上游河道，航运所需煤炭及其他物资的储备、人员修整期间的安置以及船只的维修，都需要一个固定的地点。武尔士经验丰富、嗅觉敏锐，很早就向其海军上司提出方案，要在叙府（今宜宾）和重庆修建两个据点。从经费来源也可以看出这是一座军事设施："不久，我收到了海军上将鲍狄埃的第一批来信，他对我们赞不绝口……他同意我们所有的方案，包括修建仓库和住所。"② 建筑工程造价不菲："印度支那总督杜美尔先生，以眼光独到，行事敏捷著称，他从预算中拨给我们10万法郎，这在印度支那殖民地算是很富有了。"③ 在重庆的选址问题上，他经过了缜密的思考，看中了王家沱，一是为避开英国人，二是因为有个法国商人在那里有房产，武尔士的建筑工程开工前，军士们可以在那里暂住。首先要加固堤岸："这是唯一一块儿待售土地。遗憾的是它在陡坡上，是粘土质的，遇上发大水就会有危险。我不得不修建一座真正的、庞大的堡坎。"④ 在书中，作者用了不少篇幅讲述了修建意图和过程。他写道："我曾叫人在地面上，正对长江那一面，用刻凿整齐的石块，围绕军官们住房的边沿，修建一堵厚 1 米、高 10 米的堡坎。"⑤ 还有房子的布局："然后，在垂直方向修建一栋房子，长 20 多米，底楼用石头筑成，上面还要有两层楼。"⑥ 当然，船只维修也不能忘："最后，还要建一间工坊，方便维修船只。"⑦ 作者还高兴地提到，为建这栋房子，挖开了地下的"龙脉"，所以当地学子在科举考试中取得了好成绩，沉重的房子又镇住了"龙脉"，留住了当地的好运⑧。书中建筑物的地址、方位、质地、大小，甚至几栋、几层、几米的堡坎等均与现存的法国水师兵营情况吻合。但由于完工之前他就回法国了，并没有来得及给这座建筑正式命名。提供可靠佐证的是书中由考察队员泰里斯绘制的大量插图，原著最后一幅插图，就是这座建筑，并写明是法国水师兵营。除拍摄和绘制的角度以外，与老照片中的建筑完全一致。武尔士作为水师兵营修建者的身份得到确认。

---

① 武尔士：《长江激流行》，曹娅、赵文希译，重庆出版社 2019 年版，第 137 页。
② 武尔士：《长江激流行》，曹娅、赵文希译，重庆出版社 2019 年版，第 111 页。
③ 武尔士：《长江激流行》，曹娅、赵文希译，重庆出版社 2019 年版，第 111 页。
④ 武尔士：《长江激流行》，曹娅、赵文希译，重庆出版社 2019 年版，第 112 页。
⑤ 武尔士：《长江激流行》，曹娅、赵文希译，重庆出版社 2019 年版，第 257 页。
⑥ 武尔士：《长江激流行》，曹娅、赵文希译，重庆出版社 2019 年版，第 257 页。
⑦ 武尔士：《长江激流行》，曹娅、赵文希译，重庆出版社 2019 年版，第 257 页。
⑧ 武尔士：《长江激流行》，曹娅、赵文希译，重庆出版社 2019 年版，第 257 页。

四　交通工具

在本书中，作者描写了一种水上交通工具，"被称作 koa-tse 的是一种只用来载人的小木船。船身三分之二的长度都是木质的舱面室，用活动隔板隔开成几间。普通木船上只有一间大的席棚，只有在船尾才有个专门留给老板用的木板小间"。① 它非常适用于航行在湍急的江流上："再加上它还有个好处，很低，所以更平稳。"② 制作原料也取自当地："有席子，有顶棚，坐在上面基本上可以算过得惬意。"③ 这个"koa-tse"到底是什么，给翻译带来极大的困惑。比较可靠的做法是在同时代的文献中去查询。在广泛的阅读中，有一本旧书引起了译者的注意。1902 年，科举制度末期，翰林院俞陛云来川任主考，他取道潼关、乐山，由岷江而下，转经三峡，到重庆，至上海，正好与武尔士 1901 年走水路从上海到成都的时间相近、旅程相向。俞陛云记录了沿途的地理人文，写成《蜀輶诗记》，手稿一直由其子俞平伯收藏，1986 年首次刊行。在书中，有"所赁舟称四舱舿子"④ 的描述。"Koa-tse"的谜底才得以揭晓。史海钩沉，使得某些消逝在百年变迁中的画面重新跃然纸上，在本书出版以后，"舿子"这一消逝已久的名词，被其他学者运用到了长江及重庆的历史研究中，让我们深感欣慰。

五　地名

本书地名的翻译有很大难度。作者采用的法国远东学院汉语注音方式，与现代汉语拼音有较大不同。由于不少地名都是由作者初次记录，注音并不完全标准。在翻译中，考证地名花费了很多时间，远远多于正文翻译的时间。同时代的法语和汉语书籍、中国文人及法国传教士的记载、外国旅行者绘制的图画，都成为线索。书中共收录地名 230 个左右，其中大部分经多方考证，已经核实。有些地方是原作有误，如，作者将"岷江"的"岷"误作"明亮"的"明"⑤，把"岷江"误写成"嘉陵江"⑥；有的时候同一个地名也出现不同的写法，如：四川宜宾境内屏山县前后被注音为"Ping-chang-hien"和"Ping-chan-hien"⑦，重庆巴南的"鸡心石"也出现了"Kin-sin-che"和"Ki-sin-che"⑧ 两个注音；有时候，作者所记录的音是询问当地人所得的方言，比较混淆，难以猜测，比如作者注音"Long-kai"⑨，按照这个发音，起初无论如何都查不出是什么地方，但是

---

① 武尔士：《长江激流行》，曹娅、赵文希译，重庆出版社 2019 年版，第 132 页。
② 武尔士：《长江激流行》，曹娅、赵文希译，重庆出版社 2019 年版，第 132 页。
③ 武尔士：《长江激流行》，曹娅、赵文希译，重庆出版社 2019 年版，第 133 页。
④ 俞陛云：《蜀輶诗记（下）》，上海书店 1987 年版，第 1 页。
⑤ 武尔士：《长江激流行》，曹娅、赵文希译，重庆出版社 2019 年版，第 172 页。
⑥ 武尔士：《长江激流行》，曹娅、赵文希译，重庆出版社 2019 年版，第 202 页。
⑦ 武尔士：《长江激流行》，曹娅、赵文希译，重庆出版社 2019 年版，第 10 页。
⑧ 武尔士：《长江激流行》，曹娅、赵文希译，重庆出版社 2019 年版，第 125 页。
⑨ 武尔士：《长江激流行》，曹娅、赵文希译，重庆出版社 2019 年版，第 156 页。

改用云南话读出来，立刻查到是龙街，并由此破解了周边的不少地名。

在作者的云南考察申请报告中，出现了大量的地名。由于作者并未亲自成行，很多地名都是通过阅读或者道听途说得知，所以他留下的地名注音有较大的考证难度。地名"Siao-kia-tin"① 一度令翻译工作陷入了僵局。但武尔士在文中提到他参考过另一个法国人德·沃克塞绘制的地图。顺着这条线索，译者从网络资料查到，这个人的法语名字 Brunno de Vaulserre 被武尔士误写作了 De Vaulxerre。此人于 1898—1899 年绘制了云南地图。沿着他的行进线路逐段查询，并与现在的地图对比，终于找到"巧家厅"这个地名，这张地图和德·沃克塞的作品《云南行记》也帮助我们找到了另外一个很小的地方"马上"（Ma-chang）②，今四川省攀枝花市格里坪镇经堂村马上街。

翻译时最难以确定的，是某些年代久远的小地名，特别是险滩、怪石、村庄、寺庙等，书面历史文件鲜有记载，现已弃置不用，难以核实。根据以上情况，译者在所有新旧不同的地名后标注了原文，未能核实的地名标注是音译，甚为遗憾。

六　俚语和谚语

该书在写作风格上也颇有特点，翻译时值得引起格外关注。作者为了突出自己"文武双全"，在描写景物、心理、风土人情，以及个人观点时，用笔极具文学色彩，翻译的时候也需要有语言上的考证，弄清词源和比喻意义，采取相应的处理方法，甚至借用汉语的某些修辞手法来传递原文的意义和语言特征。比如，书中有一段描写江水的凶险，用了"marin d'eau douce"这个法语俚语，原意是"内河里的水手"，用来比喻"蹩脚海员"，但是翻译成汉语，无论选择哪个词意都很难完整表达出该俚语的本意和喻意，最后我们采用了汉语中歇后语的形式，将这句翻译为："无论对哪个在江上闯过激流险滩的人来说，'江河上的水手——外行'这个说法都失去了它通常的含义。"③ 这样的处理，忠实地传达了法国人对于长江的认知过程，他们见惯了海上的风浪，本来看不起内河的水手，到了长江才知道江河上激流险滩的厉害，才知道长江上的船员要面对的危险。

而且，因为作者是以第一人称讲述，所以很多段落又非常口语化、生活化，或诙谐、或夸张、或故作威严，语言及感情层次比较丰富。比如，书中描写一个善于蒙骗、难以对付的麻脸工头，写了这么一句：Un proverbe chinois dit que dans un grêlé（mat-se）il y a trois malins。原文注音"mat-se"明显就是笑话对方是个麻子，那么 malins（滑头）又到底指什么呢？从字面看来，"一个麻子里面有三个滑头"是无论如何也说不通的，但既然作者说是中国谚语，一定是由翻译向他解释了汉语意思。清朝末年，国内天花盛行，民间关于"麻子"的调侃比较常见。从上下文看来，应该是脸上有麻子的人都比较狡猾的意思，再联想到汉语民间喜欢用谐音，最后我们把这句翻译成"一个麻子三个坑"④，

---

① 武尔士：《长江激流行》，曹娅、赵文希译，重庆出版社 2019 年版，第 156 页。
② 武尔士：《长江激流行》，曹娅、赵文希译，重庆出版社 2019 年版，第 156 页。
③ 武尔士：《长江激流行》，曹娅、赵文希译，重庆出版社 2019 年版，第 33 页。
④ 武尔士：《长江激流行》，曹娅、赵文希译，重庆出版社 2019 年版，第 112 页。

"坑"既指麻子脸上的小点,又指坑骗、耍滑头,是谐音,也是双关语。

与前两种情况不同的是,作者在引用的任务报告和往来信函中,公函格式和法律文本的特点都完整保留;在记录冒险经历及事故时,又严格按照航行日志,执着和苛求于各类机械原理和技术细节,在翻译中,这些不同的语体都引起了译者的注意,某些告示的翻译参考了文言文的形式。再者,原作的历史文化背景也给翻译提出了不少值得思考的问题,原作中对中国风土人情、官场百象、社会事件的描述,在翻译中都经过多方考证,尽量还原成了中文的说法和称呼。

综上所述,正如张西平在《西方汉学十六讲》中所言:"西方的汉学是在殖民政策和商品出口这样一个大背景下走向繁荣的。"[①] 这也可看作本书的写作背景,但是它所记录的时代变迁依然具有不可忽视的意义。今天,半殖民地半封建社会的沉痛回忆早已成为过去,历史已经翻开了新的一页。《长江激流行》一书的翻译,对挖掘并还原城市的历史和长江航运史、解读其发展与变迁,无疑是重要的历史支撑,此类史料的翻译考证中所遇到的种种问题,也值得我们继续思考和探讨。

(本文编辑:刘帅锋)

[①] 张西平主编:《西方汉学十六讲》,外语教学与研究出版社2011年版,第206页。

讲好中国故事 提升传播效能

——以法语短视频制译传一体化为例

尹明明* 胡彬雅**

【摘 要】 讲好中国故事，传播好中国声音始终是中国特色战略传播体系中的重要一环，对提升中国形象亲和力、中国话语说服力、中华文化感召力和国际舆论引导力具有重大意义。近年来，短视频快速成熟与发展，已成为对外传播的重要形式和载体。本文以傅雷项目"讲好中国故事"短视频翻译与传播为研究视角，探索中国故事的创新型对外翻译传播路径，总结短视频字幕翻译的策略与方法，旨在为推进中国国际传播能力建设、加强中国声音传播效能提供参考。

【关键词】 讲好中国故事；国际传播；短视频；字幕翻译

一 "讲好中国故事"视角下的短视频传播实践

在2021年"5·31"重要讲话中，习近平总书记强调，讲好中国故事，传播好中国声音，展示真实、立体、全面的中国，是加强中国国际传播能力建设的重要任务。党的二十大报告进一步指出，要加快构建中国话语和中国叙事体系，形成同中国综合国力和国际地位相匹配的国际话语权。中国故事能否讲好、中国声音能否传开，关键要看我们的话语外国人是否愿意听、听得懂，入脑入心，引发共鸣。

当前中国跨文化传播取得了一定的成绩，影视作品出海、文学作品的海外出版发行都在很大程度上传播了中国文化和中国价值理念，但依然存在众多问题和短板，表现为叙事主体单一、传播方式落后、传播内容缺乏认同，导致海外民众对中国产生偏见和误解，对中国国家形象造成冲击，制约着中国跨文化传播的效果。

基于上述，笔者创设了"讲好中国故事背景下的短视频译制"研究课题，并中标中国翻译协会2021"傅雷"青年翻译人才发展计划项目。该课题共包含五部法语短视频作品，均按照文案撰译、视频制译、新媒体传播三个阶段进行，环环相扣，层层把关，整

---

* 中国传媒大学外国语言文化学院副教授、硕士生导师。
** 中国传媒大学外国语言文化学院法语区域文化研究硕士。

个实践历程主要体现出以下三个显著特点。

（一）创新叙事主体，革新创作理念

2021年7月，由全球化智库（Center for China and Globalization，CCG）发布的《我向世界说中国》一书中，系统阐述了世界新格局下的中国"对外叙事及话语权重塑"，并将新叙事体系的十条经验概括为3个关键词：求同、对话、个案。笔者在实践中具体将此原则落实到如下两个层面。

1. 小切口中见大主题

近年来，对外传播领域内宏大而厚重的叙事主题居多，飞驰的高铁、林立的高楼、繁忙的码头等成为中国发展故事的"标配"。[1] 此类宣介作品固然述说着中国的飞速发展，但欠缺"人情味"，较难引起海外受众的情感共鸣。因此，五部课题作品致力于选取普通中国人作为拍摄对象，舍群英显个体，聚焦小人物的故事与情感，进行微观叙事，凸显个人价值。同时，以个性作为把握人物的起点和终点，以细节、冲突、动作来表现人物性格，人物叙事注重"视觉"呈现而非"全知透视"叙述，坚持"官方宏观叙事让位于民间个案"的创作初衷。例如，作品《多彩·大疆南北》以新疆之旅为主题，以"会讲法语的新疆姑娘"与"新疆人眼中真实的新疆"为亮点，向海外受众展现了新疆优美的自然风光和当地人民富有热情诗意的日常生活，还有走出家乡的新疆年轻人心中对故乡的那份干净挚诚的爱。"民族团结""民心相通"等看似宏大的主题在小清新质感的短视频中不言自明，并且可以强有力地驳斥某些西方人对中国新疆的刻板印象。

2. 共通共融中现主旨

通过挖掘中西方大众的共同点和相通处，强化与受众的心理和文化关联度，如选取地方美食、旅游宣传等主题，满足人们普遍的情感诉求。[2] 例如，作品《川味·一口绵阳》将镜头聚焦四川美食之都绵阳，以绵阳人的一日三餐为着力点进行全方位介绍，向海外受众介绍这座中国西南城市特色美食的同时，亦传递直抵心灵的人文情怀。在跨文化传播视域下，以美食为主题的纪录片往往能凭借其"取之民间""接地气"的特点，收获更高的关注度和更广的传播度，与此同时，西方受众可通过美食顺势了解地理环境、历史文化、风土人情等多方面知识，感受"人间烟火有真情"的氛围，由点及面、由浅入深，系紧与外国受众情感联结的纽带。

（二）更新传播路径，开拓传播渠道

"读屏时代"的到来，使观众对信息的注意力逐渐从文字转向视频，[3] "碎片化阅读"成为大众普遍的生活习惯。短视频因其定位普遍化、题材多样化、内容呈现更加直观化、

---

[1] 吴梅君：《讲好中国故事背景下新闻短视频的创作与实践探索》，《中国编辑》2019年第12期。
[2] 张明、吴佳玲：《跨文化传播视角下短视频如何讲好中国故事——以李子柒美食短视频为例》，《电视研究》2020年第12期。
[3] 郑越、陆浩：《讲好海外社交媒体上的中国故事——以我国三家主流媒体"一带一路"Facebook报道为例》，《电视研究》2018年第9期。

具备观赏性和持久性而鼎立于时代风口，成为全球移动终端用户最喜爱的传播载体。短视频是跨文化传播的重要组成部分，在国际传播领域具有独特价值。因此，五部作品均为时长五分钟左右的短视频，形式新颖活泼，采用中法双语字幕、法语配音。

本次实践充分发挥新媒体传播的优势，开拓传播渠道，海内外社媒平台双管齐下，利用社交驱动打造"中国好故事集散地"。社交媒体融合大众传播、人际传播和网络传播的优势，具有全球性和即时性的特点，更符合西方受众的信息接收习惯。同时，社交媒体的分享和转发功能可以促进信息的二次传播。因此，笔者从传播效能考量，研究社媒平台传播规律，在国内的微信视频号（辅以公众号）、B 站、抖音、小红书，和国外的 Youtube、TikTok、Instagram 上推送作品。宣发环节采取预告片和正片相继发出的形式，预告片为竖屏剪辑，时长在 30 秒左右；正片为横屏剪辑，时长在 5 分钟左右。另外，团队成员精心构思不同平台的宣发文案，发布节点注重共时化，传播效果达到预期设想。

（三）深耕作品内容，保证传播质量

"内容为王"始终是视听作品应秉持的第一核心要义。作品的主题定位要迎合全球文化消费需求，故事的叙述逻辑要将"陈情"与"说理"相结合。除了美食和旅游主题外，笔者还将镜头聚焦非遗文化和传统工艺，题材质朴新鲜。例如，作品《川承·变脸》讲述了成都女孩 Gloria 因一次偶然观看川剧表演的经历，对川剧变脸艺术产生浓厚兴趣，决定拜师学艺，传承非遗文化的故事；作品《雀笼·匠人》以纪录片的形式对扬州雀笼大师王玉生投身传统鸟笼制作，守护中国传统技艺的故事娓娓道来；作品《采瓷·岁月之语》采访古陶瓷设计师王京，为观众介绍金缮修复技艺，带领观众欣赏集古典与现代魅力于一身的陶瓷首饰与文化衍生品，由此体悟古瓷器工艺品所展现出的人文关怀、文化底蕴和民族智慧。自始至终，项目团队时刻秉持着"内容深耕、精品生产"的理念。

五部课题作品均按照策划拍摄、文案撰写、字幕翻译、后期剪辑、最终审核的步骤进行，每个阶段都设定工作时间线，合理分配分工，群策群力。具体来说，策划拍摄阶段包含拟定拍摄脚本、确认拍摄流线、设置拍摄机位及景别三部分；文案撰写阶段包含撰写旁白文案、构思视频标题、删改中法文案三部分；字幕翻译阶段包含分析文案词句特点、选取合适翻译视角、遵循视听节目对外译制规范进行翻译三部分；后期剪辑阶段包含素材整理与筛选、撰写剪辑脚本、视频粗剪、视频精简、选取音乐、制作字幕、设计美术动画七部分。

二 短视频字幕翻译策略

视听翻译（audiovisual translation）是当前翻译学的研究重点。短视频翻译既沿袭了电视剧、电影字幕翻译的基本技巧，又独具特点。短视频字幕翻译既包含语言层次，又包含文化层次，同时，翻译本身就是一种传播行为，因此，字幕翻译的终极走向是实现交际意图，达到传播中国故事、促进中法文化交流的最终目的。综上，笔者依据生态翻

译学，从语言维、文化维和交际维"三维转换"的角度出发，与团队成员创作出中法对译字幕。

生态翻译学于 21 世纪初由胡庚申教授首次提出。其研究范式的建构逻辑定位于三个关联互动的核心理念："翻译即文本移植"、"翻译即适应选择"与"翻译即生态平衡"。① 该理论将翻译原则概括为"三维转换"，即：在语言维层面，翻译重点关注句法、语法转换及由此产生的对于美学价值和实用价值取舍问题的思考；在文化维层面，翻译重点关注对源语文化内涵的传达；在交际维层面，翻译重点关注源语交际意义在目的语中的体现。笔者结合实例将"三维转换"原则在此次实践中的应用分析如下。

（一）语言维

语言维聚焦句式和语义分别在源语和译语之间的和谐。首先，信息的准确有效传递是第一要求，翻译时可进行适当创作，但不可过多偏离原文。同时，因视频画面在受众眼前停留的时间有限，所以字幕翻译应提供关键信息，力求简明，需考虑时空限制以及声音、图像等多模态符号与字幕信息之间的互补作用。② 其次，译文应力求"美"，翻译要"传神"。翻译时应在充分理解原文的基础上，依据表达需要进行灵活变通，必要时可在忠实原文的前提下加入译者的再创造。

（1）中文：千万不要演砸了。（《川承·变脸》）

初稿：J'espère ne pas faire d'erreur.

定稿：Je prie pour que tout se passe bien.

本句巧妙使用转换的翻译技巧，由否定句改为肯定句，更加符合法语的表达习惯。

（2）中文：王玉生，江苏扬州人，他是江苏省非遗大师、扬州雀笼制作技艺的第七代传人。（《雀笼·匠人》）

定稿：WANG Yusheng, originaire de Yangzhou, ville située dans la province du Jiangsu, est l'héritier faisant partie de la septième génération des fabricants de cages à oiseaux dont la technique de conception est entrée au patrimoine culturel immatériel.

对比本句的汉语和法语可看出两种语言在表达上存在明显差异。汉语的语法比较灵活，句子结构相对松散，短句多，逻辑关系通常通过语序、语气、语意等暗含手段体现，关联词使用相对较少，而法语语法精确、时态清晰、结构严谨，句子长但逻辑关系明确，多用关联词。翻译时应作适当的句法转换，使之更符合译语表达习惯。

（3）中文：这是世界上最好吃的春卷了，都开了十五年了，我每周都要来吃一次。（《川味·一口绵阳》）

初稿：Ce sont les meilleurs rouleaux du printemps du monde, dont le magasin est ouvert depuis 15 ans et je viens ici toutes les semaines.

定稿：Ce magasin qui est ouvert depuis déjà 15 ans fait les meilleurs rouleaux du

---

① 胡庚申、王园：《生态翻译学研究范式：定位、内涵与特征》，《外语教学》2021 年第 6 期。
② 潘莉、黄楚欣：《信息价值优先原则下的纪实短视频英译策略初探》，《解放军外国语学院学报》2022 年第 4 期。

monde. J'y viens chaque semaine.

初稿和定稿所使用的主语不同。定稿调整句式，补充原句中未直接体现的"店"，使句子表达更为通顺。后半句"我每周都要来吃一次"另起一句，两句之间的逻辑关系更为清晰，使用副代词"y"也更加符合法语喜欢使用副代词来指代地点的表达习惯，最后使用 chaque semaine 代替 toutes les semaines，语句更精练，便于后期字幕制作。

（4）中文：中国瓷器之美，兼具古典与灵动。（《采瓷·岁月之语》）

初稿：La beauté de la porcelaine chinoise est à la fois classique et dynamique.

定稿：La porcelaine chinoise revêt une beauté à la fois classique et dynamique.

中文原句简洁且富有韵味。初稿时译者虽完整表达了核心义，但显得有些呆板。定稿时译者经过了再创造，巧妙地将中心词由"美"换为"瓷"，谓语动词由初稿"être"（是）换为"revêtir"（具有某种性质、外貌等），译文由此富有文采，且更加符合受众的表达习惯。

（5）中文：新疆幅员辽阔，天山山脉将新疆分为南北两部分，称天山以北为北疆，以南为南疆。北疆以伊犁哈萨克自治州为代表，南疆以喀什地区为代表。（《多彩·大疆南北》）

初稿：Le Xinjiang possède un vaste territoire et les Monts Tian divisent le Xinjiang en deux parties, le nord et le sud. Le nord est représenté par la préfecture autonome kazakhe d'Ili et le sud est représenté par la région de Kashgar.

定稿：Le Xinjiang s'étend sur un vaste territoire qui est divisé en deux parties par la chaîne des Monts Célestes. Le nord est représenté par la préfecture autonome kazakhe d'Ili et le sud est par la région de Kashgar.

法国专家对初稿进行了3处修改，将 posséder 替换为 s'étendre sur，将 les Monts Tian divisent 改为 qui est divisé... par，删掉重复的 représenter。通过替换动词、变主动为被动和减译，表达更精准地道，使译文更自然。

（二）文化维

在当前讲好中国故事、传播好中国声音的历史语境下，译制既要掌握中国的历史、文化、风俗，又要准确把握受众群体的历史与习俗。由于文化差异与缺位，译语有时不能完全传达源语在文化层面的信息，造成读者、观众的误读，因此要采用多种手段化解文化差异，例如增译（文化补偿）、意译的方法，使译文能反映中国人的整体风貌，彰显时代特色，又能呈现可亲可爱的国家形象，彰显中华文化的魅力和感染力。

（1）中文：这个鸟食罐是老的，是清代光绪年的，这个是道光年的，这个是嘉庆年的。（《雀笼·匠人》）

定稿：Cette mangeoire, vieille de plus d'un siècle, date de la dynastie des Qing lors du règne de l'empereur Guangxu (1875 – 1908). Celle-là date de l'empereur Daoguang (1782 – 1850), et celle-ci de l'empereur Jiaqing (1796 – 1820).

此处的译文考虑到目的语受众对清朝历代帝王和年号缺乏了解，因此使用增译法，增加了光绪皇帝、道光皇帝以及嘉庆皇帝统治的具体时间。如果仅翻译为 l'empereur Guangxu，译语受众会因缺乏中国历史背景知识而难以认知雀笼的珍贵价值。

（2）中文："七上八下"（《川味·一口绵阳》）

定稿：il suffit de les tremper sept fois à partir du haut et huit fois à partir du bas 15 secondes maximum dans une eau portée à ébullition.

该词指涮毛肚时在锅里涮 7 遍，每次停留一秒左右的时间，共花费 15 秒左右，这样涮出来的毛肚口感较好，能保留其口感的脆和嫩。在翻译时，"七上八下"被译为"在 15 秒的时间内从上涮七次，从下涮八次"，首先确定了动词 tremper（浸入，蘸），因为"七上八下"花费的时间是保证毛肚口感的关键，因此采用文化补偿的翻译方法，补充了时间 "15 secondes maximum"。

（3）中文：你们看，这里是香妃园，清代乾隆皇帝的维吾尔族妃子"香妃"的衣冠冢。（《多彩·大疆南北》）

初稿：Voilà le Jardin de Xiangfei. C'est un caveau familial d'une concubine ouïgoure de l'empereur Qianlong sous la dynastie Qing, qui s'appellait Xiangfei.

定稿：Voilà le Jardin de Xiangfei qui est un caveau familial d'une concubine ouïgoure éponyme de l'empereur Qianlong sous la dynastie Qing.

上述例子由两个句子组成，专家审核时将两个句子整合为一个句子，变成了以 qui 为代词的关系从句。香妃园以"香妃"命名，在定稿时增加 éponyme，表明是香妃的同名衣冠冢。外国受众可能并不了解香妃园，因此后期特意以画面字幕形式进行补充。

（4）中文：万老师：哎呀，这个门打开噢！（《川承·变脸》）

初稿：M. Wan：Bah！On recommence！

定稿：M. Wan：Allons, allons！Rien ne t'empêche de l'enseigner à nouveau！

"关门"一词容易造成歧义，一是指"把门关起来"，二是指代"关门弟子"，即师父所收的最后一名弟子,意味着今后不再教授变脸绝技。此处显然是第二层意思,但若直译并不易被目的语受众理解。"这个门打开噢"重复了"门"在上文语境中指代收徒的特定含义,因此在定稿的译文中也重复动词"enseigner",采用意译法。

(5) 中文:这些琳琅满目的瓷器都来自中国。(《采瓷·岁月之语》)

初稿:Toutes ces porcelaines éblouissantes viennent de Chine.

定稿:Toutes ces porcelaines éblouissantes proviennent de Chine.

遵循《广播电视和网络视听节目对外译制规范》提出的适应性原则,译文语言要地道,要尊重目标语言国家的国情民情、宗教信仰、文化传统、种族肤色、风俗习惯、语言表达等,做到雅俗共赏。venir de 与 provenir de 都有"来自"的意思,但是 provenir de 还具有 avoir son origine dans, tirer son origine de 的意思,且 provenir 在正式文本中更多地用于物品,因此在定稿中采用 provenir 表达"来自"更加地道。

(三) 交际维

由于语境、场合、交际者和对话主题的不同,同样的语言可能产生不同的含义。因此在理解文本时,要透过语言表面,把握源语深层义,捕捉其在上下文语境中的交际意义,力求通过译文使目的语受众产生和源语受众相近的感受。

(1) 中文:微风拂去心中的燥热。(《川味·一口绵阳》)

初稿:Le vent enlève plus de chaleur au corps.

定稿:Le vent balaie la chaleur qui nous étreint.

"微风拂去心中的燥热"中的动词"拂",使用了拟人的修辞手法,初稿中使用 enlever,表示"风带走身体的燥热",在定稿中改为 balayer,兼具驱散、消除、卷走、肃清(chasser, éliminer, faire disparaître)多重含义。除此之外,定稿将"身体的燥热"译为 la chaleur qui nous étreint,使用 étreindre(束缚)的意思,十分生动精妙,在译文中还原了拟人的修辞。

(2) 中文:当地居民用音乐填满喀什,用爱歌唱家乡。(《多彩·大疆南北》)

初稿:Les habitants y remplissent de musique, ils chantent leur ville natale avec amour.

定稿:C'est le moment où les habitants sortent les Tanburs, Gijak et Hushtar pour jouer leurs plus belles mélodies et chanter l'amour qu'ils vouent à leur ville natale.

"用音乐填满喀什",定稿对此句的翻译是外专根据语境及视频画面进行再创造的结果,Tanburs 和 Gijak et Hushtar 分别代表弹布尔、艾捷克和胡西它尔,是新疆民族的特色乐器。此处体现了翻译的创造性,追求信息与艺术价值的统一。

(3) 中文:因为我是摸瞎,我将近做了一年半。……我在想我的第一个鸟笼这个呢还有人喜爱,而且还出了高价,我就一发不可收拾了。(《雀笼·匠人》)

定稿:Comme je n'étais encore qu'un novice, elle m'a demandé presque un an et demi de travail... Je fus grandement surpris de voir à quel point ma première cage a oiseaux pouvait susciter autant d'intérêt et qu'en plus on me proposait un prix fort généreux pour l'acquérir. C'est ainsi, qu'avec passion, je continuai à me plonger dans cet art.

"因为我是摸瞎"，这里的"摸瞎"不是贬义，而是自谦；"一发不可收拾"是主人公想表达无法抑制对雀笼的喜爱之情，非贬义；在说"我在想我的第一个鸟笼这个呢还有人喜爱"时，主人公的语气和神情中带有惊喜。因此在翻译上述三处时，译者糅合"非文字语言"，准确传达源语情感，颇具画面感。

三　作品国内外传播效果总结

从2023年2月5日至4月2日，五部作品的宣发工作完美收官，取得亮眼的传播效果。目前全平台总播放量已达39366次，微信公众号图文浏览量突破13389人次，点赞量超1900次，总分享次数超500次。

（一）微信端

微信平台采取"视频号"和"公众号"双端联动传播方式，实现较为可观的传播效果。公众号取得1.3w+的阅读量，视频号取得1.6w+的浏览量，合计总曝光量2.9w+。五部作品在微信视频号的各项基本数据见表1（截至4月2日12时）。

表1　　五部作品在微信视频号的各项基本数据（截至4月2日12时）

"讲好中国故事背景下的短视频译制"研究课题短视频作品微信视频号基本数据							
作品主题	发布时间	完播率	浏览次数	点赞次数	评论次数	分享次数	收藏次数
第1期｜多彩·大疆南北	2023/2/5	4.24%	5997	195	13	117	95
第2期｜川味·一口绵阳	2023/2/11	3.85%	2750	88	4	118	65
第3期｜川承·变脸	2023/2/18	8.55%	2666	72	9	80	59
第4期｜雀笼·匠人	2023/2/25	5.66%	1326	52	5	99	43
第5期｜采瓷·岁月之语	2023/3/4	3.99%	1279	47	2	56	34
平均数据		平均完播率	平均浏览次数	平均点赞次数	平均评论次数	平均分享次数	平均收藏次数
		5.258%	2803.6	90.8	6.6	94	59.2

由表1可见，用户转赞数据较好，短视频作品得到一定认可。

（二）B站

团队在B站发布了5条预告片和5条正片。截至2023年4月2日12时，视频累计播放量8052，点赞量348，评论量94，收藏量135，投币量245，弹幕量14，粉丝增长62个。

B站平台10个视频的各项数据汇总见表2（以发布时间为序）。

表2　　　　　　　B站平台10个视频的各项数据汇总（以发布时间为序）

视频	播放量	点赞量	评论量	收藏量	完播率	投币量	弹幕量
《多彩·大疆南北》预告	207	22	6	9	51.90%	26	0
《多彩·大疆南北》正片	446	31	7	17	23.30%	34	0
《川味·一口绵阳》预告	127	15	3	5	55.80%	8	1
《川味·一口绵阳》正片	6355	205	57	60	30.70%	82	13
《川承·变脸》预告	54	10	4	4	52.60%	10	0
《川承·变脸》正片	280	19	3	13	38.80%	29	0
《雀笼·匠人》预告	103	6	0	3	50.40%	3	0
《雀笼·匠人》正片	228	16	8	10	27.00%	25	0
《采瓷·岁月之语》预告	97	8	1	4	58.60%	7	0
《采瓷·岁月之语》正片	155	16	5	10	23.10%	21	0

总体来说，账号的垂直内容和统一格式已初步成型，B站审核和推流一切正常，评论区呈现友好和平交流的形势，数据综合表明作品在B站有一定的受众群体和上升空间。

（三）抖音

截至2023年4月2日12时，在抖音平台共发布5条预告片和5条正片。据后台系统统计，账号总播放量5067，点赞436，评论量54，转发量98，收藏量41，账号搜索量89，作品搜索量756，主页访问量168，账号粉丝数从235涨至251。

10个视频的各项数据汇总见表3。

表3　　　　　　　10个视频在抖音平台的数据汇总（以播放量由多到少为序）

名称	播放量	点赞量	评论量	转发量	收藏量
《多彩·大疆南北》预告	844	165	23	30	9
《雀笼·匠人》正片	826	15	3	0	3
《川味·一口绵阳》正片	820	52	5	11	3
《川味·一口绵阳》预告	635	43	4	11	4
《多彩·大疆南北》正片	427	45	6	15	6
《川承·变脸》预告	389	41	3	10	6
《川承·变脸》正片	322	38	2	9	3
《雀笼·匠人》预告	308	11	2	10	3
《采瓷·岁月之语》正片	248	10	3	0	2
《采瓷·岁月之语》预告	248	16	3	2	2

由表3可见，预告片比正片更吸引受众——抖音用户更喜欢视觉效果强、节奏快、输出直接的视频。从内容来看，美食、旅游、剧情演绎类视频更受欢迎，知识科普类视频热度较低。同时，播放量高则可带动点赞量和评论量增长，但分享量较难调控。

总体来说，若想在文化外宣时实现传播效果最大化，就必须针对平台特点定制内容。在传播前也需做好市场调研工作，了解当前同类型创作者与同类作品的特点，扬长避短，靠新意与创意出圈。

（四）海外平台

1. YouTube

白杨法语林 HISTOIRES CHINOISES EN FRANÇAIS
@histoireschinoises_cucfrench
27位订阅者

YouTube 账号

YouTube 平台整体传播情况正常，截至 2023 年 4 月 2 日 12 时，账号拥有订阅者 31 位，视频总播放量 2692 次。

YouTube 基本传播情况见表 4。

表 4　　　　　10 个视频在 YouTube 的基本传播情况

预告片				
发布时间	视频标题	获得的订阅人数	顶的次数	观看次数
2023/2/3	［Bande-annonce］Découvrez avec moi l'endroit le plus chaleureux du monde｜全世界最热情的地方，被我找到了	0	3	101
2023/2/10	［Bande-annonce］27 secondes pour dévoiler les secrets alimentaires du Sichuan en Chine 27 秒速览中国四川美食秘诀	2	8	340
2023/2/17	Changement de visage & cracheur de feu：cliquez pour découvrir des prouesses chinoises exceptionnelles	0	1	5
2023/2/24	La cage à oiseaux：cet homme chinois s'est investi toute sa vie dans cet art subtil et somptueux	0	2	33
2023/3/3	Quand les fragments de porcelaines anciennes se transforment en art moderne 破碎的古代瓷器，被他们变成现代艺术品	1	2	85
正片				
发布时间	视频标题	获得的订阅人数	顶的次数	观看次数
2023/2/4	Ma région natale：l'endroit le plus accueillant du monde 这是我的家乡：全世界最热情的地方	20	80	1749
2023/2/11	La cervelle peut-elle aussi se griller？Les Sichuanais mangent-ils tout? 脑花也能烧烤？中国四川人真的什么都吃	2	3	59

续表

	正片			
发布时间	视频标题	获得的订阅人数	顶的次数	观看次数
2023/2/18	D'innombrables personnes veulent apprendre cet art, mais les Chinois ont choisi de la garder secrète	0	3	42
2023/2/25	Une cage à oiseaux peut être échangée contre une maison, un art qu'il apprend depuis 20 ans	2	7	265
2023/3/4	Ouvrez la porte de cet atelier et voyagez dans les couloirs du temps 靠着传统手艺，他们让古代瓷器"重生"	0	1	10

由表4可知，在10则视频中，《多彩·大疆南北》的正片在YouTube平台传播效果最好，其次是《川味·一口绵阳》的预告片。

表5　　　　　　　　　10个视频在YouTube的完播率汇总

完播率（预告片）				
发布时间	视频标题	平均观看时长	平均观看百分比（%）	观看次数
2023/2/3	[Bande-annonce] Découvrez avec moi l'endroit le plus chaleureux du monde ｜全世界最热情的地方，被我找到了	0：00：21	75.83	102
2023/2/10	[Bande-annonce] 27 secondes pour dévoiler les secrets alimentaires du Sichuan en Chine 27秒速览中国四川美食秘诀	0：00：20	74.81	340
2023/2/17	Changement de visage & cracheur de feu: cliquez pour decouvrir des prouesses chinoises exceptionnelles	0：00：23	76.72	4
2023/2/24	La cage à oiseaux: cet homme chinois s'est investi toute sa vie dans cet art subtil et somptueux	0：00：15	50.89	27
2023/3/3	Quand les fragments deporcelaines anciennes se transforment en art moderne 破碎的古代瓷器，被他们变成现代艺术品	0：00：13	49.8	83
完播率（正片）				
发布时间	视频标题	平均观看时长	平均观看百分比（%）	观看次数
2023/2/4	Marégion natale: l'endroit le plus accueillant du monde 这是我的家乡：全世界最热情的地方	0：01：40	30.78	1780
2023/2/11	La cervelle peut-elle aussi se griller? Les Sichuanais mangent-ils tout? 脑花也能烧烤？中国四川人真的什么都吃	0：01：19	23.66	59

续表

	完播率（正片）			
发布时间	视频标题	平均观看时长	平均观看百分比（％）	观看次数
2023/2/18	D'innombrables personnes veulent apprendre cet art, mais les Chinois ont choisi de la garder secrète	00：01：16	22.63	42
2023/2/25	Une cage à oiseaux peut être échangée contre une maison, un art qu'il apprend depuis 20 ans	0：02：10	36.97	278
2023/3/4	Ouvrez la porte de cet atelier et voyagez dans les couloirs du temps 靠着传统手艺，他们让古代瓷器"重生"	00：02：28	49.96	10

完播率是视频内容吸引力的直观表现。如表5所示，完播率与播放量并不完全成正比。例如，播放量最高的《多彩·大疆南北》正片，完播率仅30.78%；相反，尽管《川承·变脸》的预告片仅得到4次播放，但每次都基本完成了全片的播放。综合完播率与播放量，表现最好的视频是《川味·一口绵阳》预告片。预告片由于时长短、画面集中、内容简单，用户注意力基本能够持续至片尾。

视频展示点击率也是值得关注的指标。通过对展示点击率的反思，能够对视频封面制作与标题撰写产生一定经验性思考。

表6　　　　5个视频（正片）在YouTube的展示点击率汇总

	平台展示（正片）			
发布时间	视频标题	展示次数	展示点击率（％）	观看次数
2023/2/25	Une cage à oiseaux peut être échangée contre une maison, un art qu'il apprend depuis 20 ans	2600	8.65	278
2023/2/4	Ma région natale：l'endroit le plus accueillant du monde 这是我的家乡：全世界最热情的地方	21485	6.20	1780
2023/2/18	D'innombrables personnes veulent apprendre cet art, mais les Chinois ont choisi de la garder secrète	402	5.72	42
2023/2/11	La cervelle peut-elle aussi se griller？Les Sichuanais mangent-ils tout？脑花也能烧烤？中国四川人真的什么都吃	273	3.30	59
2023/3/4	Ouvrez la porte de cet atelier et voyagez dans les couloirs du temps 靠着传统手艺，他们让古代瓷器"重生"	690	1.01	10

就正片的展示点击率来看，《雀笼·匠人》正片点击率最高，而《川味·一口绵阳》

的展示点击率不够理想。反思封面制作思路，笔者认为，《雀笼·匠人》封面清晰展示了"鸟笼"与"大师"两大要素。由于本片主要流量来自推荐视频，观看者通常都对"传统鸟笼制作"具有一定兴趣，因此这两大要素的展现能够引发用户的观看行为。而《川味·一口绵阳》封面制作复杂，人物未展现全脸、美食色彩较暗、元素堆叠过多，导致用户难以从小缩略图窥得视频主题，难以产生观看意愿。此外，《多彩·大疆南北》与《川承·变脸》的展示点击率数据也比较可观。两组封面制作思路相似，仅使用简单的人物与景物展示视频风格，再通过短词组点明主题，可以使用户对视频产生直观印象，从而点击观看。

2. TikTok

TikTok 共获得 3 名订阅者，总获赞 20 次。

TikTok 平台账号

表7　　　　　　　　　　10 个视频在 TikTok 的播放情况汇总

TikTok 播放情况			
发布时间	TikTok 视频文案	播放量	点赞量
2023/2/3	La partie occidentale la plus mystérieuse de la Chine se dévoilera demain 中国最神秘的西部，明天带你揭秘#china #新疆 #lachine #xinjianguyghursCN #français	98	4
2023/2/4	Mon pays natal：le plus accueillant du monde 这是我的家乡：全世界最热情的地方#china #xinjiang #xinjiangtravel #lachine #fyp #french #travel #chinesegirl	93	3
2023/2/10	Ne clignez pas des yeux，27 secondes pour vous révéler un paradis de la nourriture chinoise 别眨眼，27 秒告诉你什么是中国美食圣地#china #chinesefood #sichuanfood	76	4
2023/2/11	La cervelle peut-elle aussi se griller? Les Sichuanais mangent-ils tout? 脑花也能烧烤？四川人真的什么都吃 #foryoupage #china#chinesefood #sichuan #中国 #川菜 #chinastyle	0	3
2023/2/17	Changement de visage et cracheur de feu… cliquez pour découvrir des prouesses chinoises exceptionnelles 变脸、吐火……你绝对没见过的中国绝技全都在这里#china #sichuan #川剧 #变脸	107	1

续表

发布时间	TikTok 播放情况		
	TikTok 视频文案	播放量	点赞量
2023/2/18	Le changement de visage se transmet seulement aux hommes？Voilà une rupture avec la tradition 传男不传女？这位中国女孩打破了传统#china #sichuan #sichuanoperaface	81	2
2023/2/24	Qui héritera de cette technique traditionnelle chinoise? 这项中国传统技术，要靠谁来传承呢？#china #chineseculture #intangibleculturalheritage #tradition #master #fyp	62	2
2023/2/25	Il a passé 20 ans de sa vie pour fabriquer ces 16 cages à oiseaux 他花了20年，只为做好这16个鸟笼#china #chinese #lachine #master #chineseart #chinesetradition #fyp	74	1
2023/3/3	Les fragments de porcelaines anciennes se transforment en art moderne 破碎的古代瓷器，被他们变成现代艺术品。#china #chinese #porcelain #traditionalart #fyp #tradition	66	0
2023/3/4	Ouvrez la porte de cet atelier et voyagez dans les couloirs du temps 走进这家店，你就可以穿越时空#china #chineseculture #porcelain #traditional #fyp #lachine	0	0

总体而言，TikTok 平台的平均视频播放量在 100 次以下，其中《川味·一口绵阳》与《采瓷·岁月之语》正片受到平台限流，未被计入播放量。值得注意的是，在 TikTok 这一短视频平台，视频长度并未对视频播放量造成明显影响。尽管正片播放量普遍比预告片低，但并未形成量级差异，这一现象的原因值得探究。

结　语

对外翻译传播在跨语际、跨地域的跨文化交流与实践中逐渐彰显其文化外交属性，在国际交往中的重要性日益突出。[①]"用法语话中国"是一次非常可贵的探索。讲好中国故事，当从细微处见大爱，从平凡处见精彩。原创短视频制译传一体化紧密呼应时代需求，创新表达叙事，选择适切的翻译理论指导实践，力求做到理念具象化、传播题材生活化、视角趋向大众化、制作趋向专业化，实现了传播效果最大化，展现了短视频译制作品在视频时代对促进国际传播和推动中法人文交流的重要意义。

（本文编辑：胡博乔）

[①] 吴赟：《对外翻译传播的内涵属性与实践路径——以中国经验为例》，《英语研究》2022 年第 2 期。

从高技术移民到中小企业家

——中国移民在加拿大法语地区的职业决策研究

王 艳*

【摘 要】 加拿大魁北克省以良好的居住和生活条件、宽松灵活的移民政策和法语环境吸引了越来越多来自中国的高技术人才跨国工作、学习和生活。本文以20名在魁北克省的首府魁北克市经营中小企业的中国高技术移民为样本，使用定性研究的方法，分析他们的职业身份迁徙和职业融入过程，进一步探索他们的就业技巧和决策。本文将焦点避开聚居在加拿大英语区的传统华人移民形象，跳出对海外移民的就业选择想象，真实反映中国高技术移民跨国流动过程中的人力资本转化困境与应对措施。

【关键词】 加拿大法语区；高技术移民；职业选择；中小企业

一 研究背景与问题提出

伴随着广泛的全球经济、社会、政治和技术变革，人才成为世界各国发展的"软实力"，高技术移民的规模不断扩大，流动性也日益增强[①]。人才跨境流动不仅改变了全球的社会、经济格局，而且成为加拿大等移民国家生产率增长和技术进步的有效推力，弥补了因人口老龄化、年轻劳动力减少而产生的劳动力需求[②]。加拿大联邦政府统计数据显示，在2019年，约1800000名华人移民定居加拿大，占该国总人口的5.1%；中国是加拿大永久居民的第二大来源国，也是第二大留学生来源国[③]。作为加拿大唯一官方语言为法语的省份，魁北克省不仅需要移民来满足自身经济发展需求，还需要通过吸引移民壮大自身实力，维系英裔和法裔群体二者人口相对平衡。因此，与联邦政府相比，魁北克省对高技术移民的需求更加广泛和急迫。在魁北克省工作、定居的高技术移民类别占到

---

* 安徽大学学院法语专业，讲师，研究方向：移民与跨文化研究、民族学、社会人类学。
① 孙嘉明：《"微全球化"现象与中国青年》，《当代青年研究》2012年第10期。
② 华金·阿朗戈：《移民研究的评析》，黄为葳译，《国际社会科学杂志（中文版）》2019年第3期。
③ CIMM, *Questions liées au Canada et à la Chine on 2 juin 2021*, Ottawa：Gouvernement du Canada, 2021.

了总移民人数的60%以上①。

约121445名中国移民在魁北克省工作、学习和生活②。然而,"加拿大广播电台"③、《责任报》④、《蒙特利尔日报》⑤等媒体指出,越来越多生活在魁北克省的中国高技术移民选择放弃自己的所学专业转而从事商业活动,截至2017年,全省1/5的零售企业由中国人持有。魁北克统计局的数据也显示中国移民在魁北克省所从事的主要行业为零售批发和餐饮酒店业⑥。

二 文献回顾:迁移决策与移民企业家理论

高学历背景迁移人群的迅速壮大以及迁徙选择引发了学界的一系列研究。宏观层面上,人才流入流出引发了学界对移民现象的产生、发展和对移入地、移出地社会发展影响的主题讨论⑦;微观层面上,一些研究显示来自发展中国家的高技术移民在移入国就业市场上面临学历贬值和认证困难的问题⑧。而在加拿大魁北克省的调查表明,法语好,有年龄优势、家庭支持、资金准备以及职业融入策略的移民找到专业工作的可能性更高⑨。宏观与微观层面的研究从不同侧面揭示了高技术移民在移入国就业市场上面对的复杂环境:移出国与移入国制度结构性差异、人力资本的跨国损耗以及个体主观能动性的发挥对移民职业轨迹的流动起到了综合性影响。

移民企业家系列理论更多地将企业家行为看作一种经济行为:新移民的语言和文化障碍、对东道国社会运作缺乏了解等因素导致其处于失业或边缘状态,创业是为了避免从事不稳定、低吸引力和低收入的工作岗位⑩;尽管某些难以转化的技能和语言等因素阻碍了移民在移入国的可持续融合,但是移民聚集区为他们提供了信息、资金和廉价劳动

---

① Institut du Québec, *Mise à jour et clarification des données sur l'immigration et le marché du travail*, Montréal: Gouvernement du Québec, 2018.

② Gouvernement du Québec, *Portrait Statistique Population d'origine ethnique chinoise au Québec en 2016*, Québec: Ministère de l'Immigration, de la Francisation et de l'Intégration, 2019.

③ Lemieux, Olivier, "De plus en plus de dépanneurs détenus par des Chinois à Québec", *Ici Radio-Canada*, le 3 février 2015.

④ Mazataud, Valérian, "L'intégration au coin de la rue Au Québec, un dépanneur sur six est géré par un immigrant chinois", *Le Devoir*, *libre de penser*, le 31 mars 2012.

⑤ Dussault, Stéphane, "Les Chinois ont sauvé les dépanneurs du Québec", *Journal de Montréal*, le18 mars 2017.

⑥ Gouvernement du Québec, *Portrait Statistique Population d'origine ethnique chinoise au Québec en 2016*.

⑦ Simon, Gidas, *La planète migratoire dans la mondialisation*, Paris: Armand Colin, 2008.

⑧ Teo, Sin Yih, "Vancouver's Newest Chinese Diaspora: Settlers or Immigrant Prisoners?" *Geo Journal*, Vol. 68 (2007), pp. 211 – 222; 刘帆:《教育服务承诺后的中国高等教育全球化研究》,《武汉商业服务学院学报》2010年第1期。

⑨ Vatz Laaroussi, Michèle, Lucille Guilbert, Beatriz Velez, Gabriela Bezzi and Stéphanie Laperrière, *Les femmes immigrantes et réfugiées dans les régions du Québec: Insertion et mobilité*, Sherbrooke: Université de Sherbrooke, 2007.

⑩ Toulouse, Jean-Marie, Gabrielle A. Brenner, *Immigration as entrepreneurs: Developping a Research Model*, Montréal: École des Hautes Études Commerciales, 1990.

力，移民依赖于民族内部的联系网逐步扩大就业规模，成为自营职业者或企业家①。一些少数族裔移民对环境的敏感程度、个人经历、特定的知识和社会联系能帮他们获得商业机会②。在蒙特利尔地区展开的研究显示，中国移民的创业倾向可能受到了民族文化环境和价值观的影响③。对于母语既不是英语也不是法语的中国移民来说，融入东道国社会的主要障碍来自语言，语言障碍迫使移民选择了经营企业策略④。移民企业的建立不仅需要社会环境的支持，而且需要创业价值观的传递⑤，满足感和集体身份归属感也能够激励个人的创业表达⑥。

三 资料收集

本文的受访者为1998—2010年从中国来到加拿大的20位高技术移民。他们在魁北克市及其周边地区居住的平均年限为10年，从事商业活动的最低年限为2年。研究者也采用滚雪球的社会学调查方法，进行线上线下招聘，并且通过已经招聘到的人员联络他们认识和推荐的其他受访者。本文的受访者样本具有一定的多样性，他们从事零售业、机械修理业、教育业等行业，每位受访者都接受了两次访谈，每次访谈时间在1—2小时。

本文以人类学理论为研究框架、定性研究为主要研究方式，采用"生命故事访谈法"和半结构访谈法为研究数据采集方法。"生命故事访谈法"是一种半开放式访谈，通过研究对象的口述故事，探索生命秩序形成的错综复杂的途径，收集生命故事的经验性资料，了解行动者的生命历程、背后的社会结构⑦。初次采访时，以"请您谈一下您的移民选择和创业选择"作为访谈起始引导句，引导移民讲述个人移民和职业选择话题，第二次采访则用半结构访谈的形式，针对移民的创业选择和创业的具体步骤、所遇到的困难和自我感受等主题进行追问。用 Nvivo 软件对录音稿进行编码分析，编码程序经过"开放式"编码、"主题编码"和"理论编码"三个阶段，分别从中国技术移民的职业规

---

① Juteau, Danielle, Jocelyne Daviau-Guay and Minoo Moallem, "L'entrepreneurship ethnique à Montréal: première esquisse", *Cahiers québécois de démographie*, Vol. 21, No. 2 (1992), pp. 119 – 145.

② Filion, Louis Jacques, Gabrielle A. Brenner, Lionel Dionne and Teresa V. Menzies, "L'identification d'une occasion d'affaires en contexte d'entrepreneuriat ethnique", *Revue internationale P. M. E.: économie et gestion de la petite et moyenne entreprise*, Vol. 20, No. 2 (2007), pp. 33 – 57.

③ Helly, Denise, Alberte Ledoyen, *Immigrés et création d'entreprises: Montréal 1990*, Québec: IQRC, 1994.

④ Sakamoto, Izumi, Jane Ku et Yi Wei, "The Deep Plunge: Luocha and the Experiences of Earlier Skilled Immigrants from Mainland China in Toronto", *Qualitative Social Work*, Vol. 8, No. 4 (2009), pp. 427 – 447.

⑤ Chrysostome, Élie et Sebastien Arcand, "Survival of Necessity Immigrant Entrepreneurs: An Exploratory Study", *Journal of Comparative International Management*, Vol. 12, No. 2 (2009), pp. 3 – 29.

⑥ Brenner, Gabrielle A., C. Ramangalahy, Louis J. Filion, Teresa V. Menzies and Raphael H. Amit, *Entrepreneuriat ethnique et rôle des réseaux de soutien: les entrepreneurs chinois dans trois grandes villes canadiennes*, Montréal: École des Hautes Études Commerciales, 2000.

⑦ Apitzsch, U. and Inowlocki, L., "Biographical analysis: a German' school?", in P. Chamberlayne, J. Bornat and T. Wengraf, eds., *The turn to biographical methods in social science: comparative issues and examples*, New York, Routledge: 2000, pp. 53 – 70.

划、职业轨迹、职业倾向转变以及应对态度来呈现高技术移民运营中小企业的职业选择。访谈资料很好地回应了移民职业规划的两个阶段：寻找专业工作阶段和从事中小企业经营阶段。下文根据受访者在不同阶段的行动策略和选择展现他们职业融入和选择的复杂过程。

四 资料分析与发现

规划是一种以非静态的结构对未来发展和走向开展的研究，是一个动态的、多阶段的过程。人们通过寻求意见、收集信息并结合自身特点来考虑未来规划，评估机会和自己的资源，调整其匹配度，进而做出有意义的选择[1]。对本文的受访者而言，职业规划不仅与他们移民前的自身教育背景、工作经验、家庭计划密不可分，也受到了移民后人力资本转化的复杂性和社会制度的制约。

（一）移民的初步职业规划与法语水平之间的矛盾

加拿大魁北克省的技术移民政策属打分政策[2]，旨在评估申请者所受的教育、从事职业、工作经历、个人的适应性和语言程度。本文参与者的学习、工作背景皆属于魁北克省所需的紧缺专业，他们的初始职业规划均以拿到专业职位为重心，对创业、开设公司并没有明确偏向。然而，魁北克省的就业市场不认可中国颁发的高等教育学历文凭，不承认移民在中国的相关工作经验。因此，在法语区接受教育并获得学位，继而从事专业行业，构成了不少想走专业道路的高技术移民的职业发展计划。

萍[3]在移民之初就抱有坚定的找到专业工作的目标，登陆第一年，她就在魁北克省的大学提交了入学申请。然而，她遗憾地发现虽然自己的法语水平能够达到移民考试的要求，但是达不到大学入学要求。

> 我的申请被拒绝了，因为我的语言水平不够。当时我说那就第二年再继续申请，但因为经济压力，我们找到了做生意的机会，就从蒙特利尔搬到魁北克城来做生意了，也就暂时把上学的计划搁置了。（萍）

因语言成绩不够，萍的入学申请被大学退回。

陶在国内获得化学专业的本科文凭，并在法国获得了硕士学位，法语造诣很高。他在到达魁北克省之后申请攻读工程师硕士文凭，并顺利地被大学录取。由于本身所学的化学专业属于魁北克省的紧缺专业，找到专业职位并从事化学工程师职业是他读书的

---

[1] Nurmi, J. E., "How Do Adolescents See Their Future A Review of the Development of Future Orientation and Planning", *Developmental Review*, No. 11 (1991), pp. 1–59.
[2] 魁北克移民意向积分系统用积分给意向移民魁北克的个人档案进行排名，排名靠前的档案将被邀请根据魁北克技术移民计划申请移民魁北克。
[3] 本文所有被采访者的名字均为化名。

文化与翻译

初衷。

> 我认为移民是我继续在我的专业领域工作的机会。我的专业是紧缺专业，在魁北克有很大的需求，当时移民局根据学习领域打分，化学专业给我加了不少分。我觉得很好，很有信心，移民之后就继续学习化学，也的确去大学继续学习了，希望出来以后在我学习的领域中工作。（陶）

从上述的访谈可以看出，法语水平的高低影响了高技术移民在魁北克省的学习计划。能够顺利通过移民申请要求的法语考试 TEFAQ[①]并不能保证申请者的法语水平达到就读当地大学的标准。因此，语言对来自中国的高技术移民而言，意味着实现学习计划和获得专业工作前的一道难关。然而，本文的访谈资料显示，一些通过法语入学考试并在加拿大取得高等教育文凭的高技术移民依旧面临着拿到文凭却找不到工作的实际情况，语言能力仍旧是他们找工作的瓶颈。

受访者莹在魁北克省的大学进行学习并取得了硕士学位，她讲述了自身在找工作的时候遇到的挑战。

> 虽然我通过了课程和考试，但我的语言水平不足以与其他人竞争，因为我的研究领域需要撰写大量的研究报告，我怎么写也写不过母语是法语的人，我怎么去政府、去研究机构应聘？我在我的研究领域找不到工作就是我当时面临的实际情况。（莹）

虽然莹有在魁北克省的学习经验，但是她主动放弃继续从事专业工作的想法。在就业市场上，像莹这样的高技术移民需要与本地人一起竞争找工作。对于想进入政府和学校、科研机构等行业工作的移民，拥有能与本地人竞争的书写和口语表达能力是必要条件。

而那些在魁北克省成功实现自己的学业计划并且找到专业工作的移民的职业轨迹也有鲜明的特点：突出的语言和专业能力不可或缺。

宁在准备递交移民签证的时候才开始学习法语，她既有语言短板，也没有本地工作经验，但她通过自己的不懈努力，实现了找到专业工作的愿望。

> 我当时和丈夫、女儿移民到这儿，那时女儿才三岁。我知道自己必须上学，所以我一登陆就想着把女儿送去幼儿园。如果她入不了幼儿园的话，我就要把她送回国，因为我知道我自己得去读书。我当时打了四十几家幼儿园的电话，我用法语说我的情况，实在法语说不好，就改用英语说，后来终于有一家幼儿园的老师被我打

---

① TEFAQ（Test d'évaluation de Français adapté au Québec）即是移民魁北克法语水平测试，是魁北克移民和文化事务部面向加拿大魁北克技术移民申请者的递签阶段要求的语言测试。

动了。我把女儿送进了幼儿园，然后我自己去上学。我上法语研修班，从最低等级上到最高等级，再去大学修文凭，一共修了三个文凭，就是要把自己的语言弄好。最后一年我上了一门商务选修课，我这门课的老师当年负责魁北克与中国的合作项目，他手上有和中国合作的一些魁北克公司的名单，他把这个名单给了我。我就一家一家地打电话问有没有招懂中文、在中国有工作经验的员工的，后来我就被录用了。（宁）

从访谈中可以看出来，宁在实现学习和就业过程当中的每一步都有详尽的计划。她坚持打四十几家幼儿园的电话给女儿找幼儿园来保证自己的学习时间，并对法语以及专业知识进行长时间的、深度的学习，找工作的时候还拿到了大学老师的合作项目名单。她的专业职位获得与自身的就业策略、老师推荐以及自身的勇气和不屈不挠的精神是分不开的。

（二）变化中的职业规划与人力资本损耗之间的矛盾

晋是计算机专业的毕业生。因看到自己国内的同事移民，他也选择了来到魁北克省。尽管计算机专业是魁北克省的紧缺专业，晋也拿到了本地的证书（certificat），但是因为法语不好，他没能找到工作。迫于经济压力，他和妻子做起了小生意。

我读书很好，非常沉迷在计算机算法当中，有时候我一天也不和人说一句话。嗯，其实我本身就不善与人交流，法语也不行，去了好几个职业中心帮我找工作，也做了测试，都说我法语水平阻碍了我的找工作这条路。我不喜欢做生意，但是我太太喜欢。主要是做生意可以给夫妻双方提供工作。（晋）

与晋背景相似，征也对商业不感兴趣，他没有找到合适的职位，于是做了小企业家。

我不是个好生意人，我的公司其实运作得不太好，不像人们想象的那么好，而且我必须培训员工，支付员工的工资，其实挺难的。（征）

前文中的两位被采访者对自己所从事的行业和所处状态的反思揭示了他们在商业经营活动中的疑惑和不确定性。相比之下，那些从移民初始就主动从事商业、表现出很强的职业适应力的人，个人职业身份迁徙过程更加顺利。

燕在中国时就对创业很感兴趣，在商业环境非常透明的魁北克市，她终于实现了自己的商业计划，开了大型超市和酒店。

我特别喜欢做生意，而且魁北克的商业环境非常的简单、公平。这儿没有暴利行业，你努力工作，就能获得相应回报。在魁北克，你只要遵纪守法，按时交税就没有太多的问题。（燕）

前文提到的陶在就读本地大学的过程中选择主动中断学业，经营了一家小型零售店。他非常喜欢现在的生活，经济条件好，可以陪伴家人。他强调说成为企业经营者之后，他能够雇用雇员，有很多属于自己的时间，并提及了未来还会有其他的投资计划。

> 我移民的时候，面试官也考察了我的适应能力，适应能力特别重要，除去从事移民之前的职业，你靠着很强的适应性也能找到新的有趣的行业。所以说在某些情况下，我们必须得学会适应。（陶）

萍在学习计划失败之后，先是和丈夫开了一家超市，后来又投资了酒吧。她承认自己开公司之后有了更多的压力，但是感受更多的，是一种经营公司的快乐和挑战。雇用了员工后，她有更多的时间可以关注家庭、照顾孩子、关照自己的父母。为了更加了解如何在魁北克管理公司，她也在积极准备语言考试，申请去大学学习会计专业。

> 做生意就是我得为自己而努力，我得为这个生意负责。我其实挺紧张的，但是也很激动，非常有动力。我培训员工，和供货商协商价格，我写商业计划书。我还得管理我的本地员工团队。明年也准备去大学学会计专业。（萍）

上述访谈揭示了经营中小企业的高技术移民的多样化背景，虽然大批移民在自己出国之初以为会从事与自己国内专业相关的工作，但是管理中小型企业似乎比找到专业性的工作更能够为移民提供经济自由和时间自由，更能良好地发展家庭规划，因此很多移民也逐渐适应了自己的企业家身份。与此同时，魁北克市健康、良好的商业环境为他们的商业发展提供了天然的基础。然而，也有一些移民自身对经营中小企业的接受程度不高，但又无法找到合适的专业工作。他们对自己人力资本的错误估计极有可能会对他们未来的职业发展造成障碍，他们的商业状态反映出个人职业决策与向上社会流动性和经济积累不是直线相关的关系，而是与职业适应能力强弱有关的不规则变化。

（三）经营企业决策与外部群体的影响

魁北克市及周边地区虽然没有传统华人集中居住的中国城和唐人街，但华人社团和组织也对新移民的社会融入有很强的支持作用。初来乍到的移民在从事专业工作的职业规划受到挫折之后，也倾向于从华人圈获得帮助。

静指出，自己的职业选择是受到了华人圈朋友的影响。

> 我来了之后就接受了很难再去从事专业工作的现实。做小生意他们都说赚钱，当时我们刚移民过来，经济也不稳定。既然这边华人圈中国人都这么说，那么我们就试试。其实还好，刚开始辛苦一点，然后慢慢请人，有很多时间，很轻松。（静）

另外一些高技术移民则指出，在魁北克从事商业活动是自己思考之后，结合现实情况做出的综合性决策。

> 我上了一年学就放弃了。我有一个朋友给我介绍了做小生意的项目，然后我就去做了。我觉得放弃了学业不可惜。首先，我年纪大了，有孩子，有父母要照顾，一直上学没有收入；其次，我毕业三十来岁，我的同学都是二十出头的年轻人，我和他们比，在就业市场上没有竞争性。而且我就算拿到学位，要想去从事专业工作，我还要去考工程师执照，这个考试也没有那么简单。还得看我考上了之后有没有单位愿意要我。（陶）

以上的采访显示，虽然从事商业活动常常是移民在华人圈的影响下做出的选择，但也是移民在评估自身人力资本、职业兴趣、魁北克商业环境和现实需求后快速融入当地社会的综合性选择。

总　结

本次研究深入考察高技术移民在加拿大法语地区职业处境，把移民的职业选择与当地社会结构相结合，通过分析新移民在移入社会的职业融合过程，从个体角度解读技术移民身份转变的背后原因。成为中小企业家不是新移民找到工作和找不到工作的直接后果，而是技术移民在家庭计划、当地社会环境、移民自身的外语水平、群体影响、就业计划等不同因素作用下做出的选择。

所谓"最佳职业"并没有统一的标准，移民在变化的就业背景下，从事经营中小企业的选择包含着对自身在移入国就业环境中竞争力的不同程度考量。以法语水平测试、国内学历认证、国内工作经验认证为标准的移民政策对移入者的筛选和魁北克省就业市场对高技术移民的选择是截然不同的。本次研究的采访表明，即使被采访者凭借在中国取得的工作经验和所学专业在获取签证的时候被列为魁北克省紧缺人才，但在当地市场就业上，他们的竞争力是微乎其微的。当地就业市场更加偏向于具有本地工作经验的员工，通过行业内人士的推荐等方式展开招聘。而新移民们普遍语言差、人脉少，有一定家庭和经济负担，很难获取本地的就业资源。此外，在很多高技术含量的专业领域，移民即使拥有当地文凭，也会因为语言程度不够，在职场竞争当中存在较为明显的晋升短板。在这样的背景下，经营中小企业的选择，也反映了移民对自己在移入国就业市场上自身竞争性的担忧。

因此，在信息资本全球化程度加剧、教育和就业资源重新分布和定位的移入国，高技术移民的头衔不一定能够给移民能带来绝对优势，新移民们还需对当地市场需求和就业方式有一定深入了解。另外，移民对经营中小企业或者自主创业的接受和适应程度深刻地影响了自身人力资本积累和流动。缺乏系统、可靠的商业规划、商业目标的移民企业家对职业发展的短期性规划容易造成对自身人力资本的错误估计和损耗。

文化与翻译

　　本文对移民理论的发展有三重贡献：首先，本文的研究结果呼应了对高技术移民向上社会流动性的浪漫化的批判[①]，进一步揭示了导致高技术移民低流动性的原因以及在跨国移民过程中人力资本的损耗现象；其次，本文的拓宽了当今移民理论研究范式，真实展示了高技术移民个体选择做中小企业经营者的背景环境，突出移入社会就业市场的竞争性以及初来乍到移民个体承载的家庭责任、经济压力和语言短板；最后，随着移民现象的复杂化，移民企业家研究面临传统定义框架不能够满足高技术移民的企业经营研究挑战。高技术移民的职业选择变成跨文化环境适应的一部分，而不是一种简单的主动或者被动的决定。在完成职业身份转换后，他们的适应能力也得到了不同的表达。

　　针对中国高技术移民在就业过程中对市场和形势认识的不准确现状，中国相关机构应当结合海外就业市场的实际需求，推动中国高技术人才全球性的流动和人才资本累积最大化，鼓励海外高技术移民发挥自身优势，协助他们当好中国形象的海外代言人，更好地融入当地社会。

（本文编辑：文雅）

[①] 王炳钰、陈敬复、吴思莹：《流动想象与学术移民：中国回流学者工作与生活研究》，《广东社会科学》2020年第2期。

语言与教育

法国高等教育"卓越计划"背景、历程及启示

杨少琳* 魏媛媛**

【摘　要】"卓越大学计划",是法国政府2010年以来为提升法国大学排名和创建世界一流的高等教育研究机构为目标而进行的高等教育改革方案。法国充分利用区域合作、校企合作等模式推动"卓越大学计划"的实施。本文通过对法国"卓越计划"实施的背景、内容进行分析,进而为中国"双一流"大学提供借鉴。

【关键词】法国;"卓越计划";高等教育;"双一流"大学

一　全球化背景下高等教育发展

在全球化背景下,各国之间在经济、科技、文化等各方面都存在着激烈的竞争。随着以科技、创新为核心的经济高速发展,越来越多的国家认识到高等教育对于增强国际竞争力、培养创新型人才的重要性。20世纪90年代,在博洛尼亚进程(Bologena Process)的影响下,欧洲高校之间合作、学历和文凭认可等措施,推动了欧洲高等教育一体化的进程。进入21世纪,欧洲各国同样为了提升本国高等教育竞争力,相继开展了高等教育的改革。1989年,加拿大开始启动"卓越中心网络计划"(The Networks of Centres of Excellence Program,简称"NCE计划")。其总目标是动员和组织学界、企业和社会公共部门的优秀人员,促进跨学科和跨领域间的合作和创新,提高大学的科研和创新能力。[①] 2004年,德国提出"大学卓越计划"(Excellence Initiative),旨在打破高等教育的"均质化"现象,提高大学科技研究和国际竞争力,培养科研后备力量。[②] 2008年,在经济危机的影响下,法国经济受到重创且发展缓慢。2010年,为扭转经济危机带来的伤害,萨科齐执政期间启动了"卓越计划"(Initiatives d'excellence,IDEX),打造多所具

---

* 四川外国语大学法语学院教授,研究方向:对外法语教学法、法国历史与文化、比较教育。
** 四川外国语大学国际教育学院研究生,研究方向:比较教育。
① 武学超:《加拿大NCE协同创新计划的实施经验与启示》,《高教探索》2015年第4期。
② 朱佳妮、韩友耿:《重振德国大学的全球地位:从"卓越计划"到"卓越战略"》,《比较教育研究》2022年第5期。

备国际竞争力的世界一流大学，增强法国高等教育和研究部门的知名度和竞争力。[①] 在法国实施"卓越计划"前，中国就曾实行了"985""211"工程建设，但是，仍存在资源分配不均、竞争缺乏和重复交叉等问题。[②] 为了推动高等教育的发展，满足越来越多的群体对高等教育的需要，2015年，中国启动"双一流计划"致力于打造世界一流学校和一流学科，提升高等教育的竞争力。

二　法国高等教育"卓越计划"出台的背景

（一）"双轨制"体系下的影响

法国的高等教育机构大体上是公立综合性大学（Université，以下简称大学）和高等专业学院（Grande Ecolé，又称"大学校"）。大学规模较大，学科门类齐全；"大学校"一般规模较小，课程集中围绕特定专业领域开设，是法国高等教育体系中最具特色的高等精英学院。大学和"大学校"在高等教育机构中被称为高等教育双轨制。[③] "大学校"主要根据社会领域创办，覆盖多个领域。私立学校学生在取得高考毕业证书后，参加两年的预科学习，参加考试后可以进入"大学校"学习。"大学校"的精英教育保证了高质量的人才输出，著名的有巴黎理工学校、巴黎高等师范学院、法国国家行政学院、国立路桥学校、巴黎国立高等矿业学校等。大学都是公立的，承担大众教育的任务，不需要缴纳学费，入学不存在筛选性，每个人都可以凭借高中毕业证进入大学。"大学校"和大学并驾齐驱，保证了精英教育和大众教育的双轨发展，但也造成了严重的两极分化现象。"大学校"师资力量强大，重实践和创新，培养了大量的专业性人才，就业率高，但招生人数少，学校规模小；大学"宽进严出"，学生的辍学率较高，学生获得的实习机会少，招生人数多，就业率低。法国的科研工作主要是集中在科研机构，科研机构多为独立场所，由国家投资，从事生物、物理、化学等多方面的研究任务。正是由于大学与"大学校"之间职责的分裂，不同高校之间学生培养质量存在差距；法国大学教育和科研职能分散，其科研能力与科研机构发展不协调，导致大学科研能力低于科研机构，影响大学的科研和创新能力的发挥，最终导致法国大学在世界排名不高。

（二）博洛尼亚进程的推动

1999年，29个欧洲国家在意大利博洛尼亚提出欧洲高等教育改革计划，要求欧洲各国加强合作，加强高等教育的流动性和开放性。[④]

法国作为"博洛尼亚进程"的签约国之一，积极地响应计划，采取的措施主要包括

---

① Stéphanie Mignot Gérard, "Le gouvernement d'une université face aux Initiatives d'Excellence réactivité et micro-résistance", *Politiques et Management Public*, Vol. 3, No. 29 (September 2012), pp. 519–539.
② 王静、程从华：《地方高校图书馆在"双一流"背景下的发展研究》，《晋图学刊》2017年第6期。
③ 张惠、刘宝存：《法国建设世界一流大学的战略及实践——以巴黎—萨克雷大学为例》，《清华大学教育研究》2015年第6期。
④ 谢晓宇：《"博洛尼亚进程"中德国博士生教育改革的特点与启示》，《外国教育研究》2012年第12期。

以下几个。一是采用新的"LMD"学制，从通过中学会考起，进大学学习三年获得学士学位（Licence），相当于 Bac + 3。在学士学位完成后，学生可学习两年获得硕士学位（Master），相当于 Bac + 5。课程结束时，学生可以注册准备博士学位，所有拥有硕士学位或者拥有工程学位或商业硕士学位的学生，都可以申请博士学位（Doctorat），学习时间通常为三年，相当于 Bac + 8。① 二是成立专业的高等教育评估机构（Agence d'évaluation de la recherche et de l'enseignement supérieur），提高高等教育质量。三是高等教育与社会发展相联系，要求学士学位必须修得和社会发展相关的劳动课程，高等教育的发展与学生的就业以及经济的发展建立了联系。四是实施欧洲高等教育学分转化系统（Système européen de transfert et d'accumulation de crédits），包括学习协议、信息平台和成绩评估。学习协议指学习的具体内容；信息平台是指每位学生在学习成长过程中的一般信息；成绩评估记录的是学生的学习成绩。② 一方面，欧洲学分转换系统对学生的课程出勤率、学业情况、课程目标等进行全面的考察；另一方面，学生休学期间，不会取消学分，学生不必再修重复科目。法国在"博洛尼亚进程"中加强了与其他欧洲高等学校间的合作，通过转换系统，学生可在欧洲合作学校内进行选读，已取得的学分和文凭也获得合作院校的认可。在合作中发现自身的不足和差异所在，从而推动了法国高等教育内部结构的改善。

（三）政府政策的出台

旨在提升本国的高等教育竞争优势和影响力，法国政府部门陆续出台了一系列政策。2006 年政府颁布《科研项目法》（"Loi de programme pour la recherche"）力求法国高等教育资源的重组，大学、"大学校"和研究机构融合重组建立一所具有国际竞争的综合类大学。2007 年政府颁布《综合大学自由与责任法》（"Loi relatif aux libertés et responsabilités des universités"）进一步增强大学的竞争力，带动区域经济的发展。

2010 年，法国政府启动高等教育"卓越计划"，由国家教育署负责。"卓越计划"力图实现大学、"大学校"和研究机构的联合和重组，改善法国大学校园分布较散（如巴黎 25 所综合大学分布在市内和郊区 130 多个区域内，导致法国大学的规模效应差）现象，建立 5—10 所能与伦敦大学相匹敌的综合类大学，提高法国大学的国际知名度，扩大其影响力，继而提升高等教育国际化水平。

三 法国高等教育"卓越计划"的发展过程

为了创建一所全球性大学，提升本国的竞争力，法国政府加强了高校之间的集群建设和投资计划。分为两个主要轴心：一是实现研究机构和高等教育的科学研究集中，包括高等教育和研究集群、高等教育与研究学术社区；二是专注于投资和创建优秀的大学，

---

① 张皓月、胡天助：《法国高等教育卓越计划的实践及启示》，《长春教育学院学报》2020 年第 10 期。
② 徐春霞：《法国博洛尼亚进程实施状况述评》，《高教发展与评估》2011 年第 4 期。

包括"校园计划"(Opération Campus)和"卓越计划"(Initiatives d'excellence)。

(一)高等教育与研究机构集中化

法国大学和"大学校"之间的割裂、大学和科研机构的分散是在历史的背景下形成的,但随着全球化的发展和高等教育的竞争,法国致力于促进它们之间的合作和融合。2006年,法国政府颁布《科研项目法》,2005—2010年投资194亿欧元用于高等教育的发展,包括通过机构为项目提供资金和为研究提供税收抵销,同时提出了"集群"的概念。2007年法国政府颁布了"高等教育与研究集群计划"(Pôle de recherche et d'enseignement supérieur),它使得大学、"大学校"和研究机构之间的设置具有一致性,承担机构之间的各种类型的教学和科研活动。该集群的目标是提供更连贯、更方便、更适应本土需要的研究和培训服务,截至2012年建立了26个集群。①

高等教育与研究集群伴随着法国大学自治权的不断下移得到发展,根据地理临近原则组建而成,灵活并且大面积实现机构间的联合,联合集群内的所有机构并利用集群的多样性和优势为共同的目标服务。学生在接受完培训之后可获得一个或多个成员大学或者"大学校"的文凭,提高了社会公民对集群的接受度。同时,研究发表的科学出版物均以集群的形式发行,提升了集群国际生产的知名度。

2013年,颁布《高等教育研究法》("Loi relative à l'enseignement superieur et la recherche"),集群重新命名为高校共同体(Communautés d'unités et d'établissements)的概念。高校共同体是具有科学、文化和专业的公共机构,将高教集群融合,目标是协调高教机构和研究机构间的研究和转让战略。② 作为成熟的共同体,可以自己颁布文凭,并以共同体的名义申请项目资金进行预算分配,而高校集群不具备这种功能。共同体内部设有学术委员会(Conseil académique)和成员委员会(Conseil des membres),学术委员会代表教师、研究人员、工作人员、社区用户和成员机构;成员委员会会集了大学和机构社区每个成员的代表。共同体在一定程度上改变了法国高等教育分裂、科研分散的局面,截至2017年已创设了25所高校共同体。为了共同体更好地发展,负责高校合并的委员会需要就共同体的发展进行定期评估。2018年,共同体对于法语课程的国际声誉产生了积极的影响,特别是成员之一的巴黎文理研究大学(Université PLS)。但PLS和其他院校的世界排名仍很低,因此还需要为了目标更加努力。2016年,PLS由于缺乏综合性大学整合发展的向心力,负责高校合并的委员会给予PLS 18个月的时间整顿共同体的缺陷。2022年,经过六年的整改和学校合并,PSL在QS排名由全球第52名提升到第44名。2019年,巴黎—萨克雷大学(Université Paris-Saclay)由于内部成员办学理念的冲突,共同体成员分裂成了两个集群。为了提升学校的排名,时任法国总统马克龙将巴黎—萨克雷大学纳入了"未来投资计划"(Investissement d'avenir)中,尝试打造新的组织和运行

---

① Ministère de L'Education Nationale, La mise en place des pôles de recherche et d'enseignement supérieur, 2007-09-20, https://cache.media.enseignementsup-recherche.gouv.fr/file/IGAERN_/06/1/pres_22061.pdf, 2022-06-05.

② Monique Canto-Sperber, *Dans L'oligarchie de l'excellence*, Paris: Presses Universitaires de France, 2017, pp.199-229.

模式，因此它们成为新的实验性高等教育机构。①"未来投资计划"是2009年为了应对经济危机宣布的一项投资计划，它涉及五个领域。其中，"卓越计划"作为高等教育领域的投资计划，在2010年开始启动分为多期开展。2022年，在第四期"未来投资计划"的进行过程中，巴黎—萨克雷大学基于新的身份在世界大学软科排名中由全球第16名上升到第13名，在法国排名第一。

（二）优秀大学的创建和发展

2007年，萨科齐政府投资约50亿欧元，用于资助"校园计划"。2008年计划进行，目的是创建十二所世界一流大学卓越中心。校园可以根据自身规划的发展提交项目申请，而不是集中于国家的管理；可以公私单位联合管理，不再是公立单位和私立单位分离。②学校获得更多的自治权，不再完全附属于国家。计划分两期进行，第一期委员会收到了46份申请，从中选取了6份；第二期从20份申请中选取了4份。2008年12月增加了南特和里尔大学两个站点。在申请不成功的校园中，若被授予"有前途的校园"和"创新校园"的标签，将援助2.5亿欧元用于校园的建设。该计划在一定程度上打造了优质的校园，提升了法国大学的影响力。

由于公私合作伙伴关系的复杂性，融资和管理方面存在困难。大学之间激烈的竞争，使教职工、管理人员等产生了巨大的压力，大学行政理事会的选举方式容易形成"一边倒"现象，扩大了大学之间的不平等性。此外，政府的改革经费不足，没有考虑临时岗位造成的工资总额上浮等问题，③"校园计划"在人们的批评声中举步维艰。

"未来投资计划"包括5个优先部门：高等教育和培训、科学研究、工业领域、可持续发展和数字经济。④ 为了建立世界一流水平的多层次高等教育和研究机构，2011年法国政府实施了"卓越计划"。⑤ 在2010年3月9日修订的《金融法》的支持下，政府将拨款77亿欧元用于"卓越计划"，使其成为当时最重要的行动。该计划分两批进行，第一批2011年初开始进行项目征集，卓越大学由国际评审团选出，2015年初开始第二批的项目征集，有7所机构入选。2017年后续项目进行。2021年1月8日，法国启动第四期"未来投资计划"，投入200亿欧元，打造国际一流大学；以优先研究、卓越实验室等计划支持法国科研。

"卓越计划"的优势表现在：一方面，这些倡议建立在强有力的和相关的地理位

---

① CNRS, IP Paris et Université Paris-Saclay: une ambition partagée d'accroître l'attractivité du plateau de Saclay, 2021-10-07, https://www.cnrs.fr/fr/cnrsinfo/cnrs-ip-paris-et-universite-paris-saclay-une-ambition-partagee-daccroitre-lattractivite-du, 2022-05-21.

② 驻法使馆科技处：《法国政府稳步推进大学自治改革》，2011年1月5日, http://fr.china-embassy.gov.cn/ljfg/201101/t20110105_2581615, 最后浏览日期：2022年5月30日。

③ Les services du Premier ministre, Un programme pour investir l'avenir, 2021-11-24, https://www.gouvernement.fr/un-programme-pour-investir-l-avenir, 2022-06-02.

④ 张惠、刘宝存：《法国创建世界一流大学的政策及其特征》，《高等教育研究》2015年第4期。

⑤ CréaTIC, "Initiative d'excellence en formations innovantes", Études et Documents Berbères, Vol. 34, No. 1 (Janvier 2015), pp. 217–218.

置基础上,它将之前的高等教育和研究机构聚集,区域间合作,倡导创新性的科研项目与经济合作紧密结合,各区域可根据特色发挥区域优势,促进其区域的经济一体化;另一方面,它们通过向企业提供创新和技术转让,为显著提高法国经济和科技的增长潜力做出贡献,在教育和科学格局的转型和现代化中发挥主导作用,为大学、"大学校"和研究机构之间日益密切的伙伴关系铺平道路。最后,"卓越计划"必须确保法国大学在海外的科学影响力和国际影响力,并吸引最优秀的教师、研究人员和学生。"卓越计划"实现了大学与"大学校"之间以及与有关研究机构之间进行高水平的合作和融合,提升了办学效率;人才培养体制的健全,吸引了大批优秀人才;促进了教育界和产业界的结合,推动了交叉学科的发展,有利于进一步发展新兴产业,促进国际交流,增强国际影响。

四 "卓越大学"计划路径中存在的不足

(一) 学术项目规划资金投入的质疑

"卓越大学"计划敦促科研机构和实验室的管理团队围绕地理位置、科学质量和科学质量管理的标准创建新的科研团体,以便在国际层面获得知名度并提高大学排名。[①] 因此,管理团队必须通过短期和长期战略专门从事研究和教学活动,才能与世界上最好的大学竞争。这些项目征集的选择标准、要求很高,必须选择有竞争力的项目组织机构,瞄准可用资金。所有带有"卓越大学"标签的机构都选择通过内部调用项目来分配资金。

从"高等教育和研究集群"、高校共同体,到"校园计划",最终至"卓越计划",法国政府政策的支持、大量资金的投入和人才的引进,使高校正在朝着世界级学校的目标前进。但在资金投放和真正利用之间存在差距。虽然政府大量地投入资金,但是资金利用存在不透明性,有些经费并未使用在投资卓越项目上,被项目承担者挪作他用。另外,在高校与企业合作的同时,企业也投放了大量的资金,对私有资金的拉动作用并不明显,应将新的经费集中投入符合计划标准并已经展现卓越"转化"能力的项目上,发挥出项目经费的最大使用率。

(二) 高校发展规划调整的滞后

法国国内企业的战略、结构和竞争状况对促成国家竞争优势起着重要的作用,这也就意味着高校的发展要适当地调整自身发展的规划并通过竞争做到"适者生存"。法国大学注重基础教学,较少受到市场与经济发展不断出现的需求的影响。但随着国际经济和科技的激烈竞争,失业人口数量上升,法国通过高校与企业合作等方式进行改革,其目的是既保留公立教育大众化、保持基础学科的稳定发展,同时适应市场需

---

① Harroche, Audrey, "Les petites mains de l'excellence, Place et rôle des chargées de projet dans la mise en œuvre d'une Initiative d'excellence", *Revue française d'administration publique*, Vol. 169, No. 1 (Janvier 2019), pp. 151 – 167.

求来调整教育科目与内容（经济和市场）的联系。以巴黎—萨克雷大学为例，这是一所融合综合学校、"大学校"和研究所的综合类研究院。该校在发展过程中，不断调整本校的发展模式，专业发展涉及人文、社会科学、生物、计算机等多个领域，学校在 2022 软科世界大学学术排名全球第 13 名，欧洲大陆第 1 名。但大多数如同此类的法国综合性大学未能及时地适应市场变化，满足社会要求的教育机构。进入世界大学排行榜的法国大学也仅有几个。

就目前法国市场形势来说，技术员、工程师，以及信息技术、市场分析等领域的人才紧缺。高校间的调整计划未能具备预见性和及时性。因此，社会各界对法国教育机构（特别是高等教育机构）提出要求，要重视技术员、工程师的培养，同时要求政府强化专业培训制度来培训企业需要的就业人员。

（三）高校与相关性产业间合作的新型挑战

在特定的区域形成产业集群带动相关性产业和学术团体等的发展，产业才能长期发展。① 在法国，工商会与高等教育和职业教育合作，优化办学质量，打造精英人才有着长远的历史。许多隶属于工商会的"大学校"中，校董事会成员均有一部分来自产业界。但是法国的公立大学均隶属于高教部，与产业界合作联系较为薄弱。虽说在"卓越计划"框架内促进了公立大学与产业间的合作。"卓越计划"起初是针对 2008 年法国爆发的经济危机采取的一系列的措施。学校会为了迎合企业的发展，不断开展短期的新项目，但缺乏长久性的项目。一方面，短期项目投入了大量的资金，但是没有产生长久项目那样的社会效益，只是满足一时的所需；另一方面，短期项目存在重复性，不能对市场失

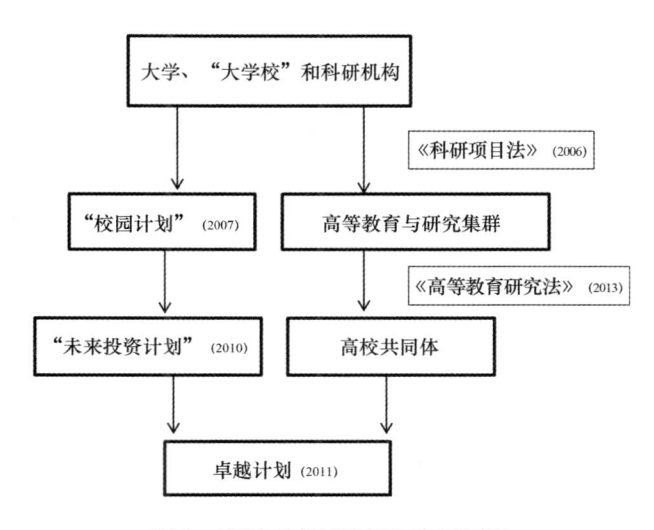

图 1 法国"卓越计划"发展历程

---

① 周光礼、薛欣欣：《德国"卓越计划"行动路径与经验启示——基于"钻石模型"的分析》，《现代大学教育》2020 年第 3 期。

灵情况进行及时分析。2016年法国的经济逐渐恢复，发展的项目虽然有小范围的改善，但总体来说项目并未进行及时而准确地创新。因此，在高校和企业合作的同时，应合并高度重复的项目，尤其是工业发展项目，减少企业的重复申请，将新的经费集中投入符合计划标准并已经展现卓越"转化"能力的项目上。

结论与启示

"卓越计划"建设是法国政府为了顺应全球化的发展趋势，提高本国高等教育的竞争优势而开展的"世界一流大学运动"。中国的"双一流"建设高校计划是继"211" "985"计划后为了促进高等教育的发展，打造世界一流大学和一流学科，建设教育强国的一项计划。"卓越计划"为中国"双一流"高校建设提供了一定的启示。

（一）提高政府对高等教育高等要素投入

政府对高等教育的关注影响高校的发展，政府致力于提升高校的优势和特色发展，制定相应的政策，去敦促高校的改革和创新。政府大力的资金投入，可以改善校园的学术环境、设备仪器、师资力量和专业的专业化程度，由此提升高校的竞争优势，带动本国创新和科技力量的发展。资金利用方面，建立监督机制，确保资金投入高校，防止资金的滥用和不合理应用。

（二）不断调整高校发展规划

"卓越计划"公布了批次名单，让高校根据市场需求调整发展策略，从而加强了高校之间的竞争。高校间也通过建立集群的方式，发展区域间的高校，提高学校的知名度。中国可根据独特的文化优势，加强高校间和区域间的合作，创造独具中国特色的专业发展。以敏锐的洞察力关注国际市场形势，不断调整高校的发展规划，淘汰劣势的专业，优化内部结构，培养既兼备中国特色又符合国际发展的高校，高校间通过专业性和影响力的竞争，来获取"双一流"资格。

（三）引导高校和相关产业的合作

法国的精英大学多半是在学校和企业间相互支撑下，促进学校的发展和企业的进步。中国的民办院校也是企业和学校共同办校的产物，但民办院校发展缓慢的一个重要原因是该类院校多以"盈利"为目的，因此院校的发展要改变原有的观念。中国公立院校的校企合作也存在此类现象，它们虽然在一定程度上有针对性地培养实用型人才，但是缺乏相应制度的支撑，只是一味地借鉴国外的办学模式，例如德国的"双元制模式"、法国的学徒培训中心模式等，没有形成特色的办学模式。另外学校封闭办学，企业未真正地投入人才培养的事件中，只靠学校的一厢情愿，缺少与企业的合作与交流，难以真正为企业培养创新和科研型人才。国家应设立相应的制度和政策，引导高校与企业的合作。企业秉承培养优秀人才、为社会服务的理念为学校提供优秀的师资和卓越的设备等。院校也要秉承为企业和社会培养科技和创新人才的理念，加强学校和企业的合作，共同创办"双一流"的高校。民办学校要加强教学质量检测系统，对教学任务进行有效的检验；加强教师队伍的建设，提高教师招聘指标，对教师队伍进行培训。加强民办学校自身的影响力，吸引优质生源。

  法国高校从独立发展到合作办学，最后到"卓越计划"的实施路径对中国的"双一流"建设高校计划有重要的借鉴价值。中国建设"双一流"高校要不断通过社会的发展和需要来调整政策和措施，通过政府和企业的支持、院校的合理竞争，打造一流院校和一流学科。

（本文编辑：唐果）

从外语教育政策看中国高等外语教育的发展与价值取向

董遥遥*

【摘　要】 外语教育政策是国家语言政策及教育规划的重要表征。本文通过对中华人民共和国成立以来高等外语教育政策的回顾与梳理，发现不同历史时期的外语教育政策受国内外形势影响而发生变化，但始终以服务国家和社会发展为根本原则，积极对接国家的战略与发展需求，反映出外语教育规划的安全价值和公平价值取向，同时工具性价值尤为显著。在新时代，外语教育规划的融合性价值取向逐渐被强化，凸显出外语教育的人文性、跨文化性和跨学科性。当前高等外语教育要"守正创新"。"守正"应该坚守"公平"和"安全"价值原则，加强外语教育的规划体系建设，发挥外语教育实用工具价值，同时立足"融合"的价值定位，在"新文科"引领下通过交叉融通的理念积极"创新"，赋予高等外语教育新的活力与发展。

【关键词】 高等外语教育；外语教育政策；语言规划；价值取向

一　引言：中国外语教育的源与流

外语教育的诞生和发展伴随着人类文明的交流与互鉴。中华民族同外部世界的交往最早可追溯至秦汉时期。[①] 随着丝绸之路的发展，国家对语言人才的需求也随之出现，西周时期设有"象胥"："通夷狄之言者曰象"，"胥，其有才知者也"。[②] 元明清时期均有专门培养外语人才的学堂，这也是中国外语教育的早期形式。元朝时设回回国子学教授波斯语，培养官府译事，明朝设"四夷馆"旨在"通译语言文字"，清初改为"四译馆"，"以译远方朝贡文字"。鸦片战争后，外语教育在促进中国近现代化的进程中功不可没。1862年设立的"京师同文馆"是中国近代第一所外语教育学校，开启了近代中国外语教育现代化的进程。1920年9月，上海外国语学社在上海法租界成立，开设英、法、

---

* 四川外国语大学法语学院副教授，研究方向：外语教学法、语言测试与评价。
① 付克：《中国外语教育史》，上海外语教育出版社1986年版，第1页。
② 郑燕虹：《守正与创新：新时代外语教育之思考》，《中国外语》2022年第5期第19卷。

德、俄、日五个语种的外语课程。① 该学社是中国共产党早期探索创建的第一所外语教育机构，并借以外语教育来传播马列主义、共产主义思想，具有鲜明的革命色彩。

中华人民共和国成立70多年来，外语教育始终与国家战略和社会的发展同频共振，同向同行。当今，面对世界百年未有之大变局，外语教育更须立足时代，面对未来，在推动中国参与全球化进程中既承担着重要责任，也面临着机遇与挑战。

外语教育政策，指一个国家各级教育管理机构根据本国社会和经济的发展需求对外语教学所做的规划、制定的指导性文件或通过的具有强制性的法律法规。外语教育政策是国家在外语建设领域的风向标，是语言政策和语言规划的组成部分。外语教育政策并非纯粹对语言本体的教育规划，也反映出教育抉择背后的价值取向。鉴往思今，本文将以外语教育政策为线索，通过对中华人民共和国成立70多年来高等外语教育的回顾，梳理其发展历程与转变，据此分析中国外语教育政策和规划的价值取向，以及当今中国高等外语教育的特点及所面临的挑战，以期思考外语教育在新时期该如何"守正创新"。

二 中国高等外语教育政策的演进历程

对于中国外语教育的演进历程，学界有不同的划分方法，普遍认同的是"探索—发展—加速—新时期"四分法，时间对应为1949—1977年、1978—1998年、1999—2011年以及2012年至今。也有学者②按外语人才培养模式的转变把新中国外语教育分为"培养语言技能（中华人民共和国成立至20世纪80年代中期）—复合型外语建设（20世纪80年代中期至2010年）—多元外语探索（2010年至今）"三个阶段。结合以上研究，本文主要对标外语高等教育政策，根据其演进的特征将新中国高等外语教育的发展历程划分为以下三个阶段，并主要探讨各阶段在外语教育政策影响下的教育规划及特点。

（一）中华人民共和国成立——改革开放前（1949—1977年）：高度政治化的外语教育规划

中华人民共和国成立伊始，百废待兴。在新民主主义革命和社会主义建设的进程中，国家出台了较多的外语教育政策来指导、规范和发展外语教育。③ 当时为学习借鉴苏联经验，外语教育政策主要是保障和推动俄语教学，如1954年政务院颁布《关于全国俄文教学工作的指示》等文件，19所大学相继开设外语专业，并以俄语为主。④ 因此在外语教育规划上呈现"以俄为师"的局面，俄语不仅在外语高等教育中占据了"一枝独秀"的地位，就连教学法、课程设置等也照搬苏联模式，至今以课文为中心的精读和泛读教学法在中国外语教学中依然有重要影响。这一时期的外语教育政策政治导向明显，外语教育也被视为一项政治任务，最大限度服务于国家建设。不置可否，该时期的外语教育及

---

① 李传松、许宝发：《中国近现代外语教育史》，上海外语教育出版社2006年版，第88—94页。
② 胡文仲：《关于我国外语教育规划的思考》，《外语教学与研究》2011年第1期。
③ 张治国：《1949—2018年中国外语教育政策的内容及特点分析》，《语言规划学研究》2018年第2期。
④ 文秋芳、常小玲：《中国共产党百年外语教育与中华民族伟大复兴》，《外语教育研究前沿》2021年第2期。

语种建设都缺乏长远规划。

20世纪60年代后,受国内外政治形势的影响,外语教育政策发生了转变。一方面,中苏关系破裂,俄语人才出现供大于求的局面;另一方面,随着中国和西方及亚非拉国家正式建立外交关系,外语教育规划的不足导致外语人才储备的缺口较大。1964年,中共中央、国务院颁布的《外语教育七年规划纲要》① 对外语教育做出了前瞻性的部署,国家试图将外语教育的规划与国家的长远发展相结合,确立了英语为"第一外语"的地位,兼顾其他语种的教学发展,改变了俄语独大的局面,并扩大外语教育规模,提出大中小学外语教育贯通的设想。通过《关于开办外国语学校的通知》《关于调整和精简外国语学校课程的通知》② 等文件推进外语教育的大力发展。遗憾的是,出于历史原因,这一时期的外语政策并未能完全付诸实施。

(二)改革开放——高校扩招前(1978—1998年):市场化主导下的外语教育规划

随着改革开放的兴起,外语教育开始复苏并迅速发展。1978年教育部在《加强外语教育的几点意见》③ 中明确了外语教育的重要性,强调高水平外语教育与实现四个现代化、与世界各国的友好往来、国家和国民的文化水平及进步,以及建立国际反霸统一战线紧密相关。这一语言政策体现出国家利益与国家安全观的价值取向,在这样的教育政策影响下,外语教育体现出较强的"工具性"。

这一阶段外语教育政策的一项重要内容就是对外语教育语种的规划和调整。《加强外语教育的几点意见》中指出要大力发展英语教育,适当关注德、日、法、俄等语种教育。④ 社会对英语人才的需求使得英语教育得到强势发展,至1998年,全国开设英语专业的院校多达790所。⑤ 外语教育政策也推动了其他语种的建设与发展,从1978年到1983年的五年内,中国开设的外语语种达34种。⑥ 但随后的一段时期,由于经济和政治的影响,多语教育在中国发展依旧缓慢。

这一阶段外语教育政策的另一显著功能是对高等外语教育体系化、标准化的建设。通过一系列指导性政策文件对外语师资培养、教材编写、教法改革、教学大纲建设等方面进行规范和指导。如公共外语和多个语种专业教学大纲的相继出台,推动了外语教育的改革;1987年开始的大学英语考试(CET4/6)和1991年开设的大学英语专业测试(TEM4/8),不仅促进了高校英语测试与评价的发展,也推动了高等英语教育的标准化建设;1986年国家教育委员会印发《高等学校外语教材编审委员会工作条例》等文件规范了外语教材的编写与使用。

1998年,《关于外语专业面向21世纪本科教育改革的若干意见》⑦ 明确提出要培养

---

① 付克:《中国外语教育史》,上海外语教育出版社1986年版,第79—83页。
② 李传松、许宝发:《中国近现代外语教育史》,上海外语教育出版社2006年版,第246—248页。
③ 李传松、许宝发:《中国近现代外语教育史》,上海外语教育出版社2006年版,第295—300页。
④ 付克:《中国外语教育史》,上海外语教育出版社1986年版,第89—90页。
⑤ 戴炜栋:《高等外语专业教育发展报告(1978—2008)》,上海外语教育出版社2008年版,第47页。
⑥ 付克:《中国外语教育史》,上海外语教育出版社1986年版,第92页。
⑦ 李传松、许宝发:《中国近现代外语教育史》,上海外语教育出版社2006年版,第460—472页。

"复合型人才"的目标。外语专业（尤其是英语专业）开始出现"国际金融""国际贸易""国际新闻"等方向，并探索"复合型"人才的培养模式。

（三）1999年至今：全球化背景下的外语教育规划

1999年起，高校扩招使得高等教育从"精英化"迈向"大众化"。21世纪以来，中国加入WTO、互联网及全球市场的发展、"一带一路"倡议、"人类命运共同体"等标志着中国已从"本土型"国家转向"国际型"国家。① 新时期的中国外语教育规划也从"向己型"转向"向他型"。② 因此，现阶段的外语教育政策主动服务国家战略，探索中国特色外语教育，并注重多语种建设。

在"国际型"国家的发展进程中，中国外语语种（尤其是非通用语种）的建设受到了前所未有的重视。2001年，教育部对非通用语种人才培养做出布局，批准了北京大学、北京外国语大学、上海外国语大学、广西民族学院（现广西民族大学）等院校建立外语非通用语种本科人才培养基地。③ 地方教育委员会也通过"特色专业"等计划扶持非通用语种的发展。2015年教育部印发了《关于加强外语非通用语种人才培养工作的实施意见》进一步推动了"小语种热"。语种数量增加迅速，北京外国语大学已获批开设101种外语语种，这也反映出了国家语言能力的提升。④⑤

新时期，政策视域下的外语高等教育规划影响深远。一是2018年的《普通高等学校本科外语专业类教学质量国家标准》⑥（以下称《新国标》）深化了中国高等外语教育的标准化和规范化建设。二是2018年的《中国英语能力等级量表》⑦，这是中国第一个实用的国家语言能力等级量表，是对中国外语能力标准化测评体系建设的尝试，也为英语教学、学习和测评构建了一个标准化的参考框架。三是两份国家级规划——《国家中长期教育改革和发展纲要（2010—2020年）》⑧《国家中长期语言文字事业改革和发展规划纲要（2012—2020年）》⑨，这两份规划赋予外语教育更多元的价值维度：身份认同、意

---

① 李宇明：《中国外语规划的若干思考》，《外国语（上海外国语大学学报）》2010年第1期。
② 沈骑：《新中国外语教育规划70年：范式变迁与战略转型》，《新疆师范大学学报》（哲学社会科学版）2019年第5期。
③ 戴炜栋：《高等外语专业教育发展报告（1978—2008）》，上海外语教育出版社2008年版，第425页。
④ 李宇明：《提升国家语言能力的若干思考》，《南开语言学刊》2011年第1期。李宇明在文中指出，国家语言能力是一个国家处理国内外事务所具备的语言能力（包括国家发展所需要的语言能力），外延包括五个方面：语种能力、国家主要语言的国内外地位、公民语言能力、拥有现代语言技术的能力、国家语言生活管理水平。
⑤ 李宇明：《国家的语言能力问题》，《中国科学报》2013年2月25日第7版。
⑥ 教育部高等学校教学指导委员会：《普通高等学校本科专业类教学质量国家标准》（上），高等教育出版社2018年版，第90—101页。
⑦ 中华人民共和国教育部：《中国英语能力等级量表》，2018年4月13日，http://www.moe.gov.cn/srcsite/A19/s229/201804/t20180416_333315.html，2022年8月25日。
⑧ 国务院：《国家中长期教育改革和发展规划纲要（2010—2020年）》，2010年7月29日，http://www.gov.cn/jrzg/2010-07/29/content_1667143.htm，最后浏览日期：2022年8月25日。
⑨ 中华人民共和国教育部：《教育部 国家语委关于印发〈国家中长期语言文字事业改革和发展规划纲要（2012—2020年）〉的通知》，2012年12月10日，http://www.moe.gov.cn/srcsite/A18/s3127/s7072/201212/t20121210_146511.html，最后浏览日期：2022年8月25日。

识形态、跨文化能力、文化自信与文化输出等。在这些外语教育规划的基础上，2019年，时任教育部高等教育司司长吴岩在第四届全国高等学校外语教育改革与发展高端论坛上发表了关于《新使命　大格局　新文科　大外语》的主旨报告，提出了高等外语教育在新时期改革的总体思路和路径。

三　中国高等外语教育政策的价值取向

外语政策既反映出政府和权威学术团体的价值倡导，也体现了教育的价值导向。外语教育政策关系到公民的外语素养、国家的对外交流与经济发展、政治安全及文化传播等问题，其价值定位体现了"处理各种有冲突的教育利益诉求或者分配有限的教育资源所依循的价值准则"①。中国外语教育政策的价值取向主要体现在工具价值、融合价值、安全价值与公平价值四个维度。②

（一）工具价值取向显著

基于"工具主义"的语言观，外语教育政策将语言看作一种获取社会资源的工具。外语教育政策的工具价值取向在于对语言本体和语言地位的规划，体现在外语教育的实用性上。宏观层面，外语教育要满足国家和社会对外语人才的需求；个体层面，外语教育有助于学习者获取学习资源，得到个体发展和就业的机会。在现代化建设和对外开放的影响下，中国外语教育规划的工具价值取向显著。

首先是应用型外语人才成为主要培养目标。工具价值取向使外语被看作一种应用型的技能。中华人民共和国成立初期，在政治导向影响下，外语专业的培养目标是又红又专的技能型外语人才，在外事外交和科技翻译等工作中学习借鉴国外先进经验，服务国家政治建设和社会发展。改革开放以来，外语教育规划转向服务国家经济建设和社会发展，形成了与经济社会发展的良性互动。外语高等教育人才培养的目标从技能型外语专业人才转向了既掌握外语又懂专业的"复合型"人才，要求能用外语进行外事活动、文化、技术交流、商贸等工作。"复合型"外语人才的培养目标是改革开放和市场经济发展对外语教育规划的倒逼，但工具性质依旧明显。

其次是标准化教学成为外语教育主流模式。工具主义的语言观强化了语言教育标准化的发展，也隐含了语言及语言教育可测量的观点。外语教育政策促进了外语教育的规范性建设，使中国高校外语教育得以迅速提质增效，但也导致了人才培养的同质化问题。不同学校虽然办学定位、教学条件、生源及师资条件不尽相同，但根据同一指导性大纲与政策，办学目标趋同，课程设置、教学内容等大同小异，人才培养缺乏鲜明特色。外语标准化评价体系的建立规范了外语教育与评价，但各类外语考试、考证、考级的反拨效应不仅加剧了外语教育的同质化发展，也使得"外语教育政策的工具价值出现异化和

---

①　沈骑：《全球化3.0时代中国外语教育政策的价值困局与定位》，《当代外语研究》2017年第4期。
②　沈骑：《全球化3.0时代中国外语教育政策的价值困局与定位》，《当代外语研究》2017年第4期。

偏离"①，导致在教学中过度强化考试所偏重的语言知识和技能等工具属性，弱化了语言的人文属性。

（二）融合价值凸显

外语教育的融合价值在于"促进跨文化沟通，增强中外人文交流，促使不同语言文化互学互鉴，会通中外思想，超越文化藩篱，提高对区域国别的智识水平，从而推动文明创新与社会融合"②。外语教育政策的融合价值旨在通过对外语教育的规划来达成跨文化教育与国际理解教育。

基于融合价值视域，外语教育中的工具性与人文性应协同发展，使语言成为人们认识事物、理解世界、服务社会的路径。中国的外语专业人才培养目标从"技能型"到"复合型"，再到"多元化"，反映出融合价值被强化的走向。《新国标》明确指出"外语类专业是全国高等学校人文社会科学学科的重要组成部分，学科基础具有跨学科特点。外语类专业可与其他相关专业结合，形成复合型专业或方向，以适应社会发展需要"③。从《新国标》对外语专业的定位来看，外语专业具有明显的跨学科融合导向。从图1可以看出，外语专业的核心课程以语言为内核，涵盖人文学科（比较文学）、社会学科（语言学、跨文化研究）及跨学科（翻译、区域与国别研究）等，学科融合特征显著。这也反映出新时代中国对外语人才的多元化需求，④ 而 "多元化" 的培养目标，意味着对同质化培养模式的创新与挑战，将改变"千校一式"的培养模式，有助于学校根据地方发展需求与自身办学条件形成自己的外语专业特色。

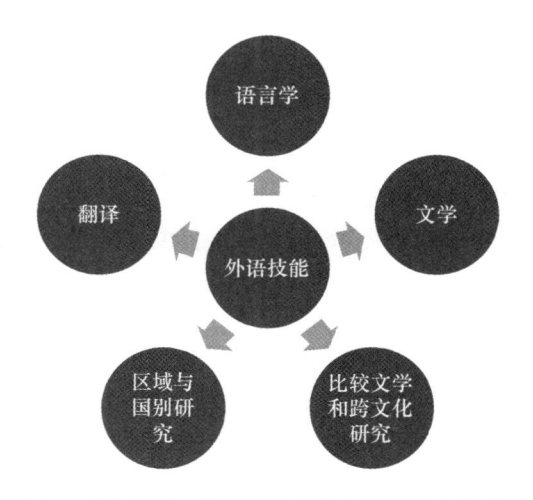

图1　《新国标》对外语专业核心课程方向的建议

---

① 沈骑：《全球化3.0时代中国外语教育政策的价值困局与定位》，《当代外语研究》2017年第4期。
② 沈骑：《全球化3.0时代中国外语教育政策的价值困局与定位》，《当代外语研究》2017年第4期。
③ 教育部高等学校教学指导委员会：《普通高等学校本科专业类教学质量国家标准》（上），高等教育出版社2018年版，第90页。
④ 姜亚军：《试论我国外语教育的中国特色》，《外语教学》2022年第5期。

2019年，"四新"建设引领中国高等教育内涵式发展。新工科、新医科、新农科、新文科的建设意味着学科建设已从分科治学走向交叉融合，彰显了中国高等教育规划的"融合价值"。而在融合视域下的高等外语教育也将推进中国人文学术的国际化。外语学科具有包容性、开放性等特点，可以通过语种的复合，或与人文、社科、理工、医农等学科的交叉融通，拓展高等外语教育的内涵，并通过融入信息技术实现数字化赋能，实现新时代所需的"一精多会""一专多能"的国际化复合型人才培养目标。

融合价值在外语教育中的导向同时也反映在工具性与人文性并重及不同文化间的平衡上。融合价值主张"在精通语言的基础上，通过语言去认识世界，而不是停留在语言本身，通过语言去制造自我封闭系统"[1]。鉴于中国高等外语教育工具价值取向显著，我们更应该坚守外语教育的人文特性，强化融合价值取向。但外语教育长期以目标语语言文化为沉浸式学习对象，本土文化在外语教育中长期被边缘化或处于失语状态，容易造成文化视域的偏颇，不能真正达成对"跨文化"能力的培养，外语人才在中国文化修养方面存在系统性欠缺。因此，《新国标》明确对外语类专业的学生提出"中国情怀与国际视野"的素质要求；在知识和能力上"应掌握外国语言相关专业知识，形成跨学科知识结构"，具备"跨文化交流能力、思辨能力"；等等。[2]《新国标》的要求凸显了外语教育的融合价值取向，对外语教育中中国文化相对缺失的现象进行了纠偏。2022年《理解当代中国》多语种系列教材开始融入高校外语专业教育中，旨在帮助学生通过系统学习，建构关于中华文化的知识体系与能力素养，培养外语学生中华文化的传播能力，增强其跨文化意识与能力，达成"跨文化日常交际"与"跨文化博弈性交际"[3][4]。这样的融合性价值倡导，使外语高等教育从"翻译世界"的单行线，走向了"让中国了解世界""让世界理解中国"的双行道，有利于促进文化交流与文明互鉴。

（三）安全价值与公平价值持续加强

外语教育政策的安全价值即通过对外语教育的规划，维护和拓展国家安全利益，提升国家外语资源的安全能力；[5]公平价值体现在语言关系的平衡问题以及外语教育的公平性和可选择性等价值标准上。

《加强外语教育的几点意见》（1978年）指出外语教育的目的之一就是"建立国际反霸统一战线"，[6]体现出了外语教育中国家安全的价值取向。语种安全是语言安全的重要

---

[1] 沈骑：《全球化 3.0 时代中国外语教育政策的价值困局与定位》，《当代外语研究》2017 年第 4 期。
[2] 教育部高等学校教学指导委员会：《普通高等学校本科专业类教学质量国家标准》（上），高等教育出版社 2018 年版，第 90—101 页。
[3] 文秋芳教授于 2023 年 3 月 25 日在"第七届全国高等外语教育改革与发展高端论坛"上做题为《外语教育新目标：培养大学生中华文化传播力》的主旨发言，指出"跨文化交际能力"涵盖两类型的活动："跨文化日常交际"和"跨文化博弈性交际"。
[4] 外研社：《第七届全国高等学校外语教育改革与发展高端论坛开幕》，2023 年 3 月 26 日，https://mlp.fltrp.com/article/1301，最后浏览日期：2023 年 3 月 26 日。
[5] 沈骑：《全球化 3.0 时代中国外语教育政策的价值困局与定位》，《当代外语研究》2017 年第 4 期。
[6] 付克：《中国外语教育史》，上海外语教育出版社 1986 年版，第 87—88 页。

内容,因此,语种规划也是外语教育政策安全价值与公平价值的重要表征。外语从中华人民共和国成立初期的"俄语独大"到改革开放后"英语强势发展",与国家和社会的安全发展需求紧密相关。但是"一语独秀"容易造成外语教育的生态失衡,于国家而言有一定的安全隐患,对个人的学习来说也造成了选择的局限,影响到语言规划的公平价值。长久以来,英语以外的语种被统称为"小语种"。这凸显出英语在外语教育中的绝对地位,也反映出其他语种被边缘化的现象,势必造成国家语言安全的隐患。全球化背景下语言安全成为外语教育政策的重要价值诉求与战略议题。①《国家中长期语言文字事业改革和发展规划纲要(2012—2020年)》提出"根据国家战略需求,制定应对国际事务和突发事件的关键语言政策[……]提供突发条件下的语言应急服务[……]"。② 该纲要从政策规划角度纠偏了中国外语教育语种发展不均衡、多语种发展缓慢的局面。新时期以来,多项外语教育政策的出台也都在推动中国多语语言生态健康发展,尤其是在非通用语的建设方面,多语教育在近十年得到了前所未有的发展。

管中窥豹,当前外语教育依旧存在一些语言安全方面的问题:一是缺乏宏观长期的外语语种规划,在国家安全视域下对关键外语的研究不足,亟须开展多语语言资源库的建设;二是教育资源分布不均,很多语种只集中在少数几个外语专业院校中;三是师资及教学条件的限制导致非通用语人才储备不足。

外语教育政策对国家文化安全维护的另一举措体现在课程思政的开展上。外语不可避免地会面对一些文化冲突。而语言是解决文化争端、获取国家利益的有效工具,因而,培养文化自信,将国家文化承载的思想观念与价值体系以文化的形式传递出来,凝聚社会价值,形成社会共识,始终坚守国家利益应成为外语教育首要的责任。③ 2020 年教育部出台《高等学校课程思政建设指导纲要》,要求分类推进课程思政,将价值引领、知识传授和能力培养融为一体。"课程思政"在高等外语教育中的融入是实现"立德树人"、达成"中国情怀与国际视野"等培养目标的有效路径,也强化了外语教育规划的安全价值取向。

"立德树人"的根本方针使得对高等外语教育规划的对象从语言本体转向了使用语言的人,同样凸显出语言教育的公平价值。近年来权威性教学指导政策多以"指南"命名,取代了以前的"大纲",意味着教育政策不再是强制性的,而是一种建议和引导,为各教学单位的多样化发展和人才培养的多元模式留出了空间,提升了外语教育的公平价值。随着中国的高等教育进入普及化阶段,维护外语教育的公平价值亦是保障语言文化安全、国家安全与社会稳定的关键举措。

---

① 沈骑:《全球化 3.0 时代中国外语教育政策的价值困局与定位》,《当代外语研究》2017 年第 4 期。
② 教育部语言文字信息管理司组编:《中国语言生活状况报告》,商务印书馆 2013 年版,第 19—20 页。
③ 郭凤鸣:《中国外语教育政策演进历程与未来规划》,《西南科技大学学报》(哲学社会科学版)2020 年第 6 期。

结　语

　　回顾中华人民共和国成立以来外语教育政策以及中国高等外语教育的发展历程，可以看出中国的高等外语教育与国家和民族的命运密不可分。高等外语教育事关人才培养质量及国家外语能力与语言安全，关涉中国与世界各国的文明互鉴，也关系到中国参与全球治理体系的改革建设。[①] 外语教育政策在推动外语教育建设、维护国家文化安全和服务改革开放与社会发展等方面发挥了积极作用，但也存在一些不足和价值困境。

　　新时期的高等外语教育面临着新挑战，专家学者们提出了"守正创新"的理念。"守正"需要外语教育政策从宏观规划上维护"公平"和"安全"价值原则，加强外语教育的规划体系与治理体系建设，促进高等外语教育的健康发展；同时应兼顾外语教育的"工具性"和"人文性"，发挥外语教育实用工具价值，在教学中夯实语言知识和技能。"创新"须立足"融合"价值定位，"超前识变、积极应变、主动求变"，[②] 在"新文科"引领下通过交叉融通，赋予高等外语教育新的活力，并通过信息技术赋能实现更大的发展。

（本文编辑：唐果）

[①] 吴岩：《新使命　大格局　新文科　大外语》，《外语教育研究前沿》2019 年第 2 期。
[②] 吴岩：《新使命　大格局　新文科　大外语》，《外语教育研究前沿》2019 年第 2 期。

研究生"三进"课程中的美育与思政之融合探索*

文 雅**

【摘 要】将美育与思政有机融合是培养具有家国情怀、拥有国际视野的高素质跨文化传播人才的有效路径。研究生具备更好的专业背景、知识储备和学习能力,个体差异化明显,教学中更应注重方法论的引导。本文通过《习近平谈治国理政》中"坚持以人民为中心的创作导向"这一主题的翻译教学,探讨如何在外语教学中培养学生的问题意识以及建立马克思主义世界观,帮助学生养成科学思维习惯,实现感性认识与理性认识相融合的审美价值观。本研究试图从美育角度开拓"三进"工作的研究视野,并拓宽其实践领域。

【关键词】习近平谈治国理政;马克思主义世界观;思政;美育

美育,也称为审美教育,是素质教育不可或缺的组成部分,旨在培养学生对美的认识、鉴赏与创造的能力。2020年10月,中共中央办公厅、国务院办公厅发布《关于全面加强和改进新时代学校美育工作的意见》,凸显了党和国家对美育工作的重视。习近平总书记要求坚持美育育人机制,强化美育实践体验,将美育作为立德树人的重要载体,贯穿教育全过程,凸显了全方位育人的导向。习近平总书记一直热爱文艺作品,并且高度重视文艺创作工作。在2014年10月15日的全国文艺工作座谈会上,习近平总书记全面梳理了当前文艺工作存在的问题,文艺作品的重要性,以及对文艺创作的看法及期许。这篇讲话的部分内容以"坚持以人民为中心的创作导向"为题目收录在《习近平谈治国理政》第2卷中,成为非常适合的美育素材。因此,在《习近平谈治国理政》法译版的翻译教学中,探索如何利用契机引导研究生进行美学思考,正确理解习近平总书记的文艺观,正确把握审美价值、人文精神、社会主义核心价值观具有重要的现实意义。同时,对于培养研究生的人文精神与人文关怀具有理论上的指导意义。

---

* 本文是四川外国语大学研究生教育教学改革校级重点项目"《习近平谈治国理政》翻译工作坊中的研究生美育探索"(项目编号:yjsjg 202201)阶段性成果;重庆市教改重点项目"'理解当代中国'理念引领下的重庆地区文化国际传播能力培养模式研究"阶段性研究成果。

** 四川外国语大学法语学院教授,研究方向:法国文学、中法诗学比较。

一 研究现状综述

以习近平同志为核心的党中央的治国理念和大政方针在《习近平谈治国理政》四个卷本中得到充分展示。自 2014 年出版以来，该书已被翻译成 30 多种语言，通过高质量、高水准的翻译版本发行到世界 180 多个国家和地区，获得了国外媒体和国际观察人士的高度关注。2019 年年底，中宣部组织的《习近平谈治国理政》多语种版本进高校、进教材、进课堂（以下简称"三进"）试点工作，在四川外国语大学启动。法语学院积极响应号召，针对本科生开设了"三进"教改班，针对研究生开设了以《习近平谈治国理政》为主要学习内容的"理解当代中国：高级汉法翻译"课程，在"三进"工作中的改革研究与教学实践方面持续发力。

根据中国知网（CNKI）的数据，目前有关《习近平谈治国理政》的研究主要涉及以下几个方面。其一，解读该丛书内容并分享学习体会，但这类文章研究性较弱。其二，聚焦该丛书中文文本的研究，包括隐喻研究、修辞手法、用典分析等，例如韩涛和修悦的《〈习近平谈治国理政〉中的隐喻研究》（《汉字文化》2021 年第 21 期）。其三，从翻译角度对该丛书展开研究，这方面研究占比最大。包括特色词汇、概念隐喻和时政术语的翻译，以及对各语种翻译版本采用不同翻译理论和翻译视角进行的研究讨论，例如祝朝伟和杨迪的《话语理论视角下〈习近平谈治国理政〉英译研究——基于语料库的"副词+动词"英译弱化分析》（《外国语文》2021 年第 5 期）。其四，将《习近平谈治国理政》与高校思想政治教育相结合进行研究，探讨如何通过研读该丛书双语教学内容，让学生了解国情、省情、社情与民情，了解中国在经济、政治、文化、社会建设方面取得的成就，培养学生的理想信念和家国情怀，提升他们的道德素养、文化素养、职业素养和信息素养。例如曹进和陈霞的《翻译硕士培养过程中的思政教育实践研究——以西北师范大学"国策与省情"课程为例》（《中国翻译》2019 年第 3 期）。这一角度的研究尚处于起步阶段，研究成果较少，有较大的开拓空间。

综上所述，目前国内尚缺少将《习近平谈治国理政》与美育教育相结合的研究成果。马克思主义美学提出，"审美教育是一种特殊教育，它的特殊性主要表现为它的综合性或全面性，所以也可以把审美教育看成是一种全面性教育"[①]。因此，将《习近平谈治国理政》"三进"课程的思政教育与美育教育相结合，通过引导学生深刻理解文艺创作与国家的思想、理论、战略、政策和核心价值观的内在关系，将民族经验上升为"共同体"层面的人类经验，能够从美育角度开拓"三进"工作的研究视野，并拓宽其实践领域。

二 "三进"课程思政与美育之融合的实践探索

法语学院为研究生开设的"理解当代中国：高级汉法翻译"课程由六位老师共同承

---

① 陈孝尉：《马克思主义美学概论》，贵州人民出版社 1991 年版，第 312 页。

担。这六位教师拥有不同的教育背景和研究方向,其中包括四川外国语大学前任校长、法语学院院长、法语学院副院长、法语学院研究生教研室主任以及两位具有博士学位的老师。他们的研究方向包括语言学、教育学、国别区域研究、文学和翻译等。授课教师结合自身的教育背景和研究方向,选取《习近平谈治国理政》读本中的相关主题展开教学。课程教学必须同时满足两方面诉求,一是帮助学生深刻理解习近平新时代中国特色社会主义思想的政治意义、历史意义、理论意义和实践意义,二是通过对《习近平谈治国理政》法语版本的深入学习,提高学生政治文献汉译法的水平,培养学生运用法语讲好中国故事的能力。只有在教学实践中巧妙地将以上两点进行有机融合,才能真正培养出具有家国情怀、拥有国际视野的高素质跨文化传播人才。本文将以"坚持以人民为中心的创作导向"的主题学习为例,探讨在"三进"课程中思政与美育相结合的有效路径。

(一) 培养学生的问题意识

相较于本科生,研究生教育应更注重"研究"的特色,授课教师应结合课程内容,抓住一切契机进行方法论的引导。在本课题的教学中,教师可以通过启发学生探究问题提出的背景,培养其问题意识的形成。赵浚在《中国科学报》的一篇文章中指出,"问题意识是研究生形成研究兴趣、进行学术思考、开展学术研究的基础前提,也是衡量研究生学术素养和科研能力的重要标准"[①]。正如习近平总书记所说:"要有强烈的问题意识,以重大问题为导向,抓住关键问题进一步研究思考,着力推动解决中国发展面临的一系列突出矛盾和问题"[②]。因此,让学生深刻理解"坚持以人民为中心的创作导向"这一问题的生成逻辑,对该问题的重要性及矛盾性展开更加积极有效的思考和探索是十分必要的。

互联网和新媒体的飞速发展给传统的文艺形式和类型带来极大冲击,文字数码化、书籍图像化、阅读网络化也深刻改变了人们的文艺观念和文艺实践。然而,由于社会普遍存在浮躁情绪,在文艺创作方面出现了很多问题,如数量多而质量差、有"高原"但缺乏"高峰"、抄袭模仿、机械化生产、快餐式消费等现象。习近平总书记指出,人类文艺发展史表明,急功近利、竭泽而渔、粗制滥造,不仅是对文艺的一种伤害,也是对社会精神生活的一种伤害[③]。正是在这样严峻的文艺生态环境下,习近平总书记于2014年10月15日主持召开文艺工作座谈会并发表重要讲话,对文艺工作者提出了希望和建议。习近平总书记深知文艺对于引领民族精神的重要作用,因此曾多次在重要场合强调文艺工作的重要性,他指出:"文艺是时代前进的号角,最能代表一个时代的风貌,最能

[①] 赵浚:《问题意识:使研究生真正"研"起来的关键》,《中国科学报》2020年12月1日,https://news.sciencenet.cn/htmlnews/2020/12/449421.shtm,最后浏览日期:2022年8月19日。

[②] 习近平:《关于〈中共中央关于全面深化改革若干重大问题的决定〉的说明》,《学理论》2014年第1期。

[③] 《习近平总书记在文艺工作座谈会上的重要讲话公开发表》,《人民日报》2015年10月15日,http://culture.people.com.cn/n/2015/1015/c87423-27699235.html,最后浏览日期:2023年4月1日。

引领一个时代的风气。"① 2016年11月30日，在中国作家协会第九次全国代表大会上，习近平总书记再次强调："文运同国运相牵，文脉同国脉相连。"② 因此，研究生在学习该主题时务必清晰地把握问题提出的内在逻辑：文艺对于凝聚中华民族精神具有不可替代的重要作用，中华文化繁荣兴盛是实现中华民族伟大复兴的关键因素，然而当前优秀作品匮乏，滥竽充数、哗众取宠的通俗文艺作品甚至造成了一种精神危机，因此习近平总书记要求文艺工作者脚踏实地，创作出能引起人民情感共鸣的优秀经典作品。

（二）引导学生深刻理解原文思想

在授课过程中，教师需提醒学生不能仅仅进行简单机械的中法文对照阅读，只求字面上的理解和对应，而应该引导学生带着问题意识，结合文化背景和上下文语境，对原文进行透彻的理解。正如李洋在《习近平谈治国理政》第二卷的译者语中所言："翻译可能是对原文理解最深刻的人。只有对中文理解透彻，才能有效地转化为译入语。"③ 在翻译过程中，通过充分研读原文，能让学生更加透彻地理解一知半解的概念，并有助于学生更好地梳理和把握政治翻译的特点与技巧。在本主题的学习中，学生需要正确理解习近平总书记提出的五个问题。

第一个问题是强调中华文化繁荣兴盛对实现中华民族伟大复兴的重要意义。新时代研究生深刻领悟中华文化对民族凝聚所起的重要作用，有助于加强他们对中华文化的喜爱与自信。今后在国际社会上讲述中国故事的时候，他们必然会多一份民族自豪，多一份真情实感。第二个问题是重申优秀作品的重要性。习近平总书记提出了衡量一个时代文艺成就的标准——作品。为推动文艺繁荣发展，最根本的是要创作生产出优秀作品。习近平总书记对"作品"质量的强调，是对文学艺术本质的精准把握。习近平总书记指出，"只要有正能量、有感染力，能够温润心灵、启迪心智，传得开、留得下，为人民群众所喜爱，这就是优秀作品"④。在教学过程中，一些学生会对"正能量""为人民群众所喜爱"等词语产生疑惑，认为这意味着习近平总书记推崇的艺术是一种心灵鸡汤，是浅显通俗、迎合大众的作品。此时，教师应该引导学生结合马克思美学思想，从根本上正确地理解习近平的美学思想。习近平并非提倡一味说教的作品，相反，他是在遵从文学艺术的本质与规律的基础上，强调审美与道德的融合的。教师应该引导学生深入理解习近平的讲话内容——"文艺创作是观念和手段相结合、内容和形式相融合的深度创新，是各种艺术要素和技术要素的集成，是胸怀和创意的对接。要把创新精神贯穿文艺创作生产全过程，增强文艺原创能力"⑤，文本细读能够很好地解答同学们的疑虑，帮助他们理解习近平总书记对文学艺术本质问题的深刻认识，他牢牢把握住文学艺术创作的根本

---

① 习近平：《在文艺工作座谈会上的讲话》，人民出版社2015年版，第5页。
② 习近平：《在中国文联十大、中国作协九大开幕式上的讲话》，人民出版社2016年版，第5页。
③ 参见《翻译专家揭秘：〈习近平谈治国理政〉第二卷英文版翻译背后的故事》，中国网，2017年11月21日，http://news.china.com.cn/2017-11/21/content_41921656.htm? f=pad&a=true，最后浏览日期：2023年4月1日。
④ 习近平：《在文艺工作座谈会上的讲话》，人民出版社2015年版，第7—8页。
⑤ 习近平：《在文艺工作座谈会上的讲话》，人民出版社2015年版，第11页。

要素"观念"与"手段"、"内容"与"形式",以及文学艺术创作最重要的"创意"。习近平总书记期待的是艺术家用心打磨的"思想精深、艺术精湛、制作精良"的作品,它们的特点是:在内容上能引起人民共鸣,在形式上有审美创新之处。研究生们能清晰地认识到这一点是避免误读习近平思想的关键。第三个问题是提倡"坚持以人民为中心的创作导向"。理解这个问题,研究生应该充分认识人民和文艺的关系。首先,人民需要文艺。在物质财富获得满足以后,精神文化生活成为人民的首要需求,只有内容与形式兼备的优秀作品才能让人民的情操得到不断升华。其次,文艺也需要人民。回顾国内外古今经典,那些久传不辍、流芳百世的佳作,无不记载着时代的真实变迁,无不充满着对人民悲欢的深刻体察和深切关怀。从《蒙田散文集》《恶之花》《人间喜剧》,到《诗经》《红楼梦》《活着》,这些中外经典作品体现了作者对社会生活全景式的细微观察和人性深入探究的剖析,作者凭借精湛的艺术手法精确地反映着当时人民的现实生活和生存境遇。正如习近平总书记所指出的,文艺创新的全部源泉,归根结底都直接或间接来源于人民。第四个问题是明确提出中国精神是社会主义文艺的灵魂。研究生们应该认识到,核心价值观是民族的精神纽带,是国家共同的思想道德基础。中华民族的优秀传统文化是我们的文化灵魂,它不仅是社会主义核心价值观的重要来源,也是支撑我们在瞬息万变的世界文化中保持稳定的坚实基础。因此,研究生们应该增强文化自觉和文化自信,在外语学习中,坚持洋为中用、开拓创新,做到中西合璧、融会贯通,才能更好地繁荣中华文化,在对外交流中更好地服务于中国话语体系的构建。第五个问题是强调加强和改进党对文艺工作的领导。研究生对于这个问题提出他们的疑惑:文艺作品的创作需要自由的土壤,党的领导是否会束缚作者的创造力?对于这个问题,教师需提醒研究生切不可断章取义地做"标题党"。教师应引导学生深刻领悟习近平总书记提出的两条原则:"一是要紧紧依靠广大文艺工作者,二是要尊重和遵循文艺规律。"[①] 习近平总书记的主张并非对文艺工作进行粗暴的干涉和控制,而是支持和依靠创作者,在尊重文艺规律的基础上引导文艺发展向正确方向发展。党的根本宗旨是全心全意为人民服务,而文艺的根本宗旨也是为人民创作。只有把握这个立足点,学生才能正确理解党和文艺的关系,才能够认识习近平注重的是引导和支持,而非压制和控制。因此,研究生们只要牢牢把握这一点:习近平美学思想的底线是"尊重和遵循文艺规律",这也是应对某些西方学者打着学术幌子试图诋毁社会主义制度的理论支撑。

在教学过程中,教师要求学生进行严谨、细致的中法文对照阅读,引导学生深入探讨并正确理解以上五个问题。通过对原文进行深刻精准的把握,学生不仅能更好地掌握翻译技巧,同时也对习近平文艺思想产生认同感,提升自己的审美素养。

(三) 引导学生树立正确的审美价值观

高素质跨文化传播人才是中国文化走向国际舞台的必要条件。外语专业的研究生必然拥有更多走出国门的机会。只有当这些研究生充分理解并认同中华文化,拥有正确的

[①] 习近平:《在文艺工作座谈会上的讲话》,人民出版社2015年版,第28页。

审美价值观,才能以正确的态度和立场谈论中国文化并饱含情感地讲述中国故事,为构建中国特色外交话语体系做出积极贡献。反之则有可能损害中国形象和伤害民族感情。

相较于其他专业,外语专业的研究生面临更加纷繁复杂的外国思想,更容易被西方主流话语体系影响。为了培养学生正确的审美价值观,需要引导学生从"中国视角"出发观察世界,解决主流意识形态价值观的引领和文化自信教育的问题。中华文化在五千年的沉淀中形成了独特的思想理念和道德规范,具有永不褪色的价值,研究生们应该将中华文化的价值内化为精神追求,坚定不移地传承和弘扬中华美学精神。苏霍姆林斯基曾提出:"没有情感教育就不可能有真正的道德教育。"① "情感是道德信念、原则性和精神力量的核心和血肉;没有情感,道德就会变成枯燥无味的空话,只能培养伪君子。"② 因此,需要培养学生的情感力量,让他们从内心对中华美学精神折服并认同,从而使其坚守中华文化的立场,更好地承担大国外交时代的历史使命和责任担当。

培养学生的"中国视角"也是在培养学生的"国家意识"。随着新时代外语学科的发展,国家意识的培育已成为其鲜明特征。杨枫指出:"外语教育不能简单地理解为一种客观知识的学习活动,外语知识并非只是描述性和技术性的,更是建构性和固化性的,犹如水能载舟亦能覆舟。而正是这些带有西方思想的外语知识参与了中国的社会实践,建构着中国的社会秩序,影响着中国的社会发展。"③ 因此,在外语教育中应该秉持国家意识与国际视野互为主体的原则,同时也将之视为建立学生社会信念和文化自觉的良好契机。"国家意识"包含两方面内容:一是国情认知,包括公民对国家的历史文化、自然资源、政治政策的认知;二是情感认同,是指公民在思想、情感和行动上将个人命运与国家命运紧密相连的归属感,对自己国家历史、民族与文化的认同感和自豪感。以"国家意识"为底色的审美价值引领,有助于学生在中西方意识形态的交锋中对西方话语体系中隐含的话语权力、价值偏见和意识形态保持警惕,有助于他们抵御有悖于社会主义核心价值观的负面思想。习近平总书记强调:"中华美学讲求托物言志、寓理于情,讲求言简意赅、凝练节制,讲求形神兼备、意境深远,强调知、情、意、行相统一。"④ 研究生只有深刻领悟中华文化的历史渊源,坚定文化自信,增强对祖国的深厚情感,保持民族自尊心和自豪感,方能自觉地将自己的审美价值观建立在中华美学的根基之上。今后当他们参与世界文明交流和人类命运共同体构建时,才能既尊重其他文明,也会不遗余力地对外展现中华审美风范。

三 "三进"课程中的马克思主义美学启发

相对于本科生,研究生拥有更加坚实的专业基础、知识储备和学习能力,并更具有

---

① 苏霍姆林斯基:《让少年一代健康成长》,黄之瑞等译,教育科学出版社1984年版,第278页。
② 苏霍姆林斯基:《帕夫雷什中学》,赵玮等译,教育科学出版社1983年版,1999年重译,第207页。
③ 杨枫:《国家意识与外语课程思政建设——兼论新文科视野下的外语教育实践》,《外语教学理论与实践》2022年第2期。
④ 习近平:《在文艺工作座谈会上的讲话》,人民出版社2015年版,第26页。

个性化和差异化的特点。因此，教师在授课时需要运用更宽广的世界视野和更深层次的理论视角来激发学生的学习热情，同时也应该更注重方法论的引导。然而，当前研究生思政课课堂教学仍然存在"重传承轻创新、重灌输轻启发、重诠释轻探究"①的现象，因此，从方法论的角度启发学生的探究性学习是从根本上解决问题的路径。正如习近平总书记所说，"思政课要教会学生科学的思维。思政课教师给予学生的不应该只是一些抽象的概念，而应该是观察认识当代世界、当代中国的立场、观点、方法。思政课教学是一项非常有创造性的工作，要坚持辩证唯物主义和历史唯物主义，善于运用创新思维、辩证思维，善于运用矛盾分析方法抓住关键、找准重点、阐明规律，创新课堂教学，给学生深刻的学习体验"②，的确，有效的思政教育应当引导学生建立正确的世界观和方法论，掌握一套以辩证思维观察世界和理解世界的方法。马克思主义思想的学习便是有效的途径，因为它涵盖了辩证唯物主义和历史唯物主义思维方法，其立场、观点、方法在形成过程中经过了反复实践和检验，具有理论性和真理性。《习近平谈治国理政》中书写的新时代中国特色社会主义思想是马克思主义哲学、政治经济学、科学社会主义、马克思主义美学的融合体，其中蕴含着马克思主义方法论的智慧。马克思主义思想不仅是知识和教义，更是一种世界观和方法论，"马克思主义的世界观是真理性与价值性、理论性与实践性的辩证统一，是信仰、信念和信心的有机整体；马克思主义辩证法的批判性和'改变世界'的实践品格，决定了马克思主义是革命性和建设性的辩证统一"③。在对研究生的思政和美育教育中，培养他们的马克思主义世界观是至关重要的，这将有助于他们养成科学的思维习惯，感受真理的力量，并在感性和理性认识的相互交融中获得更高层次的审美价值观。

马克思主义思想是研究生正确、深入、全面理解习近平美学思想的必要条件。在教学中，若不铺垫和引领马克思主义思想，研究生们很难完全掌握习近平美学思想的内涵。通过学习马克思主义的基本原理和底层逻辑，学生更容易理解习近平思想的内在逻辑。马克思主义思想有助于学生将碎片化的知识进行有机融合，建立起全局观念，从事物规律的基础上进行解读。同时，结合《习近平谈治国理政》读本进行思政教育，也能帮助学生更加生动地理解马克思主义思想，掌握其方法论的精髓。例如，教师可以结合马克思主义美学思想的基本问题引导学生，比如美的本质、美的规律以及美与人的关系等。在"坚持以人民为中心的创作导向"的主题学习中，教师创造机会让学生感受到马克思美学思想的伦理力量，潜移默化地提高学生的审美素养，从而让学生对习近平的美学观点产生自觉的认同感。

马克思主义美学的核心理念就是对"人"的终极关怀，马克思提出：人也要"按照

---

① 李大健、汤瑶、邓红梅：《以思想政治教育科研成果赋能高校思想政治理论课教学》，《思想教育研究》2021年第2期。
② 参见《习近平：思政课是落实立德树人根本任务的关键课程》，《求是》2020年8月31日，http：//www.gov.cn/xinwen/2020-08/31/content_5538760.htm，最后浏览日期：2023年4月1日。
③ 李英、王晓路：《以整体性原则推进马克思主义信仰教育》，《河北经贸大学学报（综合版）》2022年第6期。

美的规律来建造"①，人与动物的区别在于人的本质就是美学的存在，人类应该遵循和追求美的规律，符合美的规律才能全面而自由地发展。因此，马克思指出，劳动、实践创造了美，这既是人的本质，也是美的本质，是劳动者和劳动对象统一、和谐的美。然而，劳动异化却让劳动成为一种外化，使劳动成果与劳动者割裂开来，劳动不再是自发的本能需要，而成为强制性的生存手段，这导致劳动者不再能在劳动中获得美和幸福，而是感受到劳动带来的压迫和剥削："劳动创造了宫殿，但是给工人创造了贫民窟。劳动创造了美，但是使工人变成畸形。[……]劳动生产了智慧，但是给工人生产了愚钝和痴呆。"②而今天的文艺界充斥着粗制滥造的作品，从本质上看同样也是一种异化现象。文艺工作者与创作本身割裂，创作不是发自内心的本真需要，而是受消费主义思潮影响，成为牟利的手段，因而变得低俗、迎合、价值观扭曲，只追求市场利益而忽视社会利益，这种异化关系损害了人的自由发展。

人是一切社会关系的总和，因此个人自由与社会自由构成了对立统一的关系。人在追求自由的同时，必须以所有人自由的发展为前提条件，自由是有条件、有基础、有边界的。从这个角度出发，学生就能理解，习近平总书记提出"加强和改进党对文艺工作的领导"③，并非在剥夺文艺工作者的创作自由，而是给他们提供条件和限制边界，毕竟绝对的自由并不存在。习近平始终坚持辩证唯物主义的立场，强调文艺作品的创作应该遵循美的规律，并具有独立的审美价值和文艺价值。习近平总书记提出对社会上的丑恶现象，"不是不要反映，而是要解决好如何反映的问题"④，"如何反映的问题"，从本质上来说，就是艺术表达的形式问题，是审美与道德的融合问题，仍然是对"美的规律"的遵循。

马克思主义美学强调文艺在社会进步中发挥的巨大作用，恩格斯在《共产主义在德国的迅速进展》中，高度赞美了德国画家许布纳尔的一件绘画作品。该作品画面有力地将冷酷富有的工厂主与绝望贫穷的工人做了鲜明的对比。恩格斯说："从宣传社会主义这个角度来看，这幅画所起的作用要比一百本小册子大得多。"⑤ 在此基础上，学生就很容易从根本上理解为什么实现中华民族的伟大复兴需要文艺，为什么创作要坚持以人民为中心，为什么要坚持中国精神，以及为什么要提倡党对文艺工作的领导。

在本主题的学习过程中，教师紧扣外语学科的专业特点，遵从教学规律，注重方法论的引导，从启发学生的问题意识开始，对教学内容的思政元素进行深挖和设计，以马克思主义美学的基本原理为基础，从根本上帮助同学们建立起正确的审美价值观。教师通过引领学生翻译赏析，在分析中国特色政治话语体系的同时，融入政治、传统道德、时代精神构建等思政元素，实现了思政与美育在专业课程中的融合。

（本文编辑：胡博乔）

---

① 杨柄编：《马克思 恩格斯论文艺和美学（上册）》，文化艺术出版社1982年版，第21页。
② 杨柄编：《马克思 恩格斯论文艺和美学（上册）》，文化艺术出版社1982年版，第16页。
③ 习近平：《在中国文联十大、中国作协九大开幕式上的讲话》，人民出版社2016年版，第21页。
④ 习近平：《在文艺工作座谈会上的讲话》，人民出版社2015年版，第20页。
⑤ 杨柄编：《马克思恩格斯论文艺和美学（上册）》，文化艺术出版社1982年版，第8页。

象似性与理据性

——法国汉语二语教学学科大分裂现象分析

苏 逸*

【摘　要】 自 20 世纪 70 年代起,语言学界关于语言符号的任意性与象似性问题的讨论持续至今。以法国和美国为首,西方国家将印欧语系作为主要研究对象,因此关于语言象似性的理论成果大量集中在表音文字的词汇形态和句法层面。作为表意文字,汉字的独特性致使汉字的象似性问题在西方语言学界的研究中被边缘化。对汉语的任意性和象似性的讨论反映了对于汉语本体认识论的分歧,它同时影响着汉语二语教学进程。本文将从语言象似性的角度出发探讨汉字的象似性特点以及法国汉语二语教学学科中的大分裂现象,探究语言象似性研究对法国汉语二语教学的应用价值。

【关键词】 理据性;象似性;汉语二语教学法

一　国内外象似性问题综述:象似性问题的大背景

虽然象似性问题是从 20 世纪 70 年代开始,逐渐成为国外认知语言学领域探究的热门话题,但其实它有着深厚的哲学基础。追溯到古希腊时期,当时柏拉图和苏格拉底对事物的名称与其特征之间的对应关系进行了思辨。在先秦时代的中国,不同学派的代表也探讨了诸如关于"名"与"实"是否存在一致性的话题。此类哲学思辨被认为给后来语言象似性观念的形成提供了重要的哲学依据。

我们首先回顾一下语言任意性的问题。现代语言学之父——索绪尔提出了符号所指（Signifié）与能指（Signifiant）的相关理论。符号的所指是概念,符号的能指是音响形象。他认为能指与所指的联系是任意的。[①] 因此,"任意性"是索绪尔对于语言符号性质的定义。根据他所举的例子,法语中"sœur"这个词,作为一个语言符号,它的能指——［sœr］这串声音与所指——"姐妹"这个概念之间没有必然的内在关系。另外,

---

* 法国第戎大学语言学博士,研究方向:语言象似性研究、语言学、外语教学。

① ［瑞士］费尔迪南·德·索绪尔:《普通语言学教程》,高铭凯译,商务印书馆 1999 年版,第 102 页。

索绪尔也认为任意性有绝对与相对之分。比如法语中表示"十九"这个概念使用的是"dix-neuf"这个词，它是"dix"与"neuf"这两个概念的结合，因此展现了相对任意性。法语中"vingt-neuf"（二十九）与"dix-huit"（十八）等大量相同构词规则的词，也反映了同样的语言现象。值得注意的是，索绪尔所探讨的"语言任意性"是建立在语言共时性的基础之上的，而没有涉及语言的历时性层面。中国把这种符号能指和所指结合的方式，称为意指方式。任意的意指方式在当时很长的一段时间内占据了国内外语言学界的主流地位。但如今，我们普遍认为，所谓语言的绝对任意性是在一系列限制条件下才能形成的。

与索绪尔同时期的美国哲学家皮尔斯（Peirce），于19世纪末提出了符号三分法的概念，分别是：象似符（Icône）、标记符（Index）以及代码符（Symbole）。象似符就是指那些与所指对象在某些方式上相似于它本身形式的符号。他认为符号的形式与意义之间存在着可推理的关系，即两者的联系是非任意的，这就是象似性（Iconicité）。根据他的理论，象似符具体包括映象符（Icône figurative）和拟象符（Icône diagrammatique）。前者是指在某种特性上与其所指称的事物存在高度相似的符号，这种相似是直接的，比如地图、照片、雕塑等[1]；后者则是更为复杂的符号，它的组成部分与它所指称对象各部分之间存在相似，或者说这类符号与对象之间存在一般的类似关系，即通过此物与彼物的平行性来反映所指物特征的符号[2]，这种相似关系是间接的，比如反映某个城市人口比例的柱状图。因此，无论是映象符还是拟象符，它与被指称的事物或概念之间都经历了一个或简单或复杂的"转换过程"，且这个过程依据了某个可被发现的规律。它们所对应的象似性现象分别为映象象似性（Iconicité figurative）和拟象象似性（Iconicité diagrammatique）。皮尔斯的研究基于符号学的大范围之上，其成果作为理论基石为随后象似性深入语言层面提供了依据。

20世纪70年代末期，语言学家雅格布森（Jakobson）首次将象似性原则引入语言学领域，探讨语言符号的形式与意义之间存在的相似关系。可见任意性不是唯一的意指方式。法国学者对于语言象似性的普遍定义为：符号的形式（能指）与符号指代的对象或概念（所指）之间存在一种类比的关系（Relation d'analogie）。[3] 中国的学者也纷纷对象似性做出了定义。王寅认为："语言象似性原则，是指语言符号在音、形或结构上与其所指之间存在映照相似的现象。"[4] 沈家煊认为，语言符号的能指和所指之间存在的可论证的、有理有据的关系，就是语言结构的象似性。[5] 广义上，象似性与理据性是同义词。但按照更为严格的分类来说，象似性与毗邻性（Indexicalité）共同构成了语言的理据性。本文对于象似性的讨论是基于更为广义的范围。

---

[1] 王寅：《Iconicity 的译名与定义》，《中国翻译》1999 年第 2 期。
[2] 王铭玉：《对语言符号象似性的探索》，《俄语语言文学研究》2004 年第 4 期。
[3] Philippe Monneret, "L'iconicité comme problème analogique", *Le Français Moderne-Revue de linguistique Française*, No. 3, 2014, p. 3.
[4] 王寅：《论语言符号的象似性》，《外语与外语教学》1999 年第 5 期。
[5] 沈家煊：《句法的象似性问题》，《外语教学与研究》1993 年第 1 期。

在雅格布森的那个年代，由于结构主义学派的理论占据了上风，当时语言象似性现象并没有得到主流研究的重视。直到近六十年，随着实验哲学的蓬勃发展，以及认知科学对于历时语言学的支持，象似性问题终于进入认知语言学的研究领域，得到了以美国、法国等国家为首的语言学家们的关注。体验哲学（Embodiment）探讨的是人类身体与世界的连接问题，它反对绝对的客观主义哲学并且认为心智与身体两者不可分离：通过自身的生理构造，人类使用特殊的方法来感知世间万物和理解其中的关系以及奥秘，并且这种体验会随着时间的变迁被深刻地固定下来。Lakoff 和 Johnson 认为：概念的形成，需要通过身体、大脑和对世界的体验而形成和被理解。① 因此，不应该仅仅在语言内部寻找答案解释语言现象，而是应该探索语言与外部客观现实中的联系。此外，人类认知的过程，就是人类认识世界、感知周围事物、获得信息以及解决问题的一系列过程。根据认知语言学的观点，语言是人类根据现实世界经过认知过程加工而形成的。因此，语言要反映现实，则需要两者之间存在一定的象似性。语言要表达概念，则它与认知要保持映照和类比的关系。可见，体验哲学是语言符号象似性的认知基础。

最初，语言象似性的研究在一段较长的时间内一直停留在语音层面，特别是语音象征问题（Symbolisme phonétique）。它是指语音形式和意义之间的直接联系。② 以 Jesperson、Sapir 和 Jakobson 为首的语言学家在英语、法语、德语等多门语言中发现了一些共同特点与规律。比如，元音［i］通常会和"小""尖""轻"等概念相联系：英语中的"little"和法语中的"petit"，这条原则同样在汉语语音中也有迹可循，例如：xì 细、cì 刺等。相反的，"大""圆""沉"等概念与元音［a］有密切联系，例如英语单词"large"和法语单词"grand"等。将上述两个元音对比，会发现前者开口度小，后者开口度大，都是属于语音形式对于表达事物或概念的模仿。语音象征意义在诗歌中的表现形式尤为明显，其相关成果也较为突出。比如，调查结果表明，温柔的法语情诗多含［l］［m］等流音，而［p］［t］［d］等塞音多用来表现战争的场面。③

在词法和句法方面，美国语言学家海曼（Haiman）最早将语言象似性现象展开讨论，建立了更为系统的理论体系来深入探讨语言磨损等句法问题，此后，以语言象似性为对象的研究从语音、词汇、句法、语篇等各个层面逐步推进。海曼认为拟象象似性可以分为两类：同构（isomorphisme）和动因（motivation）。④ 前者指拟象符的每一个点和它所指物结构中的每一个点相对应。国内学者也把同构性称为成分象似性，解释为"一个形式对应一个意义"，"形式相近则意义相同，形式不同则意义不同"。比如，法语中以"cr-"开头的一组动词：crier、crisser、criailler、craquer 都有"发出响声"的共同含义。这条原则在汉语中也同样适用，比如以"女"字作为偏旁的汉字，其含义都和"女

---

① George Lakoff and Mark Johnson, *Philosophy in the Flesh — The Embodied Mind and Its Challenge to Western Thought*, New York: Basic Books, 1999, p. 497.
② Leanne Hinton, Johanna Nichols, John J. Ohala, eds., *Sound Symbolism*, Cambridge: Cambridge University Press, 1994, pp. 3 – 15.
③ 郑立华：《语音象征意义初探》，《现代外语》1989 年第 1 期。
④ John Haiman, *Iconicity in syntax*, Amsterdam/Philadelphia: John Benjamins, 1985.

性"这个概念相关：妻、姐、娶、娇等。海曼所说的动因，是指拟象符的构成元素之间的关系和所指物的构成元素之间的关系相同。典型的例子是凯撒大帝（Gaius Julius Caesar）的名言："veni, vidi, vici"（我来，我见，我征服），词序与时间发生的顺序一致。这条原则不仅仅适用于句法层面，在词法中也同样适用。数量象似性（Iconicité de quantité）也是动因的典型分类之一，它指语言单位的数量与所表示概念的数量以及复杂程度成正比。比如语言中的重叠出现的名词表示复数或集合概念；重叠出现的动词表示动作的持续；反复出现的形容词表示性质或状态的加强。[①]

1993年，法国发行了名为 *Motivation et Iconicité*（理据性与象似性）的专刊。它标志着法国语言学届对于理据性的研究在形态和句法领域逐渐展开。不仅在共时层面，而且在历时层面上，"Iconicité"（象似性）作为专业术语在法语世界被广泛接纳并应用到此后的语言研究当中。2003年，由法国语言学家 Monneret 创立和主编的期刊——*Cahiers de linguistique analogique*（类比语言学手册），成为法国专门探讨语言类比问题的专刊。类比理论研究将象似性问题置于更加普遍的认知框架当中进行研究，更具广泛性和前瞻性。我们可以看到越来越多的学者致力于在不同的语言中研究象似性理论。语言象似性现象值得深入探究的重要原因之一，是它在不同语言中会有不同程度的体现。

二 汉语象似性：意象思维与文字思维

更为深刻的语言象似性问题当然涉及语言理据性历史问题的研究。词源学尤其是象似性研究的发源学科之一。此外，对语言的文化和历史起源及其演变的研究，也是研究象似性问题的独特视角。从汉语的历时性角度出发，我们可以探究语言起源与发展的理据性，以及中国社会、认知、心理以及生理等因素，考察促使象似性问题在中国特殊背景下诞生的原因。我们特别注意到汉字在当今语言研究中被边缘化的现象。因此，我们认为探讨汉语的象似性问题需要深入对汉字的研究当中。

商周时期的甲骨文是现存最早期的汉字，而汉字的诞生与当时的占卜活动有关。早期，占卜师用火烤热龟壳，受热后的龟壳出现裂痕，占卜师则通过观察裂痕来展开占卜。这些裂痕形状一般为一横一竖，类似于大写的拉丁字母"H"的一半。并且龟壳开裂时会产生类似"bu"这样的声音。这就是"卜"字的字形和语音的由来，可见它的形成与中国古代当时常见的社会活动密切相关。这是象似性现象在汉语字形层面的典型表现。更加系统的象似性理论可以追溯到春秋战国时期的《易经》一书中。"象"是其中的核心概念："圣人有以见天下之赜，而拟诸其形容，象其物宜；是故谓之象。"[②] 易经系统中的每一个"卦"（即每一个语言符号）都是采用"近取诸身，远取诸物"的方法来指称概念或事物："圣人立象以尽意。"从爻象到八卦，再演变到六十四卦，每一个卦象衍生为一系列的所指。

[①] 王铭玉：《对语言符号象似性的探索》，《俄语语言文学研究》2004年第4期。
[②] 《周易·系辞（上）》，第十二章。

汉字发展的漫长历史中，经历了从图画，到文字画，再到文字的过程，汉字的形体象似性在各类汉字上呈现出不同的特点。首先，"象形者，画成其物，随体诘诎，日月是也"，可见象形字极大程度上仿照所见客观实物，如同绘画般造字。特别是在早期的甲骨文和金文中，我们可以观察到追求形似是它最大的特点，即物象是此类汉字的构型理据，因此存在极高的映象象似性。其次，到了小篆时期，通过字形直接描述事物的现象逐渐改变了，形成了大量固定的偏旁，这种语言现象被称为"义化"。此时，汉字失去了"图画"的象形意义，但它所指代的意义和概念被保留了下来。虽然映象象似性的程度极大减弱了，但拟象象似性特点逐渐形成。根据许慎的释义，"会意者，比类合谊"。即会意字的造字方法，是将两个或两个以上的独体字加以合并，构成新字。而所造之字的含义，与构成它的独体字含义之间，存在强关联性。比如，"明"作为会意字，其含义是由"日"与"月"共同构成的。无论是同体会意字还是异体会意字，它们的形体意合的过程体现了人类联想、比类、概括等思维特点，突出事物或概念的特点和含义。构件之间逻辑联系缜密，整个过程体现出了强理据性和象似性。最后，我们特别要强调象似性在形声字中的现象。这类汉字的构形规则通常被解释为表义的形符加上表音的声符。但许多的研究证实，形声字的声符也是能表义的，且这种现象在同一类字族中表现尤为明显。最早提出这个论断的是北宋时期的王圣美，虽然他的"右文说"的合理性遭到了一些质疑，但我们发现形声字声符表义现象绝对不是个例。例如，在"抱""雹""苞""泡""胞"等这一系列形声字中，"包"不仅仅是单纯的声符，其"圆""包围"的含义也参与了形声字完整字义的构建。在这类汉字当中，形符和声符意合的过程同样具有象似性。

可见，汉字的构建过程从始至终是造字者以人为立足点，理解客观世界，运用主观性进行情感投射，使主客观相统一。因此，当我们面对文字的时候，我们不是简单地面对一种无意义的语言包装，而是面对一个有意义的自主的符号系统。[1] 语言形式承载着文化内容，汉字是汉文化的体现，它与汉民族的思维之间存在同构性。王作新认为这种独特的思维就是意象思维。[2] 中国汉字经历了漫长的演变，但民族特质始终贯通在汉语言文化发展过程中，形成了独特的文字思维。正如石虎所说："汉字有道，以道生象；象生音义，象象并置，万物寓于其间"，"字象与其形相涵而立，是汉字思维的玄机所在"[3]。汉语的系统结构与汉民族思维结构中存在明显的同构性。可见意象思维和类比思维是汉民族文化的典型特点。

徐通锵的"字本位"语言理论是字思维的延展，对汉字主体论研究起到了推动作用。他倡导要通过分析汉字的结构去理解汉语语法关系结构。他认为在拥有大量例证的形声结构的汉字中，声符表示义类，形符表示义象。例如，在"嫁"这个形声字中，"家"表示义象，"女"表示义类。汉语形声字中常用的偏旁就是具有强构义能力的义类。同时，他认为汉字结构与汉语词法结构之间同样存在同构性，即汉语字组也是"义

---

[1] 申小龙：《汉字人文精神论》，江西教育出版社1995年版，第4页。
[2] 王作新：《汉字结构系统与传统思维方式》，武汉出版社1999年版，第17页。
[3] 石虎：《字象篇》，《诗探索》1996年第3期。

象+义类"的语法结构。比如在"斑马"这个词语当中，前字表示义象，后字表示义类。义类对现实现象进行概括，义象则是对义类进行进一步概括并从义类中抽象出相同的因素，使之成为一种语义特征。比如"水"作为核心字，在"泪水"和"汗水"等词组中表示义类。①

三　法国汉语二语教学大分裂——一元论与二元论

根据 Taylor 的观点，任意性和象似性学说在语言教学中分别体现为形式本体观教学法和语义本体观教学法。② 前者只注重学习者对于语言形式的掌握，而忽略了语言形式、意义与外在客观世界相结合的规律。这种对于语言知识肤浅的理解会让学生陷于"死记硬背"的困境当中。而后者，语义本体观教学法则恰恰相反，因为它充分理解语言的本质，考虑形式与语义之间的内在规律，注重对于语言内部结构的理解。③ 我们认为 Taylor 提出的这两种区别教学法与当今汉语教学法中存在的大分裂现象是一脉相承的。

从20世纪中期汉语教学在中国展开逐步形成规模到现在，中国大陆主流教学仍然采用汉语教学一元论观点。这种以西方语言结构为参照系形成的"词本位汉语语法体系"教学法，以词作为唯一语言教学单位，否认字和语素作为语言教学单位之一。④ 以这种"词本位"作为教学原则的课堂，会出现一系列问题。比如，在课堂过程中，"中国"作为法语单词"la Chine"的中文释义被直接教授给学生。对于"中"和"国"，两个本来具有独立语义的汉字通常不区分开来注解。即便是索绪尔本人也曾说："对于汉人来说，汉字是第二语言。"⑤ 因此忽略汉字的特殊地位，则是否认汉语的本质。相反，二元论教学法，或被称为相对字本位教学法，则是主张将字和词作为两个基本语言教学单位，将"语"和"文"进行分离，不避免这两个要素的内部冲突，同时从学科教学论的角度妥善处理这两者之间既矛盾又统一的关系。比如，学生需要学习"中国"的词义，同时"中"和"国"的字义也需要进行注解。一元论和二元论两种观点，体现出汉语教学基本认识上的关键选择的差异，但归根结底是本体认识论问题。我们认同传统的一元论教学法是将汉字作为词的附属品这种观点。汉字如果不能形成独立的概念，就不便在大脑中单独储存和提取。⑥ 忽略了语言形式与客观世界结合的规律，会使学生产生种种认知与记忆障碍。"语"和"文"是汉语中两个不同的元素，在汉语的完整性上分别承担了不同的作用，因此在教学学科当中应该明确区分。

对于母语属于印欧语系的法国学生来说，属于汉藏语系的汉语是一门"遥远的"语

---

① 徐通锵：《汉语结构的基本原理》，中国海洋大学出版社2005年版，第143页。
② John Taylor, "Some Pedagogical Implications of Cognitive Linguistics", in R. Geiger, and B. Rudzka-Ostyn, eds., *Conceptualizations and Mental Processing in Language*, Berlin/New York：Mouton de Gruyter, 1993, p.206.
③ 王寅：《象似性原则的语用分析》，《现代外语》2003年第1期。
④ 白乐桑：《一元论抑或二元论：汉语二语教学本体认识论的根本分歧与障碍》，《华文教学与研究》2018年第4期。
⑤ 费尔迪南·德·索绪尔：《普通语言学教程》，高铭凯译，商务印书馆1999年版，第132页。
⑥ 吕必松：《汉语教学路子刍议》，《暨南大学华文学院学报》2003年第1期。

言。这种距离感尤其体现在书写方面。汉字如同神秘的谜语符号般扑面而来,倘若持续实行传统的一元论教学法,则无法解决初学者面临的种种困难。如何改变这种困境,一直是汉语教学界探讨的重点问题。在法国,白乐桑首倡"相对字本位教学法",发展适合汉语初级学习者的汉语教学论并逐步形成了法国现代汉语教学中的主流教学理念。

首先,它是将识字作为汉语学习的基础,并制定高频字最底线。比如白乐桑于1985年制定了"四百常用汉字表",依此作为"汉字门槛"(SMIC)。选字的标准更多关注了汉字的日常使用频率(fréquence)、复现率(récurrence)和语义单位的组合逻辑(logique combinatoire des unités de sens)。[①] 他认为要做到字词兼顾避免分散识字,则需要在初级学习阶段以高频字带词,在中高级阶段逐渐转为词带字。比如构成"理发师"(coiffeur)这个汉语词组的三个汉字,它们各自都有着较高的使用频率和组词能力,教学过程中针对这类词语则需要进行拆分,逐一讲解。这种做法充分尊重了汉语的象似性特点。同时,对于日常构词率和复现率不高的汉字,则不需要拆解词组,特别是一些音译的外来词,例如"咖啡""纽约"等。这类词中,汉字的字义与它们所构成的汉语词组的语义没有直接关系,因此通常不需要单独拆解释义。这种方法可以达到培养学生识字能力的同时,不忽略阅读能力和交际能力的提高。其次,他认为对于汉语这门表意型语言,需要注重分析笔画、笔顺、字源和部首。汉民族的思维与文化体现在汉字中,因此这一做法不仅可以帮助学生更好地理解中国文化,更能激发学生的学习兴趣并且提高识记能力。他先后主编了一系列教材,坚持将二元论作为核心教学法,如:《汉语语言文字启蒙》第一册(1989年,作者白乐桑、张朋朋)、《汉语语言文字启蒙》第二册(1991年,作者白乐桑、张朋朋)、《说字解词》(1991年,作者白乐桑)、《滚雪球学汉语》(2009年,作者白乐桑)等。

综上所述,我们认为今后汉语的象似性的研究应该采取内外部相结合和多维度的方法。不仅要探究汉语本身的语言结构,还要从教学法的角度思考象似性的应用问题。更好地了解和发掘汉语中的象似性现象将有利于对汉字(尤其是现行形声字)的教学合理性提出再思考。分析汉字的语义动机程度,需要对它的象似类型学进行概述和分析。深入讨论并重新解读不同类型的汉字,从象似性的角度审视汉字的特点,进而对汉字进行解构。只有学习者们深刻了解到汉语的结构方式,才能学到中华文化的精髓,才能使用汉语思维[②]。我们认为,以法国为首的西方国家在象似性问题上取得的突破性理论成果为背景,研究汉语中的象似性问题,充分考虑汉语的特殊性和本质,是突破汉语二语教学困境的有效方法之一。

(本文编辑:刘帅锋)

---

① Joël Bellassen, "La didactique du chinois, entre croissance et la crise de croissance", *Polyphonies franco-chinoise*: *représentation, dynamiques identitaires et didactique*, No. 4, 2004.
② 吕必松:《汉语教学路子研究刍议》,《暨南大学华文学院学报》2003年第1期。

区域国别研究

西非经济共同体货币变革的历史背景、主要动力及挑战[*]

游滔 王战[**]

【摘　要】 从殖民时期及独立后初期的扶植和控制到冷战时期的发展和制衡，从被迫推动非州法郎贬值到宣布将西非法郎更名为埃科，作为西非国家经济共同体（西共体）最主要且唯一的共同货币西非法郎的变革持续演进。西共体国家意图掌握自己国家的独立、主权与发展权益，摆脱法国对西非国家经济的控制是其推动西共体货币变革的主要动力。但是鉴于自身孱弱、内部一体化程度低等内部因素，以西非法郎为代表的西共体货币变革仍面临诸多挑战或不确定性，以法国为代表的外部势力对西非法郎变革的影响力可能以更隐秘的方式转移至新的货币机制中，致使西共体货币变革在去殖民化和追求独立自主性两大目标实现上充满曲折，削弱变革效果。

【关键词】 西共体；货币变革；西非法郎；历史背景；主要动力

西非法郎[①]是西共体国家最主要且唯一的共同货币，自诞生以来它一直是西非地区具有广泛影响力的货币，虽饱受争议，但货币体系依然屹立不倒。早在1994年，西非国家经济共同体（Economic Community of West African States, ECOWAS, 简称"西共体"）便试图通过货币一体化计划尝试推出西非统一货币，但屡遭挫败。即使多次推迟发行，但西共体货币变革之心历久弥坚。2019年6月29日，第55届西共体领导人峰会在尼日利亚首都阿布贾召开，峰会再次将单一货币计划提上日程，决定拟于2020年发行西共体单一货币，并将新货币命名为"埃科"（ECO）。根据阿布贾峰会公告的设想，新货币埃科将在以控制通胀为中心的货币政策框架下采用浮动汇率，共同的中央银行则将采用联盟

---

[*]　本文是教育部国别研究课题"西非国家政局动荡背景下西共体组织作用研究"（2022，N57）、中央高校基本科研业务专项资助（项目编号：B220207016）的阶段性成果。本文于2023年7月发表在《非洲研究》上的文章，原题为《西非国家经济共同体货币变革的历史背景、主要动力及挑战》。

[**]　游滔，四川外国语大学法语学院副教授，河海大学西非经济共同体研究中心研究员；王战，武汉大学教授，武汉大学非洲研究中心主任。

[①]　非洲国家使用的法郎，即"非洲法郎"（简称"非郎"），分为"西非法郎"和"中非法郎"，字母缩写均为"FCFA"。前者是西非经济货币联盟（Union Economique et Monétaire Ouest Africaine, UEMOA，包括贝宁、布基纳法索、科特迪瓦、几内亚比绍、马里、尼日尔、塞内加尔、多哥八个成员国）的统一货币，在联盟内全称为"非洲金融共同体法郎"（Franc de la Communauté financière d'Afrique）；后者在中部非洲中央银行［Banque des États de l'Afrique Centrale, BEAC］成员包括"中部非洲经济货币联盟"（CAEMC）六个成员国，即喀麦隆、中非、乍得、赤道几内亚、加蓬、刚果］内流通使用，被称为"中部非洲金融合作法郎"（Franc de la Coopération financière en Afrique centrale）。本文主要探讨西共体货币（即"西非法郎"）变革的历史和现实挑战。

体系。似乎伴随着西共体货币变革，西非法郎将被新的共同货币取代。然而，随着新冠疫情的暴发，西非共同货币的发行被再次推迟至2027年。如何认识在百年未有之大变局下西非货币改革对法国在非洲影响力的变化，对于厘清后疫情时代的大国战略格局具有重要意义。

需要说明的是，西共体15个成员国中目前共有8个国家使用西非法郎（简称"西非法郎区国家"），其余7个国家各自使用其本国货币。西非法郎区由贝宁、布基纳法索、科特迪瓦、马里、尼日尔、塞内加尔、多哥和几内亚比绍8个"西非经济货币联盟"（英文缩写为WAEMU）国家组成，联盟内使用西非法郎，由位于达喀尔的西非国家中央银行发行。本文中使用的西非共同货币仅指西非法郎。

一　西共体国家共同货币变革的历史背景

受制于法国在西非地区的政治、经济影响力以及国际环境和西非国家内政外交等多因素影响，西非货币变革经历了从法国殖民统治到西非国家取得独立后的20世纪后半期，及至进入21世纪以来较长的历史时期。自冷战结束30余年来，具有极深殖民主义烙印的西非货币体系仍未摆脱法国主导，仍有稳固的政治经济根基。

（一）从殖民到独立——西非货币变革的缘起

西非法郎最早可追溯至殖民时期。第一次世界大战结束后金本位体系崩溃，法国为了抗衡其他西方强国，维护其在非洲的势力范围、经济利益以及法郎的国际贷款货币地位，在非洲组建了法郎区。[1] 1945年12月，为了缓冲法郎剧烈贬值对法属相关国家的冲击，法郎区官方正式创立法属非洲殖民地法郎（Colonies francaises d'Afrique，CFA），由法兰西银行负责在法国印刷并统一发行，与法国法郎实行固定汇率，1非洲法郎兑1.7法国法郎。[2] 法国在殖民地独立前夕建立这样一个奇特的新殖民统治体系，目的在于维护殖民契约的优势。[3] 其通过包括西非法郎在内的非洲法郎维持着一种"邪恶的剥削制度"，不仅导致西非国家的欠发达和依赖性增加并永久化，而且为前宗主国带来了巨大的经济利益。[4] 这一阶段货币改革的核心是法属殖民地国家在经历了政治去殖民化之后，法国为了维系其在前殖民地地区的经济权益和管控力，构建新货币体系以图实现对该地区进行经济再殖民的目的，是一种新的殖民形式。

1. 法非合作时代与西非法郎的形成

20世纪60年代，法属非洲殖民地独立。这标志着法国殖民体系的终结，以及法非

---

[1] 游滔：《非洲法郎的变迁及其背后的法国非洲政策浅析》，《法国研究》2013年第1期。
[2] 郭华：《非洲法郎区货币合作路径探折》，《西亚非洲》2007年第2期。
[3] William Mitchell, "Preface for Africa's Last Colonial Currency (Fanny Pigeaud and Ndongo Samba Sylla), Pluto Books 2020", Centre of Full Employment and Equity, Working Paper No. 20 – 01, 2020, p. 4.
[4] Guy Martin, "The Franc Zone, underdevelopment and dependency in Francophone Africa", *Third World Quarterly*, Vol. 8, No. 1, 2014, pp. 205 – 235.

"合作时代"的来临。为了维护法国在非洲的殖民遗产，独立初期，时任法国总统戴高乐（Charles de Gaulle）制定并实施了全方位的对非洲"合作"政策，逼迫非洲国家签订一系列不平等的双边和多边"合作协定"。通过这些多/双边合作协定，法国和非洲国家仍旧维持着政治、经济、军事、文化、外交等领域的紧密关系。这一时期，法国与非洲的经济合作主要局限于非郎区14个成员国（即西非经济货币联盟8国和中部非洲经济货币联盟6国）。法国对成员国的经济进行了全面的渗透和控制。根据西非法郎区八国与法国政府签订的货币合作协议，一方面，法国中央银行为西非法郎区的货币提供担保，西非法郎与法国法郎挂钩，汇兑平价，并可在法郎区内自由兑换，资金移动在区内不受任何限制。另一方面，作为可兑换的交换条件，西非国家央行须将全部黄金及外汇储备汇入其在法国中央银行开设的运营账户，西非法郎区的货币运行机制通过运营账户实现。此外，法国还向西非国家央行董事会和中非国家银行董事会派驻法国代表，非洲法郎区内贸易仅可用法国法郎结算，资金转移到法郎区外须经法国中央银行批准，等等。① 法国当时正值第二次世界大战经济崩溃后的重建阶段，需要殖民地的资源财富。第二次世界大战后，法国的经济恢复很大程度上仰仗于非洲原料的供给。② 法国在国际货币基金组织和世界银行等机构支持下构建的这一套货币体系，榨取了非洲丰富的原料，确保资源流向本国，破坏了西非国家从他们自己的资源财富中获益的机会。同时，对于活跃在西非的法国公司来说，西非法郎的货币运行机制使法国利益得到了有效的保护，不受共同货币贬值的影响。法国商业利益集团能够以较低的成本向西非国家出口和销售其产品，并借助可兑换和自由转移原则将利润汇回本国。③ 这一时期的法国占了法郎区国家进出口贸易的一半份额，但其向法郎区国家提供的双边援助也足足占了法国对外双边援助总额的一大半，这种援助在保障公共和私人投资方面发挥了重要作用。法国与非洲法郎区之间建立的货币合作机制在一定程度上惠及了双方，为法非经贸合作提供了极大的便利。

2. 20世纪后殖民时代西非法郎的探索性发展

自西非国家逐步取得独立及至整个20世纪后半期，西非法郎一直是非洲法郎区的经济支柱，也是法国对西部和中部非洲国家施加经济影响力的重要基础。

表1 　20世纪70—80年代西非法郎区国家与其他发展中国家经济运行情况对比

	1973—1981年平均	1982—1989年平均	增长/减少
年均GDP增长（%）			
非洲金融共同体法郎区（CFA，11国）	5.7	1.6	4.1
西非经济货币联盟（UMOA，7国）	4.0	1.4	2.6
中部非洲经济与货币联盟（BEAC，4国）	8.2	2.0—6.2	

---

① 张宏明：《法郎区剖析》，《世界经济》1988年第10期。
② 张宏明主编：《大国经略非洲研究》，社会科学文献出版社2019年版，第19页。
③ Sanou Mbaye, "The CFA Franc at the Crossroads: Reforming or Dismantling?", *Dembélé and Cardoso*, 2015, pp. 61–70.

续表

		1973—1981 年平均	1982—1989 年平均	增长/减少
年均 GDP 增长（%）				
其他	撒哈拉以南非洲（18 国）	2.8	1.3	-1.5
	低中收入发展中国家（25 国）	5.5	6.2	0.7
年均出口增长（%）				
非洲金融共同体法郎区（CFA，11 国）		7.0	-0.4	-7.4
西非经济货币联盟（UMOA，7 国）		5.1	-0.0	-5.1
中部非洲经济与货币联盟（BEAC，4 国）		9.9	-1.0	-10.9
其他	撒哈拉以南非洲（18 国）	1.2	2.5	1.3
	低中收入发展中国家（25 国）	7.6	8.9	1.3
投资占 GDP（%）				
非洲金融共同体法郎区（CFA，11 国）		28.5	21.4	-7.0
西非经济货币联盟（UMOA，7 国）		25.5	16.3	-9.0
中部非洲经济与货币联盟（BEAC，4 国）		33.0	29.1	-3.9
其他	撒哈拉以南非洲（18 国）	28.0	15.7	-12.3
	低中收入发展中国家（25 国）	25.7	27.1	1.4
外债占 GDP（%）				
非洲金融共同体法郎区（CFA，11 国）		35.9	71.9	36.0
西非经济货币联盟（UMOA，7 国）		35.6	92.0	56.4
中部非洲经济与货币联盟（BEAC，4 国）		36.2	51.8	15.6
其他	撒哈拉以南非洲（18 国）	15.0	58.3	43.3
	低中收入发展中国家（25 国）	16.3	28.9	12.6

注：表中的"低中收入发展中国家"均为当时世界银行的标准；"非洲金融共同体法郎区"包含截至 20 世纪 80 年代西非经济货币联盟 7 个成员国（科特迪瓦、塞内加尔、尼日尔、布基纳法索、贝宁、马里、多哥）和中部非洲经济与货币联盟 4 个成员国（喀麦隆、刚果共和国、中非共和国、加蓬）。现"非洲金融共同体法郎区"涵盖"西非经济货币联盟"和"中部非洲经济货币联盟"两组织的全部 14 个成员国。

资料来源："Fixed parity of the Exchange Rate and Economic performance in the CFAZone-AComparative study," Country Economic Department, the World Bank, January 1992, https:/documents 1. worldbank. org/curated/en/778871468739197619/pdf/multi0page. pdf, pp. 13 - 14, 2022 - 5 - 8。

从表 1 数据看，在 1973—1981 年和 1982—1989 年两个时间段，非洲金融共同体法郎区 11 国年均国内生产总值（GDP）增长率下降明显。比较而言，撒哈拉以南非洲 18 国两阶段年均增长率分别为 2.8% 和 1.3%，虽然仅下降 1.5 个百分点，下降幅度明显低于非洲金融共同体法郎区国家。与国内生产总值增长情况相应，显然，在 20 世纪七八十年代，西非和中部非洲法郎区国家的经济基础甚至不及部分撒哈拉以南非洲国家，更明显弱于多数低中收入发展中国家。

总体看，独立初期是法非关系新的培育期，也是法国在非洲新货币政策的实验期。

非洲国家由于被长期殖民而造成经济结构单一，西非国家从投入到产出及消费的各个环节都对法国形成了严重的依赖，[①] 致使这一时期许多西非国家不得不与法国保持良好关系，以换取更多的援助和支持，而继续留在法郎区便是一大表现。西非法郎区成员国实际上已经将其货币政策的控制权交给了法国；货币供应、货币和金融法规以及最终的预算和经济政策的控制权都落入前殖民者法国之手。

（二）20世纪70—90年代——西非货币政策加速调整

在20世纪70年代美苏争霸的大背景下，奉行独立自主原则以及"均势"战略的法国力图在美苏两个大国之外扮演第三势力的角色。为了实现这一目标，法国不仅继续加强和德国的关系以推进欧洲一体化建设，还提出了以非洲为核心的"第三世界主义"，积极发展和第三世界的合作，以期借助第三世界的力量提升法国在国际上的地位和影响力。1973年，法国和西非货币联盟成员国签署了《运营账户协议》。同年签署的《货币合作协议》明确了西非法郎区各国同法国的货币合作原则，为西非法郎区货币运行机制提供了基本制度保证。根据《货币合作协议》第2条和《运营账户协议》第1条的规定，西非央行需将外汇储备的65%以央行名义存入法国国库，这意味着，西非国家外汇储备构成法国法郎的比例由之前的100%降至65%。法国央行对运营账户中65%的外汇储备实行汇率风险担保。在这一时期，受国际社会主义政治思潮的影响，非洲国家捍卫国家主权的民族主义意识空前高涨，要求维护国家独立、摆脱法国控制，取消法国在非洲种种不合理的特权，法非之间一度出现信任危机，全球性经济危机和石油危机又对法国经济造成了沉重打击。因而，时任法国总统蓬皮杜在1973—1975年通过谈判重新制定了新的合作协定。新协定减少了法国在西非法郎区中央银行董事会的代表名额，西非国家中央银行从法国巴黎迁至塞内加尔首都达喀尔，行长改由非洲人担任。这些变化在一定程度上节制了法国的特权，减轻了法国的控制，维护了非洲国家的主权和利益。

经济基础决定上层建筑，但是上层建筑也反作用于经济基础。这一时期西非货币变革实质体现为法国对西非法郎货币管制进一步放松，将权力向非方有限释放，反映了这一时期法非关系的变化，即由"父子关系"转型为"特殊兄弟关系"，但是非洲这个"弟弟"还是不能彻底脱离法国"哥哥"的掌控，即使法国做出了适当的让步。

1. 西非国家共同体成立与非洲法郎贬值

1975年5月28日，15个西非国家在尼日利亚拉各斯市签署《西非国家经济共同体条约》。1976年5月，西共体正式成立。西共体的宗旨是为促进西非地区国家的经济一体化，推动成员国在经济、社会和文化上的发展与合作。[②] 自20世纪70年代末，西非各国开始面临由全球金融危机和出口商品价格下跌引起的经济衰退。独立初期的强劲增长和低通胀未能挺过1986—1993年经济衰退的冲击，西非法郎被严重高估，法国财政部运营账户的赤字不断增加。西非法郎区各国越来越依赖进口原材料，国内生产停滞不前，

---

① 张宏明主编：《大国经略非洲研究》，社会科学文献出版社2019年版，第17页。
② ECOWAS Revised Treaty 1993 Article 3.

公共债务增加，央行借贷超过法定上限，导致严重的财政失衡。国际货币基金组织和世界银行通过结构调整（1981—1983 年，1984—1986 年）实施的大型经济和金融重组计划失败，无法使西非国家恢复经济稳定。

冷战结束后，法国经济不景气，还要每年为非洲国家提供巨额的多双边援助，拿出十几亿法郎确保非洲法郎和法国法郎50∶1的固定平价，这对于法国财政来说是巨大的负担。这一时期法国对非贸易、投资和援助均呈现下降趋势。非郎和法郎长期保持的50∶1的固定平价远超其实际价值，这非常不利于以出口为主的非洲国家的出口贸易，导致非洲法郎区国家国际竞争力下降，进一步削弱了其偿还外债的能力。截至1992年年底，非洲法郎区国家外债总额占各国国内生产总值的35%—130%，到期债务高达13570亿非郎，在当年法郎区国家出口总收入中占到47%。① 1993 年 9 月，时任法国总理爱德华·巴拉迪尔（Édouard Balladur）致函非洲法郎区成员国政府，表示由于法国财力有限，今后只能优先考虑向那些已经同世界银行和国际货币基金组织达成结构调整协议的非洲国家提供援助。② 而这两个国际机构提出，向非洲国家拨放贷款并协助非洲国家经济改革的先决条件是：非洲法郎必须大幅度贬值，使其接近货币本身的价值。③ 政局动荡、债台高筑的西非法郎区国家亟须获得国际机构的贷款和财政援助以稳定国内局势、安抚民心，因而不得不接受非郎贬值的决定。1994年1月，非郎区14个国家宣布将非郎兑法郎的汇率从50∶1下调到100∶1，④ 西非法郎币值自此贬值50%。

2. 美法之争与法非关系转型

如果说冷战初期美国与法国在西非地区的关系尚具有平衡、互补的性质，20 世纪 70—90 年代，西非地区对于美法两国经济重要性的凸显，导致两国在该地区竞争的一面更加突出。事实上，20 世纪初期直至 90 年代，西非国家仍然是法国仅次于欧洲的第二大市场。1998 年西非地区吸收了 159 亿美元的法国出口，占当年法国贸易顺差的 40%；当年西非和中非（包括科摩罗）的法郎区国家吸收了法国对非洲所有出口的近 50%（75 亿美元）。⑤ 对于美国而言，西非地区同样重要。正如克林顿政府中负责非洲事务的时任助理国务卿苏珊·赖斯（Susan Rice）在向国会提交的 2000 财政年度国务院预算申请中所指出的，美国对非洲的出口自冷战结束以来已显著增长到 1997 年的 62 亿美元。这比美国对苏联地区国家的出口高出 20%。同年，美国的直接投资，尤其是在石油和矿业领域的直接投资总额达 71 亿美元，投资回报率为 22%。⑥ 克林顿政府对非洲经济计划的基石之一是将美国在非洲的市场份额从 1997 年的 7% 提高到 2002 年的近 10%（100 亿美

---

① 转引自游滔《非洲法郎的变迁及其背后的法国非洲政策浅析》，《法国研究》2013 年第 1 期。
② 张宏明主编：《大国经略非洲研究》，社会科学文献出版社 2019 年版，第 50 页。
③ 赵金富：《非洲法郎贬值对法郎区国家的影响》，《国际资料信息》1995 年第 2 期。
④ BCEAO, "Histoire du Franc CFA", https：//www.bceao.int/fr/content/histoire-du-franc-cfa, 2021 - 7 - 22.
⑤ Marchal, "La nouvelle politique africaine", 2; Peter J. Schraeder, Cold War to Cold Peace：Explaining U. S. - French Competition in Francophone Africa, *Political Science Quarterly*, Vol. 115, No. 3 (Autumn, 2000), pp. 395 - 419.
⑥ U. S. State Department, *Congressional Presentation for Foreign Operations (Fiscal Year 2000)*, Washington, D. C.：U. S. Government Printing Office [GPO], February 1999, pp. 2 - 3.

元)。这一增长的重要部分便是得益于美国在非洲法语地区国家市场的影响力。①

整个 90 年代,美法两国在西非地区进出口市场、石油、政治、军事等多领域展开竞争。冷战后美法在西非国家竞争的核心是政治主导权、经济优先权和军事控制力。其中,西非统一货币的汇率兑换制度是美法经济争夺和竞争的核心。在美国看来,如果西非法郎加入与欧元挂钩的货币体系,那么,事实上等同于法国持续掌握西非货币和经济主导权,显然不利于美元在西非地区甚至整个非洲大陆发挥影响力,不利于美国在非洲的经济战略利益。

非郎的最终贬值实际上是美国通过国际金融机构对法国和非郎区国家进行施压的结果,也在一定程度上维护了西非国家的利益。可以说,法国加入欧元区后,其对西非国家的货币政策与欧元区的新自由主义紧缩倾向一道,客观上进一步限制了西非经济繁荣的希望。非郎贬值后,货币政策越来越被视为西非国家主权的一部分,法国对西非金融货币领域的掌控权逐渐衰弱。从 1987 年《西非经共体货币合作计划》的启动,到 2000 年西非货币区(West African Monetary Zone,WAMZ)的成立,西非法郎区国家在区域管理和指导上虽然仍依靠法国,但其影响力明显增强,法国在法郎区金融领域的主导和控制权正在渐渐失去。② 法国也不再在经济合作方面囿于非洲法语地区国家,开始向非洲葡语国家伸出橄榄枝,并逐步向经济潜力和商业价值更大的非洲英语国家拓展。

(三) 21 世纪至今:新型法非关系构建与新共同货币推出

21 世纪的法非关系随着国际和国内两个大环境的影响,也出现了新的变化与转型,而西非货币变革则是这一转型的缩影。

进入 21 世纪以来,特别是萨科齐、奥朗德政府时期,法国仍极力维系其在西非地区的经济影响力和政治主导力,其中西非法郎发挥了重要的工具性作用。在西非地区,任何发行本国货币的努力和尝试必将受到法国的坚决打击和扼杀。法国强势的态度加剧了法国在非洲的"形象赤字",为了维系西非法郎货币体系,法国付出了极其昂贵的政治代价。2017 年法国总统马克龙(Emmanuel Macron)做出了与过去决裂的姿态,表达了对未来西非货币改革的开放性姿态。这一姿态既为法国在非洲改变形象释出善意,甩掉殖民包袱,又可以利用其在西非法郎区的领导性地位主导西非法郎的变革,以进一步维系法非新型特殊关系。2019 年 12 月,法国经济和财政部长与西共体部长理事会主席签署了《西非法郎改革协议》。③ 法国总统马克龙与科特迪瓦总统瓦塔拉(Alassane Ouattara)共同宣布,2020 年将西非法郎更名为 ECO。

对于西共体国家(特别是西非法郎使用国)而言,废除"殖民货币"已成为该地区

---

① Thomas M. Callaghy and John Ravenhill, eds., *Hemmed In: Responses to Africa's Economic Decline*, New York: Columbia University Press, 1993.
② 游滔:《非洲法郎的变迁及其背后的法国非洲政策浅析》,《法国研究》2013 年第 1 期。
③ 参见: Reform of the CFA Franc in West Africa-Introducing the "ECO", https://www.cliffordchance.com/content/dam/cliffordchance/briefings/2020/02/reform-of-the-cfa-franc-in-west-africa%E2%80%93introducing-the-eco.pdf, 2022 - 5 - 8。

国家的主流政治运动。标志性事件之一是 2017 年 8 月，贝宁、法国双国籍的社会活动家卡米·塞巴（Kémi Séba）在西非国家中央银行总部门口焚烧了一张 5000 西非法郎的纸币。2018 年 6 月，为了表达收回经济主权的诉求，来自 7 个不同国家的十名歌手集体创作了一首名为《抵制非洲法郎的七分钟》（"7 minutes contre le cfa"）的歌曲。西非法郎具体改革方案之所以在 2019 年公布，就是因为该地区将在 2020 年迎来了 4 场总统大选（尼日尔、布基纳法索、多哥以及科特迪瓦）。大选迫使该地区政府或执政党不得不采取货币改革措施以赢取民心，获得更多票选。这一时期，废除西非法郎的呼声越来越高。创立埃科货币是一种制度创新，但是新货币依旧与欧元保持固定汇率机制又让人觉得这是新瓶装旧酒，西共体货币改革依旧在新与旧之间徘徊，就好像法非新型关系一样，存在着新的成分但是保留着旧的特质。这一时期的货币变革的核心为推翻旧的货币形式以"去殖民化"，维持旧的汇率机制以保证新的共同货币在改革方向和利益偏好上仍然符合法国的总体利益需要。

二 推动西共体货币变革的主要动力

结合历史与现实，矛盾是推动变革最主要的动力。西共体国家进行货币变革的内在动力主要体现为两种矛盾的交织与冲突：对外，前殖民宗主国的持续经济控制与西共体国家争取经济主权与发展权益之间的矛盾；对内，则体现为西共体国家对经济一体化的主观诉求与客观上区域国家经济发展不均衡、不充分之间的矛盾。两种矛盾既推动了西共体货币的重大变革，又使得这一变革不可能一蹴而就，并赋予了这一变革"长期性"和"不确定性"两个重要特征。比较明确的是前殖民宗主国的经济控制与西共体国家争取经济主权与发展权益之间的矛盾是推动西共体货币变革发生的最主要动力。

（一）西非法郎作为共同货币，固定汇率这一僵化缺乏弹性的特点成为西共体国家货币改革的直接动力

西非法郎与欧元保持固定汇率为其保持了稳定币值，但是弊端也进一步突出。固定的汇率降低了西非法郎区各国的通货膨胀率，使得各国通胀率均能保持较低水平，有利于经济稳定、吸引外资，引进来自发达国家的资金和技术，加速区域内各国经济尤其贸易的发展，[①] 提高经济增长率。2018 年，在世界 GDP 增长率为 3.0%[②]的背景下，西非经货联盟国家 GDP 平均增长率为 6.3%，远高于同期中非经共体的 1.7%，高于 2.9% 的撒哈拉以南国家平均水平。[③] 但是相应的，这一货币制度的弊端也很明显。西非法郎破坏了成员国经济发展的前景，是西非国家发展的障碍。虽然与欧元挂钩提高了西非法郎的稳

---

① 郭华：《非洲法郎区货币合作路径探折》，《西亚非洲》2007 年第 2 期。
② World Bank, "GDP Growth (annual %)", https://data.worldbank.org.cn/indicator/NY.GDP.MKTP.KD.ZG, 2021 - 7 - 22.
③ IMF, "IMF Country Report No. 19/90", https://www.imf.org/en/Publications/CR/Issues/2019/03/29/West-African-ECOnomic-and-Monetary-Union-WAEMU-Staff-Report-on-Common-Policies-for-Member - 46723, 2021 - 7 - 22.

定性，使其享有较高的国际信誉，能够吸引外来投资者，但由于币值强势，区域内国家在向货币弱势国家进行出口贸易时会失去竞争力，在应对外部冲击时无法自行实现货币贬值，而是人为保持汇率高位。另外，西非国家中央银行需将外汇储备的50%存入其设于法国财政部的运营账户，这助长了法国对非洲经济的控制，也导致西非国家财富的消耗。西非法郎区的运作机制使得西非法郎不仅未能成为一种发展工具，甚至阻碍了西非国家的发展。① 一直以来，西非法郎区成员国都是贫穷和就业不足的代名词，其8个成员国中的7个被列为最不发达国家，均处于贸易赤字状态。科特迪瓦虽未被列入其中，但也经历了较严重的经济衰退。

（二）借助西非法郎改革，推动西共体国家实现良治与发展是西共体国家货币改革内在动力

西非法郎区成员国的身份不利于国家良治发展和推进。为了维护西非法郎，法国通过各种手段向试图退出该货币体系的国家元首施压。在大多数西非经济货币联盟国家政局持续动荡、一些国家元首或被免职或被杀害的政治环境中，为了自己政权的生存，西非领导人不得不通过外向性政策操纵和运作各种关系。② 在此条件下，很难建立一个能满足大多数公民利益关切的政治制度，国家治理生态环境也难以改善。参考2019年"易卜拉欣非洲治理指数"，非洲大陆的平均治理得分是48.8。8个西非法郎区国家中，3个国家（几内亚比绍、马里和尼日尔）低于非洲大陆的平均治理水平，其他5个国家仅勉强达到非洲大陆的平均治理水平（见表2）。

表2　　　　　　　　2019年西非法郎区国家治理指标（满分100分）

国家	分值
贝宁	58.6
布基纳法索	54.0
科特迪瓦	53.9
几内亚比绍	41.4
马里	46.6
尼日尔	47.8
塞内加尔	63.2
多哥	50.1
非洲平均	48.8

资料来源："Ibrahim Index of African Governance", 2019, https://mo.ibrahim.foundation/sites/default/files/2020-11/2020-index-report.pdf, 2022-3-15。

---

① Ian Taylor, "France à fric: the CFA zone in Africa and neocolonialism", *Third World Quarterly*, Vol. 40, No. 6, 2019, p. 15.

② Jean-François Bayart, "Africa in the World: A History of Extraversion", *African Affairs*, Vol. 99, No. 395, 2000, pp. 217-267.

国家治理不善，容易造成政治局面的不稳定，西非法郎区国家21世纪以来政变频仍，就是实证。2000年以来，全球共发生20余次规模较大的军事政变，其中大部分在西非地区。近两年，西非军事政变重新抬头。2020年以来，马里和布基纳法索各发生两次军事政变，几内亚发生一次，尼日尔和几内亚比绍各发生一次未遂政变。可以说，西非国家独立后，治理不善和国内经济不振，导致其长期受到政变问题困扰。政变给其经济社会发展带来了巨大影响和阻碍，造成大量民众流离失所，促使当地恐怖主义等不安定因素滋生。

因此推进本地区货币改革，为西共体国家政府完善经济治理体系提供一个良好的外部环境与货币制度支持就变得尤其重要和宝贵。

（三）脱去西非法郎的"殖民外衣"，实现国家经济完全自主是推动西共体国家货币改革的核心动力

西非法郎一定程度上侵犯了西非国家的独立和主权，法国的经济殖民行为也引起了西非国家与欧盟内部的共同不满。经济独立是国家独立自主的重要内涵，而经济独立的必要条件便是货币独立。西非法郎使西非各国失去对本国货币的控制权，处于货币依赖的地位。塞内加尔发展经济学家恩东戈·桑巴·西拉（Ndongo Samba Sylla）认为，西非法郎是殖民货币体系的遗留物，促使法国继续在西非实行货币帝国主义。[1] 法国实际上通过西非国家中央银行在法国央行开设的运营账户，以及法国派驻西非国家中央银行董事会的代表监督和控制西非法郎区的货币发行和信贷发放。[2] 法国在西非国家中央银行董事会中拥有事实上的否决权，并且自2010年西非国家中央银行改革以来，货币政策的实施被分配给一个货币政策委员会。法国代表是该委员会的投票成员，而西非经货联盟委员会主席仅以顾问身份出席。这种畸形的货币合作进一步加深了法国对西非国家的控制和西非法郎区国家对法国的依赖。货币是一个国家主权的基本属性[3]。法国继续在其前殖民地的货币政策制定方面发挥主导作用，是对后者主权的变相侵犯，也是法国经济和货币霸权的明显表现。

因涉及经济发展和主权问题，近年来，在非洲国家社会层面，有关非洲法郎利弊的争论越来越激烈，反对维持非洲法郎地位的声音越来越多。2017年以来，西非国家的著名社会活动人士（包括音乐家等）通过集会示威等活动公开要求废除西非法郎，称西非法郎是殖民时代的遗物，是前殖民宗主国镇压西非国家的工具。值得注意的是，2019年1月意大利副总理路易吉·迪马约（Luigi di Maio）称法国正在利用西非法郎"剥削"其在非洲的前殖民地，西非国家各界民众围绕西非法郎的辩论再次爆发，特别是西非地区

---

[1] Lassaad Ben Ahmed, "Françafrique: est-cevraiment la fin?", Dec. 2019, https://www.aa.com.tr/fr/afrique/francafrique-est-ce-vraiment-la-fin-/1683810, 2021-7-22.
[2] 张宏明主编：《大国经略非洲研究》，社会科学文献出版社2019年版，第38页。
[3] Guy Martin, "The Franc Zone, underdevelopment and dependency in Francophone Africa", *Third World Quarterly*, Vol. 8, No. 1, 1986, pp. 205-235.

年青一代对于迪马约的看法表示认同。① 在科特迪瓦的阿比让（Abidjan）和布基纳法索的瓦加杜古（Ouagadougou），越来越多的非洲年轻人走上街头抗议，焚烧西非法郎。整个撒哈拉以南非洲地区的大量失业青年成为西非法郎最强烈的反对者，他们认为非洲法郎是法国对非洲国家经济和金融统治的象征，渴望对西非法郎进行根本性的变革，要求实现非洲国家货币独立。

三 西共体货币变革面临的挑战

随着大国在非洲的博弈持续加剧，法国在非洲的传统势力范围受到威胁。要继续维持其作为欧洲大国的地位，法国更是离不开非洲的支持。实际上，此次西非法郎改革正是法国"重返非洲"战略的重要举措之一。西共体国家主观上也希望借助新共同货币埃科达到甩掉"被殖民"的包袱，推动区域内经济的均衡融合发展，树立起非洲次区域组织货币一体化的标杆。但是前文提到的另一个矛盾（即西共体国家对经济一体化的主观诉求与客观上区域国家经济发展不均衡、不充分之间的矛盾），使得埃科能否成功推出仍存变数。

（一）西共体内部缺乏大国支撑且自身运行机制羸弱

虽然西共体自成立以来一直在努力应对成员国内部危机、国家间边界危机、失业青年人数不断增加、政局高度不稳定、激进恐怖主义、农牧民冲突和网络安全等问题，但根据欧盟式制度化的定义，西共体是一种失败的区域主义模式。② 参考同为地区性统一金融货币的欧元，其成功发行的根本原因是欧盟内部拥有法国和德国两个经济强国作为担保支撑。法德两国齐心协力，携手并进，充当了联合发动机的作用。然而西共体内部并没有国家能够担当这一角色。尽管拥有西共体一半以上人口的尼日利亚经济体量大，足足占整个西非国内生产总值的70%，但其质量不高，无法为区域统一货币的发行提供担保支撑。

为促进成员国在所有经济活动领域的协同发展，西共体制定了《西非国家经济共同体条约》，并出台了大量的相关法律及协定。但西共体并不具备超国家性质，西共体的体制结构因其权力有限而日趋薄弱，导致条约执行不力。西共体敦促成员国建立国家委员会，然而至今仅有一半成员国参照执行。西共体成员国不遵守区域核心规则，任意违背条约。尼日利亚、贝宁、尼日尔和喀麦隆等成员国私自关闭边境，禁止与邻国的所有进出口贸易。体制薄弱和政府间机构的衰落使得西共体运行机构的话语权和影响力日益式微，严重拖累了经济一体化政策和条约的执行进度，进而使得西共体货币改革推动受阻。

---

① "Africa's CFA franc: colonial relic or stabilizing force?", https://www.dw.com/en/africas-cfa-franc-colonial-relic-or-stabilizing-force/a-48908889, 2022-3-22.

② P. A. Igwe and D. Lock et al., "The Global Order, Regional Integration and Multiculturally Diverse Stakeholders: The Case of ECOWAS", *International Journal of Organizational Analysis*, June 4, 2020, p. 1.

（二）西共体经济结构单一且互补性差

西共体成员国经济结构相似，均高度依赖生产和出口数量有限的初级产品。[①] 由于产品种类相同或接近，在各国出口产品中的地位和份额也接近，导致区域内贸易受限。此外，域内国家在发展资本、原材料市场以及技术方面高度依赖工业化国家，这又阻碍了西共体国家的工业化进程和经济结构转型。仅以西非法郎区 8 国为例，从产业结构看，法郎区国家农业、工业和服务业三大产业在国内生产总值中的比重相对均衡，没有突出的优势产业，且整体发展水平处于较低层次（见表3）。可见，在西共体内部推行单纯的货币一体化，其经济收益不大，这也削弱了西共体货币改革的经济驱动力。

表3　　　　　　　　2020 年西非法郎区各国产业结构（GDP,%）

国家	农业	工业	服务业
贝宁	30.1	17.6	52.3
布基纳法索	22.0	27.6	50.3
科特迪瓦	15.4	21.1	47
几内亚比绍	32.6	14.3	53.1
马里	39.4	23.1	37.5
尼日尔	39.2	21.8	39
塞内加尔	16.2	22.2	50.7
多哥	20.3	22.4	49.1

资料来源：根据经济学人智库（EIU）和国际货币组织（IMF）有关数据整理，见 Country Report, http://country.eiu.com/, 2022-4-8。

西共体成员国难以达到发行区域统一货币的指标要求，也是其共同货币多次推迟发行的原因之一。根据国际货币基金组织统计数据，2017 年西非经济货币联盟内国家，科特迪瓦和塞内加尔的 GDP 增长率超过 7%，多哥和尼日尔的 GDP 增长率却仅有 4.4% 和 4.9%。[②] 而受新冠疫情影响，2020 年西非经济货币联盟八国平均经济增长率大幅下降至 2% 以下，且不均衡性更加突出，其中贝宁增长 2.0%，但布基纳法索、几内亚比绍、塞内加尔三国经济增长率均为负值，分别为 -2.8%、-2.4% 和 -0.7%。[③] 由于成员国经济体发展水平的差异性，各国对区域内发行共同货币的指标——如财政赤字不超过 GDP 的 3%、通货膨胀率不超过 10%、公共负债不超过 GDP 的 70% 等始终存在分歧，并且西

[①] 世界银行、英国经济学人智库（EIU, Country Report）2020 年数据：World Bank, https://wits.worldbank.org/。

[②] IMF, "IMF Country Report No.19/90", 2021-7-22, https://www.imf.org/en/Publications/CR/Issues/2019/03/29/West-African-ECOnomic-and-Monetary-Union-WAEMU-Staff-Report-on-Common-Policies-for-Member-46723, 2021-7-22.

[③] IMF Country Report No.22/67, *WEST AFRICAN ECONOMIC AND MONETARY UNION*, https://www.elibrary.imf.org/downloadpdf/journals/002/2022/067/002.2022.issue-067-en.pdf, March 2022, 2022-4-8。

共体各国也难以达到相应的指标要求。据尼日利亚经济学家阿克潘·埃克波（Akpan Hogan Ekpo）称，截至 2019 年年底，只有多哥和几内亚符合加入西共体计划中货币联盟的标准。在当前西共体各国经济发展水平不一、经济一体化程度不高的背景下，相关区域经济趋同标准几乎无法实现。加之新冠疫情导致各国经济收缩、财政困难，不确定因素进一步增加。相关国家的经济状况总体处于较差运行状态，这对原已停滞不前的地区经济一体化而言，无疑是雪上加霜。因此，想要在 2027 年推行新货币 ECO，西共体首先要从经济重挫的打击中恢复过来，提升自身的贸易一体化程度，改革贸易和体制环境，包括协调各成员国差异显著的宏观经济、实现和遵守货币一体化趋同标准、统一央行及银行立法等。

（三）西共体内部存在经贸、政治和意识形态的分歧

作为英法两国的原殖民地，西共体国家按照官方语言分类可为英语区和法语区两部分，英国和法国是其前殖民宗主国。因为殖民传统的差异，导致在对待区域经济一体化的问题上，英语区与法语区的意见也不尽一致：一部分（法语区）倾向于自由主义和一体化，另一部分（英语区）则倾向于干预主义和国家化。① 虽然自 2004 年始，西共体公民可持统一护照在各成员国境内自由流动和定居，西共体的统一对外关税也于 2015 年开始生效，但西共体内部的分歧使得成员国之间的横向联系不够密切，使区域内部的自由流通优势未能得到充分发挥，货物、资本和人员的自由流动取得的进展有限，区域经济一体化没有获得理想中的效果，经济趋同目标的实现只得无限延期。

同时，西共体目前的政治和安全环境不够稳定。一方面，新冠疫情冲击之下西非国家治理环境恶化，时有政治事件和政治骚乱发生，如 2020 年 8 月的马里政变、10 月的尼日利亚示威活动和科特迪瓦因总统选举引发的暴力冲突等；另一方面，西非地区面临的恐怖主义安全威胁持续加剧。根据《2020 年全球恐怖主义指数》报告，恐怖组织势力向撒哈拉以南非洲地区的转移使得该地区 2019 年因恐怖主义造成的死亡总人数跃升至全球第二，其中布基纳法索死于恐怖主义的人数从 2018 年的 86 人增至 2019 年的 593 人，以近 590% 的增幅位居世界第一。② 而自 2020 年年初美国宣布撤出驻扎西非的美军，并停止向在布基纳法索、马里和尼日尔地区打击武装分子的法国军队提供援助后，法国也于 2021 年 6 月宣布从萨赫勒地区撤军。在西非及萨赫勒地区已成为"伊斯兰国"和"基地"组织"重心"的背景之下，美、法等大国的抽身而退将使整个非洲的反恐形势更加严峻。③ 分歧导致矛盾，加之西非地区的政治和安全环境始终处于动荡不安之中，内忧外患叠加使西共体国家自顾不暇，阻碍了西共体经济一体化向前推进的步伐。

---

① 王战、张蓝月：《西共体一体化重在合作》，《中国投资》2018 年第 24 期。
② Institute for ECOnomics & Peace, "Global Terrorism Index 2020: Measuring the Impact of Terrorism", Nov. 2020, http://visionofhumanity.org/reports, 2021 - 7 - 22.
③ 贺文萍：《法国抽身而退，萨赫勒要重蹈阿富汗覆辙》，《工人日报》2021 年 6 月 25 日第 8 版。

结　语

　　西非货币变革有着复杂的历史背景。自 1945 年 12 月法郎区官方正式创立法属非洲殖民地法郎，到 20 世纪 60 年代法非合作时代西非法郎的正式形成，西非法郎完成了历史性的跨越，即由殖民体系压制下由殖民者向被殖民一方非法转移的货币制度过渡到独立国家或区域之间的货币联系制度。正是通过一系列不平等的双边和多边"合作协定"，法国取得了对西非国家货币的主导和控制权，从而将西非国家的经济命脉控制在自己手中。由于建立在强行施加的基础上，自西非国家取得独立、国民经济在法郎体系中运行以来，这些国家的经济基础就不断受到削弱，宏观经济问题突出，经济增长率长期低于非洲平均水平，难以实现突破。更重要的是，法国通过法郎货币对西非法郎区国家经济的控制，直接影响到后者的主权与民族尊严，进而上升到法国对西非法郎区国家的政治控制，这无疑与时代发展、国际趋势相悖而行，这也是西共体货币改革的历史根源所在以及追求西共体货币独立的内在诉求。同时，西非地区一体化自主发展大趋势逐渐形成，西非国家经济共同体货币变革成为多数地区国家追求的目标。尽管如此，西非法郎及西共体货币变革仍面临诸多挑战或不确定因素。受西非国家政局变动、恐怖主义安全挑战、非洲一体化进程的整体推进、法国及欧盟对非政策等复杂因素影响，西非货币变革的前景将会充满艰难与不确定性。

（本文编辑：文雅）

21 世纪中国的西非研究

石 芳[*]

【摘 要】 21 世纪以来，中国的西非研究翻番增长。但中国学术界对西非的研究仍然十分薄弱，由于语言基础、获取原始资料的能力不足，相关研究高度集中于尼日利亚一个国家，高度集中于经济学和国际政治等应用研究领域，有明显追逐热点的趋势，基本上都是以英语学术成果为基础的二手研究，缺乏自主的知识话语体系和前瞻性。随着中国与西非地区关系日益紧密、中国国际地位逐渐提高，中文学术界应该加强西非研究，各人文社会学科通力合作，法、西、葡、德、阿等语种学者共同参与，重视历史学在区域研究中的基础作用，推动西非研究超越国家、语言的界限，建立中国的西非研究学派。

【关键词】 西非；区域研究；学科建设

西非，也许就是中国唐代古籍《通典》记载过的国家摩邻所处的地方，但中国长期以来对这片土地的关注却少之又少。21 世纪以来，由于西非地区在国际能源市场格局中的重要地位、恐怖主义阴魂不散、突发公共卫生事件以及与中国的关系日益密切等，西非地区日益受到中国学术界的重视，相关研究翻番增长。尽管中国学术界对西非地区的研究仍然十分薄弱，存在许多缺陷和不足，但 21 世纪二十余年来的研究已经奠定一定基础，在区域国别学的建设中，西非应当成为一个重点研究区域。

一 发展趋势

中国对西非的关注，起点并不晚。由于中华人民共和国成立之后实行对非友好和援助政策，从 20 世纪五六十年代，中文世界就开始介绍非洲地区。知网数据显示，80 年代以来，中国对西非地区的关注始终保持稳中有升的态势。特别是从 2006 年起，对西非地区的关注开始迅速增长。2006 年有关西非的文章数量猛然增长一倍，至 1200 多篇，此后基本保持在每年 1000 篇以上。这一剧烈变化的主要原因是，2006 年中非合作论坛升级为中非峰会，国家从战略层面上对非洲的高度重视，以及最近二十年来非洲对于中国能源安全等方面的重要意义，促使中国学者越来越重视非洲。

---

[*] 四川大学历史文化学院副研究员，主要研究方向：启蒙运动史、近代早期社会文化史。

区域国别研究

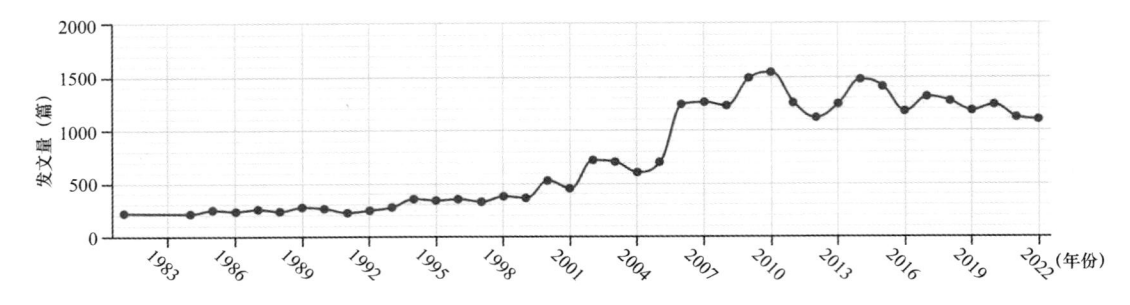

图1　知网收录的西非相关文章的历年发表数量趋势

这一时期，不仅中国各类期刊、报纸对西非地区的关注量猛增，相关的硕博士学位论文出现井喷式增长，随着互联网的快速普及和社交媒体的发展，中国民间对西非地区的关注也快速增长起来。例如，视频网站哔哩哔哩（俗称B站）最近两年一个UP主"小约翰可汗"引起了大量关注，他制作了一个"奇葩小国"的系列科普视频，其中第4期为冈比亚，2021年1月1日视频上线，浏览量达到802万次；第23期为贝宁，2021年6月25日上线，浏览量达到677万次；尤其是关于布基纳法索的两期（第24期和25期），于2021年7月上线，浏览量分别达到662万次和937万次；2022年新上线的关于利比里亚、科特迪瓦的几期（第38期、第39期、第40期），浏览量也非常可观，且仍然在增长。① 其他平台（如微博、抖音等社交、视频网站）也出现了一批介绍非洲历史、展现非洲风土人情与建设发展情况的知名账号。这些视频在中国走红，不排除猎奇心理作祟，但同样能够反映出，随着非洲成为中国的能源、矿石等原材料的重要来源地，中国人也越来越多地前往非洲经商、承建工程等，中国人对遥远的非洲的关注度确实在快速上升。

但是，在国家战略层面、经济层面对非洲的重视和普通民众对非洲的兴趣与好奇之外，中国学术界对非洲的研究却没有相应的发展。对知网收录的CSSCI期刊文章的检索及人工查漏补缺，可以发现，自2000年以来，中国社科学术界发表的关于西非全部国家

---

① "小约翰可汗"：《22万美元，去冈比亚当总统!》（奇葩小国04），2021年1月1日，https：//www.bilibili.com/video/BV1xf4y1C7Mc/? spm_ id_ from = 333.999.0.0&vd_ source = fdb60cac20a3ed48f2fe772bb0a2db8d，最后浏览日期：2022年10月22日；《如何在西非做一个横跳之王?》（奇葩小国23），2021年6月25日，https：//www.bilibili.com/video/BV1RX4y1A7dZ/? spm_ id_ from = 333.999.0.0&vd_ source = fdb60cac20a3ed48f2fe772bb0a2db8d，最后浏览日期：2022年10月22日；《什么样的殖民地能薅法国羊毛?》（奇葩小国24），2021年7月16日，https：//www.bilibili.com/video/BV1654y1n7c4/? spm_ id_ from = 333.999.0.0&vd_ source = fdb60cac20a3ed48f2fe772bb0a2db8d，最后浏览日期：2022年10月22日；《非洲的切格瓦拉是谁?》（奇葩小国25），2021年7月26日，https：//www.bilibili.com/video/BV11L411H7o7/? spm_ id_ from = 333.999.0.0&vd_ source = fdb60cac20a3ed48f2fe772bb0a2db8d，最后浏览日期：2022年10月22日；《非洲小美国是哪里?》（奇葩小国38），2022年7月26日，https：//www.bilibili.com/video/BV1w94y1D7W8/? spm_ id_ from = 333.999.0.0&vd_ source = fdb60cac20a3ed48f2fe772bb0a2db8d，最后浏览日期：2022年10月22日；《首尔大学博士如何当非洲仁君?》（奇葩小国39），2022年7月30日，https：//www.bilibili.com/video/BV1Sr4y1L7nr/? spm_ id_ from = 333.999.0.0&vd_ source = fdb60cac20a3ed48f2fe772bb0a2db8d，最后浏览日期：2022年10月22日；《非洲圣人博瓦尼》（奇葩小国40），2022年9月3日，https：//www.bilibili.com/video/BV1Jt4y1J7wX/? spm_ id_ from = 333.999.0.0&vd_ source = fdb60cac20a3ed48f2fe772bb0a2db8d，最后浏览日期：2022年10月22日。

及地区的研究性论文总量不足300篇。虽然总量不多，但发展趋势与总体上中国对西非地区的关注趋势基本一致。相关论文数量从2006年开始增长，2008年以后，年均论文产量高于10篇，最高年份可达17篇。特别是，在学术界对非洲的关注于2006年兴起之后，经过几年的学术研究和积累，自2011年起，相关研究开始集中涌现，2011年以来发表西非研究论文共计201篇，占21世纪以来相关论文数量的67%。

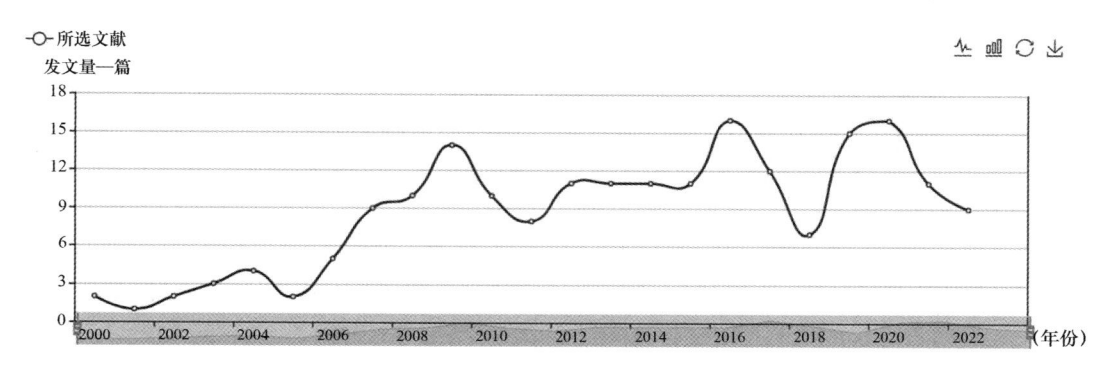

图2　2000年以来CSSCI收录的西非研究论文发表趋势

二　国别分布

中文学术界对西非地区的主要关注点，从主题分布图可以看出，[①] 尼日利亚高居榜首且一骑绝尘。自2000年以来所有关于西非地区的CSSCI论文中，与尼日利亚有关的研究共计227篇，占总量的76%。对尼日利亚的研究相对较多，首先与其英语国家的身份有直接关联，其他比较受关注的国家如利比里亚、塞拉利昂、加纳也都是英语国家。其次，尼日利亚本身是地区性大国，面积虽然不及同属西非的毛里塔尼亚、马里和尼日尔，但人口数量为非洲第一，在西非地区具有举足轻重的作用。再次，尼日利亚是非洲油气资源最为丰富的国家之一，是非洲第一大石油出口国，也是中国重要的石油进口国，了解这个国家的政治、经济局势变化，对于中国的能源安全非常重要。

除去尼日利亚，关于其他四个英语国家（冈比亚、塞拉利昂、利比里亚和加纳）的研究，占据总量的26%。9个法语国家共130篇左右，占据总量的43%，其中塞内加尔、几内亚、尼日尔、马里受到关注更多。此外，毛里塔尼亚、马里、尼日尔三国与西撒哈拉地区，出于宗教、历史和语言原因，在学术研究中常常与北非地区联系在一起，与西非其他地区的关联反而更加疏远一些。西非地区两个葡语国家（几内亚比绍和佛得角）受到的关注非常微弱，仅有13篇相关研究，占比仅4%。[②]

[①] 知网的主题词检索会出现部分错误，部分与西非无关的主题词（如索马里、马里兰、新几内亚等）会出现在检索结果中，图表中的统计结果无法手动清除，但对本文所讨论的主要趋势不构成影响。

[②] 由于一些论文涉及的并非单一国家，因此各个国家相关的研究论文的统计数据总和大于西非地区的研究论文的总量。

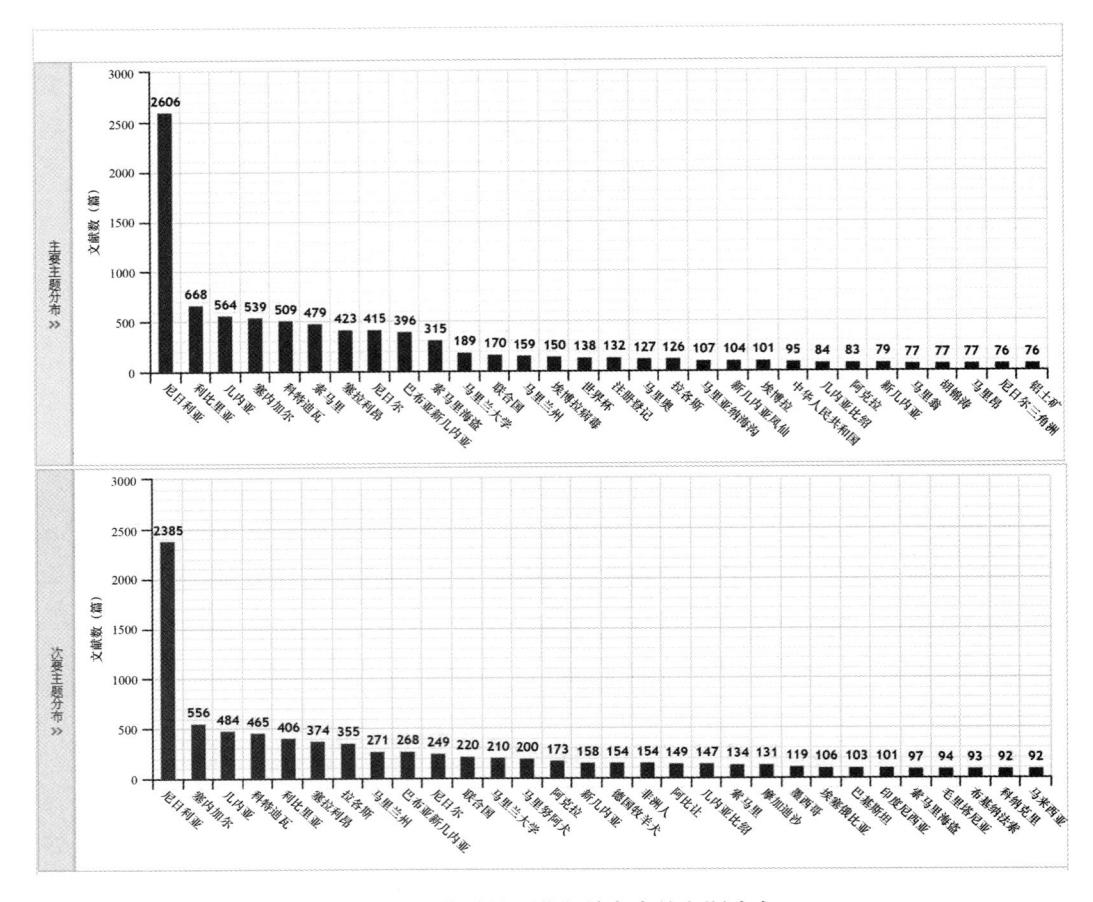

图3 知网收录的西非相关文章的主题分布

有的国家（如冈比亚、布基纳法索、几内亚比绍、佛得角、多哥、贝宁等）由于经济体量不大、与中国的经贸关系不是特别密切等，几乎没有专门的研究，只是在一些针对西非地区的研究中捎带进行分析。除尼日利亚以外，对其他西非国家和地区的关注，基本上源于当地爆发的公共危机、国际安全问题等，如几内亚、塞拉利昂、利比里亚等地的埃博拉疫情，塞拉利昂内战所引发的后续法律问题，马里、尼日尔等地的恐怖主义问题，等等。

三 学科与主题分布

从学科来看，中国学术界对西非地区的关注点高度集中于经济学与国际政治两个领域。根据知网数据，在中国的西非研究中，经济学领域的研究，包含工业经济、经济体制改革、农业经济、贸易经济、交通运输经济、企业经济、宏观经济管理与可持续发展、金融、市场研究与信息等主题，共占据了58.78%的研究数量。这类研究，直接指向尼日利亚的石油、天然气开采以及相关的基础设施建设、运营管理问题，例如针对尼日利亚伊卡铁路线路走向、尼日利亚拉各斯地区车站改建、以尼日利亚凯菲项目为代表的海外工程项目跨文化管理等研究,① 充分体现出中国对西非地区的主要兴趣所在。

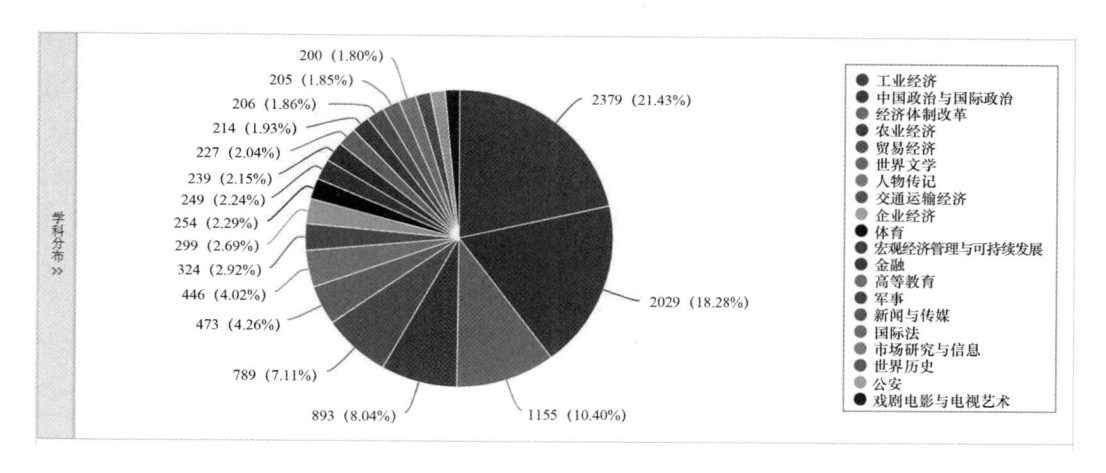

图4　知网收录的西非相关文章的学科分布

除去经济学领域,关于西非地区的研究还集中于国际政治方面。西非地区普遍面临着共同的政治问题,经历西方国家长期的奴隶贸易和殖民统治之后,20世纪五六十年代纷纷取得独立,独立之后普遍在政治民主化进程中出现波折,政局动荡、政变不断乃至发生内战,近些年又受到恐怖主义袭击的危害。这些问题,往往是学术界对西非的关注重点,关于西非地区的政治局势变迁以及地区安全问题的相关研究成果占据了四分之一的比重,如对萨赫勒地区极端组织的分化重组、加纳社会主义运动、塞内加尔民主化进程、几内亚湾海上安全问题、"博科圣地"的演变与尼日利亚反恐政策等问题的研究。②

此外,由于特殊事件、安全局势、突发公共卫生事件等,对于一些西非国家的研究,呈现出短期内集中于某个学科和主题的现象。如尼日利亚和加纳,由于特殊的校际合作关系,在一定时期内涌现出一批教育方面的研究,例如华中师范大学于2005—2013年对尼日利亚和加纳的中小学教育的研究。③ 2013年以来,西非地区暴发了埃博拉疫情,除了医学领域对这种病毒的研究之外,与之相关的公共卫生、疫情防控等相关研究也出现

---

① 火明彩:《尼日利亚伊卡铁路Minna至Kaduna段线路走向方案研究》,《工程机械与维修》2022年第4期;刘倩、孔涛:《尼日利亚拉各斯地区车站改建方案研究》,《交通世界》2022年第14期;古芸瑞:《海外工程项目跨文化管理的探索与实践——以尼日利亚凯菲项目为例》,《企业改革与管理》2020年第15期。

② 王涛、李洁:《社会文化视域下萨赫勒地区极端组织的分化重组问题》,《阿拉伯世界研究》2022年第4期;张梦颖:《加纳当代左翼组织的现状与展望——以加纳社会主义运动为例》,《世界社会主义研究》2021年第12期;孟瑾:《塞内加尔民主化进程中的政治稳定探源——国家与社会的双重视角》,《西亚非洲》2021年第5期;黎文涛:《几内亚湾海上安全问题及其多层级治理》,《现代国际关系》2021年第7期;李文刚:《"博科圣地"的演变与尼日利亚反恐政策评析》,《阿拉伯世界研究》2018年第4期。

③ 相关成果举例,熊淳、岳奎:《尼日利亚基础教育均衡发展的困境探析》,《外国教育研究》2011年第11期;许长青:《加纳高等教育发展的国际移植和现代化策略研究》,《外国教育研究》2005年第3期。

一波高潮，主要针对几内亚、塞拉利昂、利比里亚等埃博拉疫情严重的西非国家。① 在濒临撒哈拉沙漠的萨赫勒地区（尤其是马里、尼日尔两国），近些年由于恐怖主义活动猖獗，尤其是恐怖组织"博科圣地"对西非地区的安全局势造成巨大影响，因此关于这个地区的研究也集中在国际政治、安全局势等话题。② 1991—2002 年，塞拉利昂爆发漫长且极端残酷的内战，内战结束之后由于战争罪审判、国际维和等问题，引发一系列相关的国际法研究。③ 再如，由于尼日利亚诺莱坞电影的发展、塞内加尔的电影艺术大师奥斯曼·森贝的成就，中国学界对非洲的电影艺术也有一些研究。④

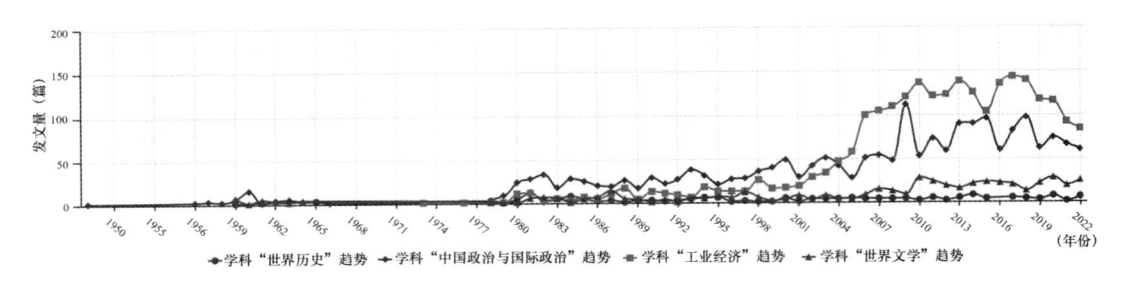

图 5　四个学科关于西非研究的发展趋势

在 21 世纪中国的西非研究的发展中，各个学科的发展趋势很不相同，以工业经济、国际政治、世界文学和世界历史四个学科为例进行比较，可见应用学科与基础学科的走势大相径庭。进入 21 世纪以来，中国学者对西非地区的工业经济研究开始出现高速增长，尤其是 2006 年以后急剧增长，相关文章的发表量从年均 50 篇以下激增至 150 篇以上。在 20 世纪，国际政治领域的学者对西非的关注度比经济领域的学者更高，虽然在 2004 年被经济领域超过，但 2009 年以后也出现了较高的增幅，近十年年均产量在 70 篇左右波动。世界文学领域增幅更加缓慢，2010 年以后从年均个位数增长至年均 20 篇左右。而世界历史领域几乎没有变化，自 20 世纪 80 年代以来每年论文数量始终保持个位数水平。总体上，应用研究随着国际政治、经济局势的变化以及国家战略需求、经济建设等原因而迅速增长起来，但历史、文学、哲学、人类学、社会学等基础研究却迟迟没有跟上这股发展趋势。

---

① 相关成果举例，杨正：《格里奥与埃博拉——西非地区埃博拉疫情科学传播的地域化与后殖民化》，《自然辩证法研究》2021 年第 12 期；谈谭、王蔚：《中国提供全球卫生公共产品的路径分析——以中国援助西非国家抗击埃博拉疫情为例》，《国际观察》2017 年第 5 期。

② 相关研究举例，宁彧：《"博科圣地"的身份构成与策略选择》，《阿拉伯世界研究》2021 年第 5 期；胡二杰《试议联合国马里多维和行动的成功与面临的挑战》，《和平与发展》2016 年第 3 期；裴圣愚：《非洲萨赫勒地带恐怖主义扩散问题研究》，《现代国际关系》2014 年第 11 期。

③ 相关成果举例，姜敏、陈湘：《国际刑法中儿童军承担刑事责任最小年龄研究》，《北京理工大学学报》（社会科学版）2013 年第 4 期；赵裴：《轻小武器非法扩散及其管制机制——以西非地区为例》，《国际观察》2011 年第 2 期；詹世明：《塞拉利昂内战中的外国雇佣军》，《西亚非洲》2003 年第 4 期。

④ 相关成果举例，程莹、金茜：《诺莱坞电影的兴起与尼日利亚公共文化的转型》，《电影艺术》2022 年第 5 期；汪琳：《从"黄金时代"到"末日危机"？——塞内加尔电影六十年》，《北京电影学院学报》2020 年第 10 期；张勇：《为非洲电影立言——"非洲电影之父"奥斯曼·森贝的电影观念与实践》，《当代电影》2015 年第 6 期。

四 缺陷与不足

总体来说，目前中国学术界对西非地区的研究仍然十分薄弱、数量不多、偏心过重、根基不深、系统性不强，表现出明显的追逐"热点"的特征，缺乏前瞻性。

首先，目前中国学界的西非研究偏心过重。尼日利亚是中国西非研究中的热门国家，70%以上的研究集中于这一个国家。对全部227篇尼日利亚相关研究成果进行关键词共现网络分析，可见这些研究大体上形成了六个关键词集群，集中于文学（如索因卡等作家及其作品）、尼日尔河三角洲开发、民族国家建设、中非关系、教育、史学史等主题，尤其以涉及现代国家建设方面的研究规模最为庞大，包含非殖民化、政治民主化进程、民族整合、经济建设、教育发展等问题。而且，关于尼日利亚的各个研究主题之间形成了一定程度的关联，表明关于尼日利亚的研究更加系统，形成一定规模。

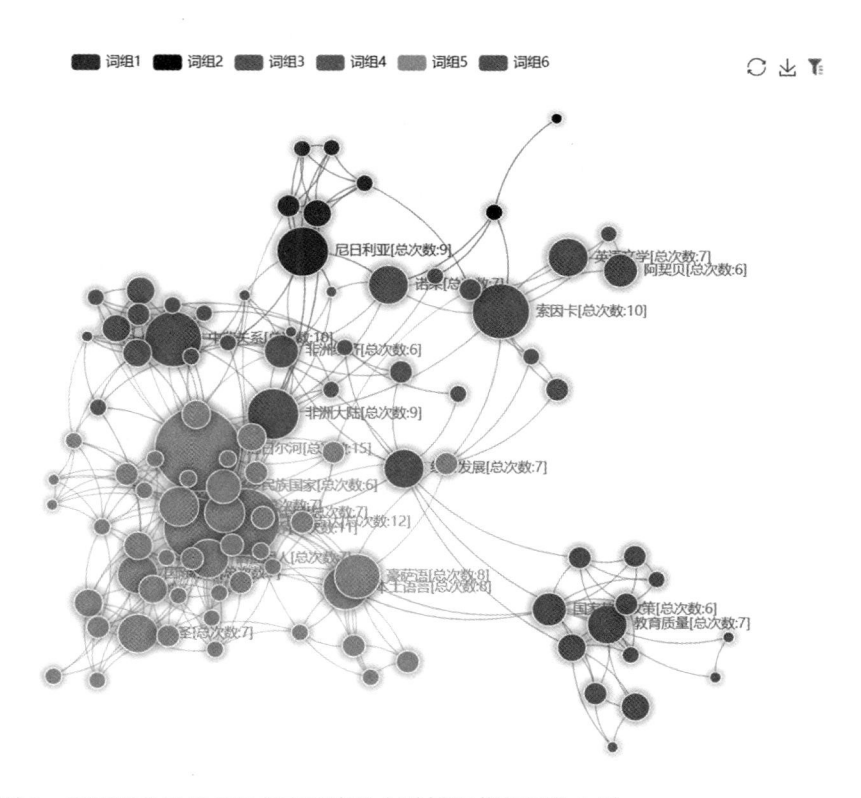

图6 CSSCI收录的尼日利亚研究论文关键词共现网络分析

但是，除了尼日利亚以外的西非各国的研究，关键词共现网络分析表明，这些研究总体上非常零散，主要的词语有国际社会、萨赫勒、西方国家、非洲大陆、非盟、军事政变、西非、经济发展、受援国、中非关系、马格里布、殖民地、族群冲突、公共卫生等二十多个，每个关键词都非常笼统，词频都很低，且相互关联薄弱。从研究主题上看，主要是对当地的政治局势、恐怖主义所带来的地区安全局势的研究，占据了尼日利亚以外的西非研究总量的40%，远高于尼日利亚研究中所占比例。此外，经济发展、油气开发等研究也都与以上两个话题密切关联。除这两个主要话题之外，也有少量研究涉及的是殖民统治、廷巴克图古城等，但只在研究网络中占据非常边缘的位置。

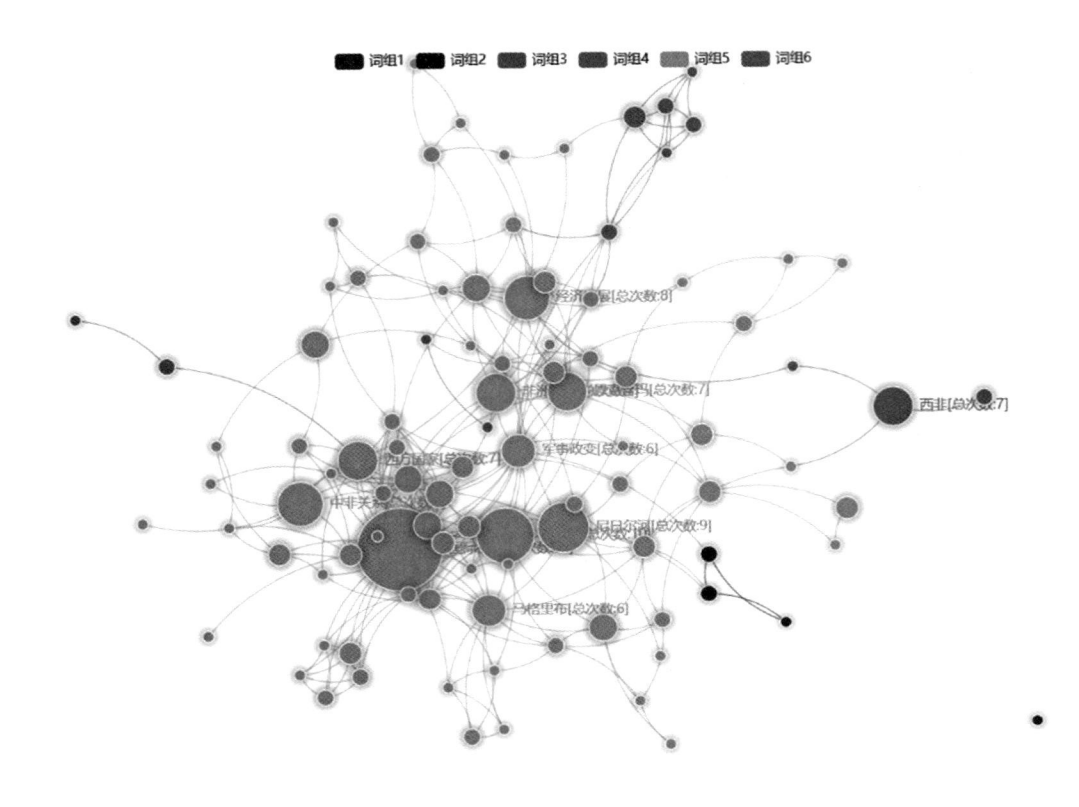

图7　CSSCI 收录的西非研究论文（尼日利亚除外）关键词共现网络分析

其次，中文研究成果大多数是依据英语学术界的成果进行的二次研究，缺乏一手研究。西非地区，部族众多，各国通行语言繁杂多样，出于欧洲的殖民统治的原因，官方语言分别为英语（5个）、法语（9个）、葡萄牙语（2个）和阿拉伯语（1个）。中国从事西非研究的学者基本上只掌握英语，少数学者也掌握法语，缺乏从被研究国家或地区直接获取一手资料的渠道或能力，因此大多依据英语或法语的研究成果进行二次研究。这些成果能够为中国学术界提供了解西非的渠道，却无法保证成果的原创性，更不免于受到英语学术界的知识话语和学术霸权的制约。

再次，目前中国学术界对西非地区的研究，基本上属于"蹭热点"的研究方式，追随该地区的热点问题、突发事件等进行研究。例如，关于马里的研究，大部分围绕当地的恐怖主义扩散与安全局势问题，如《社会文化视域下萨赫勒地区极端组织的分化重组问题》《非洲萨赫勒地区问题：国际社会的努力及挑战》《马里的伊斯兰教与民主化》等。① 关于塞拉利昂的研究，则集中于埃博拉疫情和内战之后有关战争罪审判的国际法问题，如《非洲"冲突钻石"的产生及影响》《国际法追求个人刑事责任与管辖豁免问题》《埃博拉战争：危机、挑战与启示》等。② 再如，广西上林人在加纳淘金，2013 年引发加纳政府的打击活动，国内才出现相应的研究，如《种田人的财富梦想：上林壮族人淘金传统及其现当代变迁》。③ 这种研究方式，加之语言基础的薄弱，意味着大多数成果都是因应热点事件的应急成果，主要依赖前人（特别是英语学术界）的既有成果，既缺乏研究深度，也无法建立独立的学术观点和知识体系。

图 8　CSSCI 收录的西非研究论文的来源刊物分布

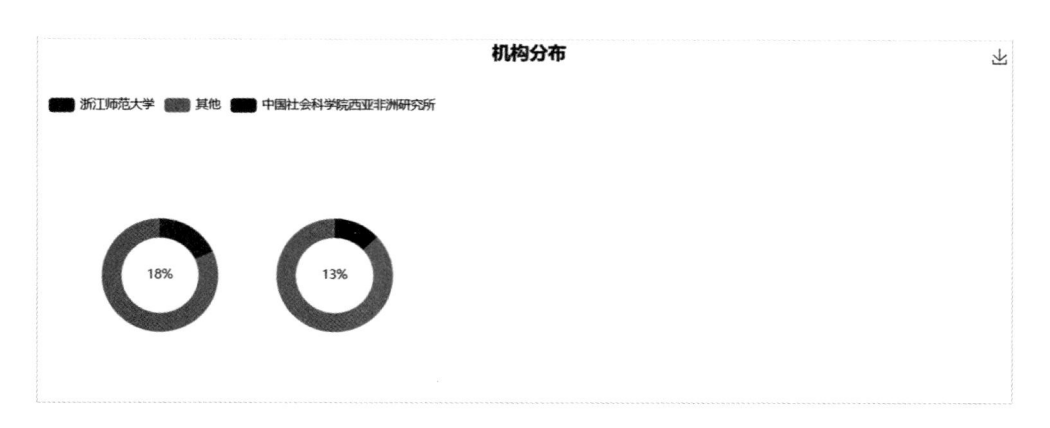

图 9　CSSCI 收录的西非研究论文的作者所属机构分布

---

① 王涛、李洁：《社会文化视域下萨赫勒地区极端组织的分化重组问题》，《阿拉伯世界研究》2022 年第 4 期；唐晓：《非洲萨赫勒地区问题：国际社会的努力及挑战》，《外交评论（外交学院学报）》2013 年第 5 期；李文刚：《马里的伊斯兰教与民主化》，《世界宗教文化》2013 年第 3 期。

② 詹世明：《非洲"冲突钻石"的产生及影响》，《西亚非洲》2002 年第 5 期；朱文奇：《国际法追求个人刑事责任与管辖豁免问题》，《法学》2006 年第 9 期；徐彤武：《埃博拉战争：危机、挑战与启示》，《国际政治研究》2015 年第 2 期。

③ 吕俊彪、余晓丽：《种田人的财富梦想：上林壮族人淘金传统及其现当代变迁》，《广西民族大学学报》（哲学社会科学版）2021 年第 4 期。

在西非研究总体上追逐热点的趋势中，西非史学的发展趋势却别具一格，始终保持相对稳定。在 2000 年以来 CSSCI 收录的西非研究成果中，史学研究大约占据 10%的比例。这些研究，集中于几个主题，欧洲国家对西非的殖民统治，如《十七至十八世纪英属大西洋世界的奴隶制度与废奴运动》《权力视角下英国在北尼日利亚殖民地的本土语言政策》；① 中国对西非的援助，如《中国援外医疗队的历史、规模及其影响》《20 世纪六七十年代广东省对非洲国家的援助》；② 近些年来，随着医疗社会史和全球史的兴起，也出现了一些对西非地区的医疗史的研究，如《全球史视域的 1918 年流感与尼日利亚木薯种植》《英属西非殖民地热带疾病防治问题（1898—1939）》；③ 最近几年，尼日利亚的史学史研究也开始受到学界关注，如《近二十年尼日利亚史学述评》《阿尤德吉·奥卢贡菊及其海洋史研究》。④ 近十年的研究，在选题和研究深度上有了可喜的进展，但相对于中国的世界历史研究而言，数量不多，研究主题有限，原始资料缺乏，高度聚焦于尼日利亚一国，仍然有很大发展空间。

最后，从西非研究成果来看，集中发表于《西亚非洲》一份刊物上，研究人员则集中于中国社会科学院西亚非洲研究所和浙江师范大学非洲研究院。刊物与研究人员的高度集中，也表明西非研究与其他学术研究领域联系不密切，作为一个研究领域仍然相对封闭；更表明相关研究没有"出圈"，其研究成果对其他学科和领域整体上缺乏影响力，没有产生引起其他研究领域关注的研究方法、研究范式或研究学派。

五　研究展望

尽管存在以上缺陷和不足，但随着中国国际地位的提高，中国与非洲国家的关系日益密切，以及西非地区本身的发展，西非研究在中国大有发展前景。中国学术界应当弥补基础，加强对西非地区的多学科综合研究，发展出中国本土的、具有自身特点和知识话语权的西非研究学派。

第一，西非研究的发展需要人文社会各个学科的通力合作，共享知识和方法。非洲的特殊性在于，由于缺乏本土文字记录，很多时候无法依赖传统方法进行研究。这个领域的人才培养和研究十分依赖人类学、社会学、语言学、考古学等基础学科。因此，除现有的经济学、国际政治等学科的研究之外，亟须其他学科加强对西非地区的研究，从历史学、地理学、社会学、人类学、语言学以及文学和艺术等各个方面对西非地区开展

---

① 金涛：《十七至十八世纪英属大西洋世界的奴隶制度与废奴运动》，《北京社会科学》2018 年第 9 期；孙晓萌：《权力视角下英国在北尼日利亚殖民地的本土语言政策》，《西亚非洲》2014 年第 1 期。

② 李安山：《中国援外医疗队的历史、规模及其影响》，《外交评论（外交学院学报）》2009 年第 1 期；胡辉：《20 世纪六七十年代广东省对非洲国家的援助》，《当代中国史研究》2013 年第 2 期。

③ 刘文明：《全球史视域的 1918 年流感与尼日利亚木薯种植》，《华中师范大学学报》（人文社会科学版）2012 年第 3 期；郭家宏、林致君：《英属西非殖民地热带疾病防治问题（1898—1939）》，《北京师范大学学报》（社会科学版）2022 年第 3 期。

④ 黄畅：《近二十年尼日利亚史学述评》，《史学理论研究》2022 年第 4 期；王严：《阿尤德吉·奥卢贡菊及其海洋史研究》，《史学理论研究》2020 年第 1 期。

系统的研究。唯有如此才能在全面深入地了解和研究的基础上，确立研究的前瞻性，准确预判该地区可能的局势变动和风险，为应用研究提供基础支持。

第二，自区域研究于第二次世界大战之后兴起，历史学就在其中起着核心作用，西非地区自身的历史以及根植于历史的地区特性都应受到特别重视。自15世纪起，欧洲国家西非以及中非地区开展了长达500年的奴隶贸易和殖民活动，影响至为深远。葡、西、英、法等国在此从事长达400年的奴隶贸易，造成了西非与中非地区超过1200万青壮年劳动力的损失以及人口性别失衡；大量输入用于交换奴隶的贝币、布匹等，造成了西非严重的通货膨胀和经济崩溃，并因供应贩奴船的商品粮食而促成西非地区依附性经济的发展；为获取奴隶而挑唆西非地区政权、部族之间的战争，中断了当地本身正处于发展中的国家建设进程，沃洛夫王国、伊费王国、贝宁王国、豪萨城邦国家等本地政权在16—17世纪纷纷瓦解，也破坏了民众对国家这种现代政治实体的信任；殖民统治时期实行分而治之的策略，多次对形成中的国家、民族雏形进行瓦解、分割，武断地依据殖民者的利益进行领土和民族划分，甚至刻意发明民族，制造族群矛盾，造成当地族群矛盾突出、政局动荡不安；西非无力应对欧洲的奴隶掠夺和殖民入侵，导致本土原生的宗教信仰和意识形态日益瓦解，18世纪起伊斯兰教在西非向社会普遍传播，尤其是后来成为恐怖主义思想根源的萨拉菲主义在此传播，造成了如今西非北部地区的恐怖主义顽疾。西非地区如今面临的很多问题，都不能忽视其长时段的历史根源，历史研究应当成为西非研究的基础。

第三，正是由于西非地区自15世纪以来遭遇的奴隶贸易与殖民侵略，西非本地的民族整合与国家建设进程中断，西非研究所涉及的语言异常复杂。如今西非各个国家所采用的官方语言都是英语、法语、葡萄牙语、阿拉伯语等非本土语言，还有西班牙、德国等也参与到奴隶贸易与殖民侵略的过程之中，也留下了相关语种的资料文献。除官方语言之外，各地通行的俗语也异常多样。因此西非研究需要精通这些语种的人才共同参与和密切合作，尤其是从西非当地人直接获取一手信息和资料的能力，对于夯实西非研究的基础至关重要。葡萄牙语、西班牙语、法语、德语、阿拉伯语以及豪萨语、沃洛夫语等非洲本地语言的参与，才能够使西非研究摆脱以西非英语国家代替区域整体或者研究偏重于尼日利亚等个别国家的情况，推进对西非地区的全面研究。

第四，西非研究应趋向于多国性和去中心性，超越国界、语言和文化的界限。同整体上的非洲研究一样，西非研究不仅经常涉及地方和国家这样的单位，还需经常涉及整体性区域以及散居社群这样的单位。由于欧洲殖民者分而治之、制造族群对立等瓜分、统治策略，西非地区的国界不能代表当地的族群、语言、文化等特征。国家之间可能具有共同的特征，国家内部也可能分裂混杂。因此，应该避免将西非生硬分解成英语区、法语区、葡语区等，造成研究的割裂，也不能简单以次级单位代表整体区域，尼日利亚不能代表整个西非。

第五，西非研究关注的是一个单独的地区，但其外在研究与内在研究同样重要，并应当具有全球视野。由于西方的长期奴隶贸易造成黑人大离散，西非以及中非地区的黑人文化被带到美洲，构成了美洲文化的重要元素，如水稻种植、流行音乐等；由于撒哈拉贸易，西非地区长期与中东北非地区往来频繁；由于西欧各国对西非的长期殖民侵略，西非地区也卷入了欧洲近代的崛起过程之中。以上这三个因素决定了西非研究需要经常与欧洲、美洲、中东研究联系起来，将西非地区放置在大西洋世界的整体历史变迁之中，从全球性的历史发展来解释西非地区的变化，也要从西非地区出发，阐释全球性的动态。

　　西非地区在历史上曾饱受奴隶贸易、殖民主义和帝国主义的侵害，独立之后又深受无形帝国的束缚以及残酷战争、政局动荡、贫穷的困扰，至今仍然是世界上最不发达地区之一。但这个地区不应被中国学术界忽视。从学术意义来说，西非地区对于研究近代以来西方的崛起至关重要，也是摆脱欧洲中心论的历史宏大叙事的重要部分。从人类利益的宏观层面而言，若非洲不能摆脱欠发达状态，那么构建人类命运共同体就无从谈起。从现实意义来说，中国人的脚印走到哪里，中国的利益延伸到哪里，中国的学术研究就应该跟到哪里。

（本文编辑：刘帅锋）

塞内加尔语言状况与语言政策

刘帅锋*

【摘　要】 西非国家塞内加尔是个多语言、多文化的国家，有20多个民族，口头使用的语言有四十种之多。官方语言为法语，但法语从未真正成为全国通用的交际语言，主要在首都使用，沃洛夫语是全国大部分地区的通用交际语言。塞内加尔通过法律、法令颁布的语言治理政策在执行过程中总是碰上各种各样的障碍，语言政策和实际情况之间存在一种鸿沟。本文对塞内加尔多语言现状和语言政策及其结果进行介绍和分析，发现塞内加尔民族语言的发展不能满足人民的需要、不能很好地保护和发扬民族语言承载的文化。塞内加尔需要重新平衡语言形式，切实推广多语言的使用，赋予被广泛使用的沃洛夫语与法语同样的官方语言地位也将有助于塞内加尔的民族认同，推动社会和经济发展。

【关键词】 塞内加尔；语言现状；语言政策；重新平衡语言形式

塞内加尔共和国，简称塞内加尔（Sénégal），首都达喀尔（Dakar），位于非洲大陆伸入大西洋部分凸出部位的最西端，素有"西非门户"之称。塞内加尔国土面积196722平方千米，海岸线长约700千米。塞内加尔人口1630万（2020年），全国有20多个民族，主要是沃洛夫族（占全国总人口的43%）、颇尔族（24%）和谢列尔族（15%）、曼丁戈族以及富拉尼人、图库洛尔人。

一　多语言现状

塞内加尔语言情况较为复杂，除了作为官方语言的法语和作为90%以上民众交流工具的沃洛夫语之外，全国还有38种口头使用的语言。与大部分非洲国家某些语言已经消失的情况不同，塞内加尔所有的语言仍然是活的语言：3种语言已经稳定，18种语言继续发展，7种语言状况良好，8种语言有消失的危险，2种语言正在消失[①]。

这些语言几乎都属于尼日尔—刚果语族。该语族为非洲最大的语系，包括6个语支，900多种语言，大部分语言属于该语族的西大西洋语支，比如沃洛夫语、颇尔语、谢列

---

* 四川外国语大学法语学院讲师，研究方向：翻译实践、翻译教学。
① https://www.afrikaniti.com/afrique-subsaharienne/senegal/langues-senegal，2023年4月8日。

尔语和第约拉语。每个民族内部各族群之间讲的语言也不尽相同，甚至完全不同。被视为国家通用语言和扫盲语言的有沃洛夫语（le wolof, wolof）、颇尔语（le peul, fula）、谢列尔语（le sérère, sereer）、第约拉语（le diola, joola）、曼丁戈语（le mandika, mandingue）和索南盖语（le soninké, sarakholé）。以上述 6 种语言作为母语的人口比例分别为 43.3%、23.8%、14.7%、3.7%、3% 和 1.1%[①]。但这 6 种语言的应用范围差别很大，有的只是地区或区域性语言。

沃洛夫语主要在塞内加尔北部和中部地区使用，塞内加尔北部地区的人口大多为沃洛夫族。颇尔语在全塞内加尔范围内都有分布。沃洛夫语和颇尔语的使用范围占塞内加尔三分之二的国土。谢列尔族主要居住在西部地区，并向中西部地区扩展。谢列尔人是塞内加尔毋容置疑的精英人群，占据行政部门的要职或者经营一些大型公司。谢列尔人最先在塞内加尔组成族群社区，社区聚居使得谢列尔人成为塞内加尔受教育率最高的民族。其他民族语言的分布地区相对集中，不再一一介绍。

在塞内加尔，尽管约三分之一的塞内加尔人讲法语，但沃洛夫语仍然是最广泛使用的交流语言，包括其他民族的人，他们主要在城市中使用沃洛夫语。在 Richard Marcoux 看来，塞内加尔的这种双语共存现象很特别：一种语言在首都占据绝对优势，但在整个国家并非如此。这种双语共存在一些非洲国家也同样存在，其产生的语言环境给予法语的地位有别于法语在喀麦隆的雅温得或者科特迪瓦的阿比让的地位[②]。

（一）法语

作为塞内加尔官方语言的法语在行政、教育、新闻媒体和商业界使用。法语在塞内加尔不再被当作"殖民地语言"，而是被视为"民族语言遗产的组成部分"。法语进入塞内加尔比进入非洲其他国家都要早，1659 年，法国人就到了塞内加尔，经过和英国人的长期竞争和无数次的冲突，法语的影响在 17 世纪末扩大到整个地区（不含冈比亚）。

约三分之一的塞内加尔人讲法语，法语是继沃尔夫语之后在塞内加尔使用最广泛的语言。尽管如此，在这个国家，现在可以看到民族语言在以前保留给法语的领域大规模渗透[③]。法语主要作为第二语言使用，因为它仅仅是极少部分人的母语。根据法国外交部的数据，2020 年，在塞内加尔领事登记的法国人（包括双重国籍）有 22104 人[④]，他们中的绝大部分生活在首都达喀尔。

（二）沃洛夫语

沃洛夫语是沃洛夫人的民族语，使用者主要分布在冈比亚、塞内加尔、毛里塔尼亚、

---

① http://www.transafrica.biz/fr/country-descriptions/plus-des-details-senegal，2023 年 4 月 8 日。
② https://fr.wikipedia.org/wiki/Langues_au_S%C3%A9n%C3%A9gal，2023 年 4 月 8 日。
③ CISSE, Mamadou, Langue, Etat et Soiété au Sénégal, Revue électronique internationale de sciences du langage sudlangues，2005，p.100.
④ "Relations bilatérales", France Diplomatie, Avril 6, 2023, https://www.diplomatie.gouv.fr/fr/dossiers-pays/senegal/relations-bilaterales/.

主要为商贩们所使用，有点像"西部非洲的英语"。

沃洛夫语是塞内加尔使用最广泛的语言，不仅为沃洛夫人所使用，也被其他塞内加尔人使用。塞内加尔93.5%以上的人口使用或能听懂沃洛夫语。沃洛夫方言在城乡之间、国家之间有极大差异。在首都达喀尔使用的沃洛夫语是城市沃洛夫语、法语、阿拉伯语和少量英语的混合体，例如：Ana restaurantbi ?（哪儿有餐馆?）与大多数非洲语言不同，沃洛夫语不是声调语言，而且对西欧语言有一定影响，英文 banana 就是借自沃洛夫语。沃洛夫语也有很多塞内加尔其他民族语言——阿拉伯语和法语的外来词。

（三）颇尔语

颇尔语又被称为富拉语，在西部和中部非洲的19个国家使用，例如毛里塔尼亚、塞内加尔、冈比亚、几内亚比绍、塞拉利昂、马里、尼日尔、贝宁、尼日利亚、喀麦隆、苏丹和乍得等。主要是口头使用，在各个国家的名称有别，法国人称之为 peul 或者 poular，英国人称之为 fula、fulfulde 或 fulfudé。颇尔语是塞内加尔河谷地区图库列尔人（颇尔族的一个分支）和生活在尼日尔河内陆三角洲地区的颇尔人的母语。在英国人 D. W. Arnott 看来，颇尔语的使用地域可以分为6个方言区域，塞内加尔南部和东北部分属于不同的方言区域。

根据维基百科2021年的数据：颇尔语使用人数在5000万—6000万人。颇尔语中有很多阿拉伯语的借词，主要是宗教、历法、医学和农业方面的词汇。与现代生活和现代科技相关的颇尔语以前没有的词汇都是英语或法语的借词。

（四）其他民族语言

塞内加尔全国范围内有38种语言。除沃尔夫语之外，只有颇尔语、谢列尔语和曼丁戈语的使用人数超过100万人，大部分民族语言的使用人数不足10万人。截至2018年2月，在塞内加尔得到官方承认的25种民族语言中，有22种语言已经被编纂整理，有13种民族语言用于扫盲[①]。

这些语言当中，可以分为三个类别。

第一类为被2001年宪法列为"民族语言"的6种语言：沃尔夫语、谢列尔语、颇尔语、曼丁戈语、索南盖语和第约拉语。这6种语言有正式的拼写法和语法体系，被鼓励用于学校教学，但实际应用中还有不少后续工作要做，也需要出版相应的教材。

第二类包括一些新的语言，语言体系得到编纂整理，也被法律承认为民族语言。包括哈萨尼亚语（hassaniyya）、巴朗特语（le balante）、芒卡涅语（le mancagne）、奴那语（le noon）、芒雅克语（le manjaque）、翁阳语（l'onyan）和萨阿非语（le saafi）。目前尚未考虑把这些语言引进学校教学，还需要对这些语言进行研究。这些语言也有正式的拼写法。

---

① Lequotidien, "Introduction des langues nationales dans le système éducatif: Le Sénégal peine à passer à l'échelle", Quotidien, février 20, 2018, https://lequotidien.sn/introduction-des-langues-nationales-dans-le-systeme-educatif-le-senegal-peine-a-passer-a-lechelle/.

第三类包括成为研究对象的其他语言，如 baïnouk、badiaranké、ndut、jalonké、bédik、bambara、coniagui、bassari、léhar、palor、bayotte、papel、malinké、khassonké、jaxanke 和 ramme。对这些语言的研究还比较少，首先需要制订特别计划来界定语言特征，对语言体系编纂整理和推广使用。

（五）阿拉伯语

阿拉伯语在中世纪时期随着宗教传入塞内加尔，现今主要是神职显要人员使用。在塞内加尔与毛里塔尼亚接壤的西北部地区卡夫林（Kaffrine），当地居民使用阿拉伯语，大部分孩子在上小学之前会被送到古兰经学校学习阿拉伯语，其他使用阿拉伯语的塞内加尔人大部分学习过伊斯兰神学，信教民众见面打招呼一般也会用阿拉伯语。尽管塞内加尔是穆斯林国家，94%的人信奉伊斯兰教，但独立后的历届政府并没有给予阿拉伯语重要的地位。

二　语言在社会领域的使用情况

（一）行政部门

日常生活中，行政部门官员和公民之间（甚至是官员之间）口头交流时，使用当地民族语言多于使用法语，主要使用 2001 年宪法列为"民族语言"的六种语言中的一种。因此，不管是卫生、农业或者畜牧业部门的代表，前往农村时往往使用当地民族语言，如果不会说当地语言，则会带上一名翻译。如果行政部门人员想体现所代表部门的权威则使用法语，因为使用法语感觉使其与普通民众之间保持一种距离。普通民众则可以通过使用法语来突出自己或引起政府代表的更大关注。

行政部门所有的书面文件都使用法语，但一般会带有六种民族语言中某些语言的翻译。这种公文、法律法规用法语书写而大部分国民却不会用法语读写的情况，并不只存在于塞内加尔。

（二）教育语言

1960 年，桑格尔成为塞内加尔总统后，多次在正式讲话中强调推动民族语言发展的重要性。作为塞内加尔总统的 20 年中，他本人担任各种制定正式识字课本和塞内加尔术语委员会的负责工作。在桑格尔的努力下，6 种最重要的民族语言被赋予法律地位并拥有拼写字母表。1971 年 5 月 21 日第 71—566 号法令赋予沃洛夫语等六种语言"民族语言"地位。

实际应用中，直到 1978 年民族语言才开始在用于教学，但仅限于小学教育的前几年；1980—1981 年，全国只有 15 个民族语言授课班，除了一个谢列尔语实验班之外，全部为沃洛夫语。教育部成立谢列尔语实验班是为了"平息某些人思想上对沃洛夫语获得优势的担忧"。

塞内加尔学校教育分为三个阶段：母语扫盲、沃洛夫语教育和法语教育。儿童六七岁时在公立世俗学校开始接受法语教育，法语是各个学习阶段的授课语言。具体来说，幼儿园使用民族语言，但私立幼儿园只使用法语；在所有的学校，行政方面的书面信息沟通只使用法语；中小学校园，课间休息时或在教室之外的对话，学生普遍使用沃洛夫语；大学课堂上，授课语言普遍为法语，但在小咖啡馆里、走廊上甚至行政区的办公室里往往能听到沃洛夫语。

中学阶段的外语教育有英语、阿拉伯语、西班牙语、德语、葡萄牙语、俄语、意大利语多种选择。英语也在多个私立语言中心被教授，在达喀尔和一些大城市，私立语言中心的数量与日俱增。

从中可以看出，塞内加尔政府并没有想撼动法语的特殊地位。教育的指导方向是三种语言教育：先是母语扫盲，然后是占主导地位的民族语言沃洛夫语，接下来是后期教育阶段都会使用的法语。

在小学阶段引入一种或六种民族语言作为授课语言的前景还很遥远，所有推动民族语言发展的政策只停留在教育方面，尽管取得了些许进步，但收效甚微。总的来说，尽管教育方面语言政策同时强调法语和民族语言，但事实上，不是每种民族语言都得到同样的地位。

（三）新闻媒体

法语在书面的媒体出版物中占主导地位，特别是全国性的日报和周刊（约 15 种）。塞内加尔绝大多数报纸用法语出版，极少数使用沃洛夫语（如 Sopi、Dan doole、Taxaw 等）。创刊于 1970 年的《太阳报》是国内最大的由政府控制的法文日报，日发行量 6.5 万份。名为"Sofa"的双语月报使用沃洛夫语和颇尔语。

但在广播电台则大量使用沃洛夫语和另外几种民族语言，也有使用英语、阿拉伯语和葡萄牙语的。广播节目经常使用沃洛夫语等第一批获得民族语言地位的六种语言，甚至可以说这六种语言是广播中最常使用的，其中使用最多的是沃洛夫语。国际频道几乎全部使用法语，国家频道中也多使用法语。私人广播电台中，至少 70% 的节目使用沃洛夫语。

电视台方面，法语继续处于主导地位。新闻播报使用法语和沃洛夫语（每天 15 分钟）。每周有 15 分钟的其他民族语言的新闻播报。文化节目通常用法语拍摄。民俗传统节目使用民族语言，但使用的民族语言的数量不是很多。用沃洛夫语拍摄的电影很少，民族主义者为了自己的文化和语言身份认同拍摄沃洛夫语的电影，但电影配有法语字幕。

此外，出版领域几乎全部使用法语。民族语言的出版物十分罕见，主要是语言推广或者扫盲教材。

三 语言政策

（一）语言政策的相关法律

与大部分非洲法语国家一样，塞内加尔在独立后选择法语作为官方语言。作为独立前殖民者的语言，政府认为其最容易尽快掌握也易于推广。

1960—1980年，塞内加尔整个语言政策紧扣1960年宪法第一条：赋予法语唯一官方语言的地位。宪法第一条的规定意味着：法语是共和国总统府、国民议会、行政部门、各级法院、军队、警察、各级教育机构、新闻媒体等使用的语言。法语在塞内加尔政治和社会经济方面占有绝对优势的地位。

1971年5月21日的法令给予沃洛夫语等六种民族语言的法律地位，这在2001年1月7日的新宪法第一条（第二款）中予以保留和补充：

第1条

2）塞内加尔共和国的官方语言为法语。民族语言有第约拉语、曼丁戈语、颇尔语、谢列尔语、索南盖语、沃洛夫语以及其他所有将被编纂整理的语言。

法语是塞内加尔的国家语言。宪法第28条规定共和国总统候选人需要流利使用法语书写、阅读、讲话：

第28条

共和国总统候选人必须是塞内加尔国籍，享有民事和政治权利，登记之日起年满35周岁，能够流利使用官方语言书写、阅读、讲话。

教育法方面，1991年2月16日关于国民教育指导方针的第91—22号法律第6条强调发展民族语言教育：

第6条：国民教育体现塞内加尔和非洲情怀：发展民族语言教学，民族语言是优先语言工具，使受教育者生动接触自己的文化并植根于自己的历史，培养外貌和内心身份认同的塞内加尔人……国民教育强调非洲大陆的团结一致、培养非洲团结的精神。国民教育同样反映塞内加尔属于法语国家文化共同体……

司法方面与语言相关的法律条款比较少，主要是1965年的刑事程序法，该法律于2009年被重新修订。该法律第255、325和393条规定：

第255条

（……）如果被告人不会说或不懂法语，需求助于翻译人员。

第325条

如果被告人和证人或其中之一不能使用官方语言完整表达或者必须把当庭提供的证据进行翻译，审判长指定一名21周岁以上的翻译，并要求该翻译宣誓忠实完成翻译任务。

第393条

如果刑事被告不能使用官方语言完整表达或者必须把当庭提供的证据进行翻译，缺少宣过誓的翻译时，审判长指定一名21周岁以上的翻译，并要求该翻译宣誓忠实完成翻译任务。

原则上来说，法语是法庭上唯一使用的语言，但可以求助于翻译。如果宣誓法官听不懂犯人的语言，可以通过翻译庭审。但律师的辩护和法庭的宣判必须使用法语。

在街区或农村，则通过民族语言解决一些小的冲突，由街区首领和村庄首领或者当地宗教部门按照传统法律裁决。因此，在达喀尔、考拉克（Kaolack）、法第克（Fatick）

等地区，沃洛夫语通常被用作日常用语。在北方和南方地区，使用颇尔语、曼丁戈语或第约拉语。在唐巴古达地区（Tambacounda）则广泛使用邦巴拉语（bambara）。对于当地民众来说，使用法语被认为礼仪性过重，甚至带有蔑视性。所以，受审者使用民族语言，而律师和法院则使用法语。

（二）各时期的语言政策

塞内加尔的语言政策可以分为四个阶段：1960年独立前，独立后至1980年，1980—2000年，2000年至今。

1. 1960年独立前

殖民地时期，法国在塞内加尔推行的语言政策旨在弱化土著语言，使之边缘化和幼稚化。各种民族语言被称为方言、土语，而不是被当作语言。

1928年，殖民政府出台一条法令，规定法语是学校使用的唯一语言。禁止教师之间、教师和学生之间在课堂上或课间休息时使用方言。这是在大城市进行的语言文化同化的翻版。

20世纪50年代，发生了一场旨在促使非洲文化、文明和语言恢复地位的民族运动。运动的著名人物和先锋分子谢赫·安达·迪奥普（Cheikh Anta Diop）在1954年出版《黑非洲民族与文化》一书，反对殖民主义，反对所有把非洲语言低等化和边缘化的政策。同一时期，在法非洲大学生联合会的一些塞内加尔大学生积极呼吁独立，并发表文章支持民族语言的使用，用沃洛夫语创作诗歌和戏剧，为沃洛夫语作为文字语言和文学作品语言的推广做出了极大贡献。

2. 1960—1980年

塞内加尔独立后推行语言政策可以说是复制或延续了殖民地时期的语言政策。独立后的第一部宪法使得法语在政治和社会经济领域完全占据主导地位。

桑格尔总统想通过推广使用法语把塞内加尔变成单一语言国家，从而促进国家稳定。1963年，达喀尔应用语言学中心（DLAD）成立，主要目标之一是对民族语言和法语进行比较研究，旨在改善法语教学来适应塞内加尔的社会文化现实。

1960—1970年，语言政策方面的努力旨在强化法语的地位、推进法语的使用，但并未对民族语言置之不理。1971年5月21日，第一个提升民族语言地位促进民族语言发展的法律文件得以颁布。沃洛夫语、颇尔语、谢列尔语、曼丁戈语、索南盖语和第约拉语被赋予"民族语言"的法律地位。法令还规定"塞内加尔政府计划将民族语言引入国民从小学至大学阶段的教育"。

桑戈尔为国家选择了双语教育政策，一方面是法语，另一方面是六种民族语言。他在1971年5月的法令中陈述了做出这种选择的动机。

取代法语作为官方语言和教育语言的地位既不合适，也不可能。事实上，我们至少需要两代人的努力使我们民族语言中的一种成为科学技术教育的有效工具，前提是我们拥有财政能力和人力资源，也就是优质的学者和技术人员。然而，40—50年的落后在20世纪下半叶内是不能迎头赶上的。

事实上，排他性的"法语化"政策在20世纪70年代末停滞不前，因为塞内加尔整个教育系统面临诸多问题。民族语言被排斥在教育体系之外，既不是学校教学语言，也不是扫盲语言。教学机构的教学法目标和方法论目标既不协调也不实用。法语作为母语、第二语言和外语需要使用不同的方法论，有不同的教学课时，制定不同的教学大纲，教授不同的内容。

3. 1980—2000年

1980年12月，桑格尔辞任总统，不久后，桑格尔当政时的总理迪乌夫当选新总统。1981年1月，应迪乌夫要求，召开教育与培训整体情况论坛。这次论坛的召集释放强烈信号，与之前的法语完全占据塞内加尔社会和行政教育机构的语言政策划清界限。论坛聚集了教学研究人员、政府代表、工会以及其他对教育感兴趣的组织，还有学生家长和宗教人士。对整个教育体系提出质疑在塞内加尔和非洲的教育史上都是第一次。提出质疑的原因可以归纳如下。

（1）极少数人享有教育和培训。国家近四分之一的预算划拨给国民教育，然而70%—80%的国民既不会说法语也不会拼写法语。

（2）人口增长与学习法语的入学率之间的不对称不断增大。实际生活中，法语在各民族语言之间不再起到中立性和裁判性的作用，而同时沃洛夫语已经发展成为全国通用语言。

（3）教育和培训与国家社会经济情况不匹配。学校一直有培养社会精英的使命。

论坛经过三天的会议和辩论，采纳了一系列建议，特别是关于教育语言地位方面的建议。论坛倡议使学校更为民主，使所有的学龄儿童更为容易地接受教育。论坛旗帜鲜明地抛弃了学校现行的法语教学方法，彻底否定了桑格尔时期极端法语化的政策。

论坛强调推动民族语言的发展，使民族语言作为学校所有课程的授课语言。民族语言也应该在公共生活和官方活动的所有领域普遍使用。根据论坛提出的构想，学前教育完全使用民族语言；小学前三年，教学语言只使用母语；尽管法语保持国家官方语言的地位，但只在小学第二年中期引入课堂，在中学和大学阶段为教学语言；将使用民族语言对成年人扫盲。

英语和阿拉伯语将成为国民优先学习的语言，英语教学满足对冈比亚（官方语言为英语）和世界开放的需要。阿拉伯语在宗教生活中非常重要，近95%的塞内加尔人为穆斯林，阿拉伯语教学满足文化需要。

从中可以看出，社会各界强烈要求赋予民族语言官方功能，有必要按照塞内加尔社会语言环境采取双语教育。

1981年塞内加尔成立国家教育和培训改革委员会来确定双语教育进程的路线和行动计划。此后，六种民族语言在基层行政机关的使用得以扩大。国民议会、法庭、大区议会等上层行政机关仍使用法语。1991年颁布的关于国民教育指导方针的第91—22号法律第6条强调发展民族语言教学，让受教育者直接感受自己民族的文化和历史。

民族语言进入学校教育将分为两个阶段：第一阶段，民族语言作为教学课程语言实验性地引入小学和中学课堂，法语仍为教学语言；第二阶段，民族语言成为与法语一样的教学语言，使用方法有待确定。

但是民族语言引入教学的第一阶段就产生了问题，民族语言本应作为教学使用语言，但实际上是使用法语作为民族语言的教学语言介质。主要原因是 20 世纪 80 年代的经济形势不利于实施国家教育和培训改革委员会制定的措施，面临世界银行和世界货币基金组织的压力，塞内加尔政府不得不缩减公共开支，没有足够的财政能力来开启新模式的学校教育。

可以说，1984—2000 年，塞内加尔政府出台的语言政策没有取得重要进展。但这一时期，越来越多的国内和国际非政府组织参与扫盲，非政府组织参与民族语言的扫盲开始于 70 年代初。

4. 2000 年至今

2000 年 3 月 19 日，塞内加尔民主党领袖瓦德当选共和国总统，结束了社会党 40 年的统治。民众对语言政策的期待有望变为现实，与社会党结盟的其他党派也呼吁实施有利于民族语言的政策。瓦德总统能够用沃洛夫语书写，20 世纪 60 年代，他曾在法国格列诺布尔积极参与"沃洛夫识字课本"小组的活动。

负责扫盲和编纂整理民族语言工作的机构取得的成果为新政府制定语言政策奠定了坚实基础。2001 年 1 月 7 日颁布的新宪法第一条（第二款）规定：塞内加尔共和国的官方语言为法语。民族语言有第约拉语、曼丁戈语、颇尔语、谢列尔语、索南盖语、沃洛夫语以及其他所有将被编纂整理的语言。2001 年 10 月，五种其他语言获得民族语言地位：le hassaniya、le balant、le mancagne、le noon、le mandick。2002 年，又有四种语言被宪法赋予民族语言地位：le bédick、le bassari、le bainuk、le saafi。对于另外一些语言的研究已经结束或处于收尾阶段。同一时期，联合国教科文组织也强烈呼吁挽救濒危语言及其承载的文化。

根据行动计划，2002 年秋季开学后，除了之前的六种民族语言，学生们还可以使用新增的三种体系化语言交流，这三种语言不久后将正式用于教学。全国儿童将学习民族语言，100% 参加启蒙课程，75% 参加预备课程，50% 参加基础课程。民族语言开始实际用于学校教育，第一批获得民族语言法律地位的六种语言已经在全国范围的 75 所学校实验教学。2004 年，文化部联合其他相关部委筹划创立民族语言研究院。

瓦德总统执政期间对沃洛夫语采取支持态度，政府成员在媒体的公开讲话用法文和沃洛夫文发表。

2012 年，萨勒当选总统后，政府意识到法语教育有利于塞内加尔的年轻人走向世界，继续推进双语教学，注意提升教师水平，推广新的教学法改善法语教学效果。2017 年，法语国家组织（Organisation Internationale de la Francophonie，OIF）的下属机构法语国家教育培训学院（l'Institut de la Francophonie pour l'Education et la Formation，IFEF）在达喀尔成立，萨勒主持成立仪式。该学院旨在为成员国在教育政策制定、实施、跟踪和评估方面提供技术鉴定，以确保提供高质量的公平性和全纳性教育[1]，促进所有人终身

---

① 全纳教育是 1994 年 6 月 10 日在西班牙萨拉曼卡召开的"世界特殊需要教育大会"上通过的一项宣言中提出的一种新的教育理念和教育过程。它容纳所有学生，反对歧视排斥，促进积极参与，注重集体合作，满足不同需求，是一种没有排斥、没有歧视、没有分类的教育。

学习的可能性。

从 2014 年 12 月 2 日起，国民议会借助于同传系统，使得议员们可以用沃洛夫语、第约拉语、曼丁戈语、颇尔语、谢列尔语、索南盖语或者法语发言，因为近三分之一的议员（特别是大部分女议员）不能用法语表达或流利表达。

截至 2018 年 2 月，塞内加尔 25 种语言当中的 22 种已经得到编纂整理，有 13 种民族语言用于扫盲①。

四 分析与总结

（一）塞内加尔语言政策的特点

塞内加尔的语言情况符合 Diki-Kidiri 分类中的第二种类型②：沃洛夫语是大众语言，法语是精英群体语言，其他民族语言则是基础语言。在塞内加尔，法语从未真正成为全国通用的交际语言，在家庭生活中也是如此，面对民族语言，使用范围正在快速下降③。王辉认为，语言政策"主要立足于解决社会中的语言问题"④。但塞内加尔的语言政策一直没有立足于解决社会中的语言问题，或者说语言政策和实际情况之间存在一种鸿沟。这是一种从殖民时期流传下来的障碍，阻滞了塞内加尔人民的创造精神。⑤ 塞内加尔通过法律、法令颁布的语言治理政策在执行过程中总是碰上各种各样的障碍，国家总是借口缺乏财力和人力来推进民族语言规范化、正常化，没能很好地保护和发扬民族语言承载的文化。

1960 年独立之后，塞内加尔进行了一系列关于多语言的改革和治理措施。诚然，殖民政策不会推动当地的语言发展，但必须承认从独立后到 1971 年，塞内加尔并没能从多语言的国情出发制定与之相适应的语言政策。桑格尔采纳发展法语的政策时，掌握这种语言的塞内加尔人不足 15%（Dumont 估计这一数字仅有 10%）⑥，而说沃洛夫语的人口则高达 65%—80%。桑格尔多次说："塞内加尔的民主只有通过全部塞内加尔人的法语扫盲才能真实有效。"⑦ 当时制定政策的形势和背景对当今语言政策的模糊性有极其深刻的影响。尽管 2000 年后塞内加尔采取的语言政策有利于发展双语教育，但没有确定现有

---

① Lequotidien, "Introduction des langues nationales dans le système éducatif: Le Sénégal peine à passer à l'échelle", Quotidien, février 20, 2018, https://lequotidien.sn/introduction-des-langues-nationales-dans-le-systeme-educatif-le-senegal-peine-a-passer-a-lechelle/.

② Diki-Kidiri, Marcel: 《Multilinguisme et politiques linguistiques en Afrique》. Langage, Langues et Cultures d'Afrique noire. Université Paris 7 – Denis Diderot: France.

③ CISSE, Mamadou, Langue, Etat et Soiété au Sénégal, Revue électronique internationale de sciences du langage sudlangues, 2005, p. 100.

④ 王辉：《语言规划研究 50 年》，《北华大学学报》（社会科学版）2013 年第 6 期。

⑤ Ndiaye, Mamadou 2006 《Réflexions sur la politique linguistique du Sénégal: Les obstacles historio-culturels et les solutions pratiques à mettre en oeuvre》, Goethe-Institut, Dakar: Sénégal.

⑥ Cf Dumont, P.：《塞内加尔的法语和非洲语言》，巴黎：Karthala-A. C. C. T. 出版社 1983 年版，第216 页。

⑦ Les Convergences culturelles au sein de la Nation sénégalaise, Actes du colloque de Kaolack, 8 – 13 juin 1994. Moustapha Tambadou 汇集整理，文化部出版，第 138 页。

语言共存的方式。学校教育和扫盲分开也使得民族语言在教育体系中没有话语权。

塞内加尔语言政策的主要特征可以概括有以下两点：一方面推动主要的民族语言使其成为文化语言；另一方面保持法语官方语言和国际对话语言的地位。

（二）总结与展望

塞内加尔是个多语言、多文化的国家，塞内加尔民族语言的发展不能满足人民的需要。塞内加尔国际航空公司采用比较务实的态度来保证收益，在国内航班和国际航班上均采用法语和沃洛夫语与旅客对话。在一直把法语作为唯一工作语言的高级行政部门，国民议会自 2014 年 2 月也通过同传技术使得议员们能够用民族语言发言。这一政策体现了政府推动语言多样性的意愿。

塞内加尔需要重新平衡语言形式，而不是维持使用双语的现状。社会多语言的使用不会撼动法语在塞内加尔的地位，法语一直是维系国家团结的因素之一。切实推广多语言的使用是塞内加尔各族人民的需要，也是大部分公立学校的呼吁。另外，赋予被广泛使用的沃洛夫语与法语同样的官方语言地位也将有助于塞内加尔的民族认同，推动社会和经济发展。

（本文编辑：文雅）

非洲法语国家仲裁制度发展研究

王 娅*

【摘　要】随着中国成为非洲的第一大投资国,中国投资者在非洲的海外利益保护面临着较大挑战。仲裁已成为当今投资贸易争端的重要解决方式,非洲仲裁制度应被中国投资者积极关注和应用。非洲法语国家其实较早地加入了国际仲裁及执行的相关公约,其内部仲裁制度也在《联合国国际商事仲裁示范法》等现代仲裁法的引导下走向进步和成熟。众多文献和数据证明了国际仲裁在非洲的发展具有广阔前景。本文首先梳理了非洲内部的仲裁发展概况,非洲对国际仲裁制度的参与,并通过探索非洲社会文化中所蕴含的争端解决的路径和价值取向,揭示非洲法语国家对于吸收、接纳现代争端解决法律制度的文化基础。其次分析了非洲法语国家仲裁制度的发展特趋势,并着重分析了撒哈拉沙漠以南非洲法语国家主要使用的仲裁统一制度的特点。最后,在非洲争端解决"本土化"趋势下,建议中国投资者善用仲裁解决商事争端;在建立"一带一路"一站式多元化争端解决机制的背景下,探讨中国国际商事法庭与非洲开展制度互鉴的前景。

【关键词】非洲仲裁;传统文化;国际投资争端

引　言

非洲国家是海上丝绸之路的历史和自然延伸,非洲是中国向西推进"一带一路"建设的重要方向和落脚点,是一个充满活力的大陆,陆地面积3029万平方千米,拥有世界上最重要的53种矿产和一些稀有战略资源,人口总数超13亿,预计2050年达到25亿,其劳动力人口将在2034年前超过中国和印度。中国投资按外国直接投资(FDI)流量计算,中国自2013年以来超过美国,成为非洲大陆最大的直接投资者。目前中国投资已经基本覆盖非洲现有的54个国家和6个区域。

然而随着投资的深入,非洲存在的一些固有问题也构成了对中国企业的挑战,如政治安全问题、法律及政策执行等问题对投资安全的挑战尤为突出。基础设施建设及投资是在非实施"一带一路"倡议的重要内容,中国投资大量参与到东道国的大型公共项目

---

* 四川外国语大学法语学院教师,法学博士,研究方向:非洲发展问题及非洲法律研究。

中，而此类项目时常受到世界国际关系中多边关系的影响或东道国国内政治局势的影响。此外，非洲国家法律法规涉及外贸、投资、税收、劳工、外汇等多个方面的健全性有待发展，且存在法律和政策执行上的障碍。由此引发的民商事纠纷以及外国投资者与东道国之间的投资争端亟待寻求适当的方式解决。

仲裁作为国际上广泛运用的、以非诉讼方式解决民商事纠纷的重要形式，越来越多地被在非投资的外国投资者重视，特别用来解决对非投资及贸易中的民商事纠纷。非洲对国际仲裁并不陌生，非洲国家较早批准了《承认及执行外国仲裁裁决公约》（以下简称《纽约公约》）和《关于解决国家与他国国民之间投资争端的公约》（以下简称《华盛顿公约》），并且非洲在各种领域都存在着通过仲裁解决争端的传统和做法。[1] 与此同时，随着外国对非洲直接投资稳定增长，仲裁已成为外国投资者的首选争端解决方法。在投资非洲国家之前，投资者越来越多地考虑投资目标国是不是《纽约公约》的缔约国，以及是否采用了《联合国国际商事仲裁示范法》（以下简称《示范法》）。非外国直接投资在2019年同比增长了11%，达到460亿美元。[2] 数据显示，通过国际仲裁解决非洲产生的争端也持续增长。国际商会（ICC）和伦敦国际仲裁院（LCIA）发布的报告说，自2018年以来，涉及非洲当事人的仲裁数量有所增加。[3]

一 非洲争端解决的传统文化基础

仲裁，就其当代意义而言，其特征是争议各方在中立、独立和公正的第三方的帮助下解决他们之间的争端。现代意义的仲裁在非洲能够得到广泛传播和应用，除了现代成文法占主导地位的司法化社会背景以外，与非洲民间社会代代相传的传统友好争议解决文化密切相关。非洲传统争议解决机制源远流长，非洲传统社会的终极目标是寻求和平与和谐。非洲传统社会从其日常生活经验中发展出一套惯例和规则，这些惯例和规则倡导以非暴力的方式解决冲突，长久以来，在控制社群内部的各类冲突中，发挥了强大的作用。传统争议解决机制基于集体主义的价值观导向，注重修复原有秩序，强调公开、协商一致和公众的高度参与等原则，并有其特定的作用边界。在今天的非洲，传统争议解决机制在农村地区、民事领域扮演着重要角色，而在城市地区、刑事领域更多是充当正式司法机制的辅助和补充。传统争议解决机制在冲突后和平建设阶段作用显著，能够促进族群和解、弥合社会裂痕和维护社会稳定，但也面临着合法性被削弱这一问题。当前，撒哈拉以南非洲法语国家面临着传统回归和现代化转型的双重挑战，本土冲突解决机制的行为主体和组织结构正发生变化，但其价值内核仍将延续。从这些国家的历史、社会结构和当代发展来看，传统争议解决机制根植于社会结构和文化传统中，蕴含着丰

---

[1] Andrea Carlevaris, Tunde Ogunseitan, "The Africanisation of International Arbitration", *Transnational Dispute*, Vol. 7, 2020, pp. 67-73.

[2] 联合国贸易和发展会议：《2019年世界投资报告：特殊经济区》，第18—20页。

[3] ICC News, "ICC Arbitration figures reveal new record for awards in 2018", December 2, 2022, https://iccwbo.org/media-wall/news-speeches/icc-arbitration-figures-reveal-new-record-cases-awards-2018/.

富的冲突解决理念和手段。① 当事人所属部落或群体的话事人依据"习惯法"进行"仲裁"。这种传统"仲裁"与现代法律中的仲裁显然存在许多区别，但两者包含的一些原则和价值取向具有一定共性。

非洲传统争议解决机制的特点主要体现在三方面。一是遵从集体主义价值观。在非洲大陆上，相对于个人主义观念，集体主义观念占据主导地位。个体认知自我身份的过程更多的是伴随着一个群体、一个社区、一个民族的社会活动。争议在特定群体成员参加的仪式中处理，仪式围绕着负责人的权威进行。通过传统的仪式，群体成员通过多轮直接或间接的对话，尽管会花费一定的时间，但最终会寻求一个群体成员都接受的解决方案，从而保障社区的内部和平与沟通。二是注重修复原有秩序。主要运用调解、仲裁、谈判、道歉和赔偿等手段解决冲突。在寻求关系正常化和解决冲突的过程中，非洲人民非常重视谈判程序。多回合沟通的目的不是宣判，而是旨在恢复社群内部的和谐与和平。三是强调公开协商一致和公众的高度参与。参与冲突解决的行为主体一般有三类：仲裁员、冲突各方和公众。② 传统争议解决程序中的很多时间都被分配给处理人际关系、建立社区的凝聚力方面的工作，群体成员的作用在程序中得到强调。所有出席的人都可能被邀请发言。这种将责任扩大到群体，以促进争议双方建立新关系直至达成和解的做法可以说是非洲传统争议解决机制的典型特点。"仲裁员"基于严格的标准来推举，简单而言，这个人必须正直可敬。传统"仲裁"只有在冲突各方同意的情况下才能进行。这一点，也与现代仲裁制度中的当事人意思自治的基本原则一致。由此可以看出，非洲传统的争议解决机制也一定程度地体现了现代仲裁的实施办法和价值观。现代仲裁制度在非洲法语国家传统社区中的实施具有天然的文化土壤。非洲习惯法与现代司法的相融与并存一直以来都是非洲法律文化历史发展的主旋律。

二 非洲现代仲裁发展现状

非洲共有 54 个国家，在非洲大陆使用的语言有数百种。根据西方殖民历史遗留的法律传统可将非洲国家大致分为两类：大陆法传统的国家（主要为法国的前殖民地）和普通法传统的国家（主要为英国的前殖民地）。仲裁在不同的法律传统下也反映出不同的特点和发展现状。非洲其实是国际投裁的早期支持者，20 世纪 60 年代，国际投资争端解决中心（ICSID）成立时，得到非洲国家的支持。首批批准《关于解决国家与他国国民之间投资争端公约》（简称《ICSID 公约》）的 20 个国家中，非洲国家占了 70%。

（一）非洲对国际仲裁制度的参与

目前非洲有 39 个国家加入了《纽约公约》，与投资相关的仲裁裁决可以在《纽约公

---

① 张永宏、程实：《撒哈拉以南非洲本土冲突解决机制：特点、作用边界及发展趋势》，《西亚非洲》2020 年第 1 期。
② 张永宏、程实：《撒哈拉以南非洲本土冲突解决机制：特点、作用边界及发展趋势》，《西亚非洲》2020 年第 1 期。

约》的 163 个缔约国中得到承认和执行。最早在 ICSID 登记的两个案件分别涉及非洲国家摩洛哥和科特迪瓦。随后,涉及刚果民主共和国、尼日利亚的案件相继出现,加蓬还作为当时罕见的国家申请人提出了一次仲裁申请。值得注意的是,这 39 个加入《纽约公约》的非洲国家包含了非洲规模最大的三个经济体——尼日利亚、南非和埃及,其 GDP 总和超过 1 万亿美元。然而,非洲仍是未加入《纽约公约》的国家比例最高的大陆。因此,投资者试图在未加入《纽约公约》的这些国家中执行外国仲裁裁决时仍将遇到困难,这些国家对于他国仲裁裁决没有义务予以承认与执行,也可能会施加更严格的执行标准。

自 2008 年国际金融危机以来,涉及非洲国家的投资者—国家仲裁案件明显增加。ICSID 在 20 世纪 70 年代平均每年有一个案件涉及非洲,80 年代每年有两个案件,90 年代每年有四个案件,2000 年开始跃升至每年 24 个案件,2010 年至今每年有 40 个案件。ICSID 的案件总数约 600 个,与非洲有关的案件大于总数的五分之一,即 ICSID 受理的涉及非洲国家的案件逾 100 个。这个数字包括涉及 32 个撒哈拉以南非洲国家的 80 个案件(以刚果民主共和国的 9 个案件为首)和涉及 5 个北非国家的 41 个案件(以埃及的 29 个案件为首)。[①] 在 ICSID 已完成的涉及非洲国家作为被告的案件中,国家在 44% 的案件中获胜,投资者在 41% 的案件中获胜,在 15% 的案件中双方各有得失。胜诉的投资者所获得的损害赔偿金差别很大,从不到 100 万美元到 7460 万美元不等,大多数赔偿金都在 7 位数的范围内。[②]

(二) 非洲内部仲裁法律制度的发展

目前非洲有 11 个国家以联合国《示范法》为参考,制定了其国内的仲裁法。《示范法》为各国提供了一个可靠的、结构完整的国内仲裁制度,值得投资者仔细研究。例如,根据《示范法》,国内法院只能在有限的情况下拒绝执行一项裁决。当投资者考虑将一个国家作为其仲裁地时,在该国适用的仲裁法尤其重要。仲裁地可能决定仲裁的程序法,那么国内法律的可靠性应是投资者重点考虑的因素。随着非洲国家仲裁制度的进一步发展,如果外国投资者对投资东道国的法治承诺有足够的信心,就可能更多地将其仲裁地点设在非洲国家,由此节约人力、财力、时间等成本。然而,对于大型项目来说,外国投资企业目前所青睐的仲裁地仍然是在非洲国家之外的国际仲裁高地——纽约、伦敦。尽管调查表明,58% 的当事人会考虑在非洲进行仲裁,但在国际商会 2018 年登记的 842 个新案件中,只有 1.9% 是在非洲进行的。而 2018 年伦敦国际仲裁院的 317 个案件中,只有两个是在非洲进行的。[③] 尽管如此,非洲国家正在积极制定和采用现代仲裁制度。非洲最大经济体尼日利亚于 2018 年 2 月通过了《仲裁和调解法》。该法的实施大大促进了投资者选择尼日利亚作为仲裁地,以《仲裁和调解法》作为相关仲裁法。

此外,非洲大陆自由贸易区建设(AfCFTA)已于 2021 年 1 月 1 日正式启动,已有

---

① Diamana Diawara, "Arbitration in Africa", *Legal Business*, Vol. 12, July/August 2015, p. 108.
② KIAC, *KIAC Annual Report*, July 2016/2017, p. 7.
③ LCIA, *2018 Annual Casework Report*, pp. 5 – 11; ICC, *ICC Dispute Resolution 2018 Statistics*, pp. 4 – 13.

54 个非洲成员国签署，34 个国家批准，将对非洲贸易产生重大影响。《非洲大陆自由贸易区协定》包含一个缔约国之间贸易争端解决的议定书——《关于争端解决的规则和程序议定书》，其含有 3 个附件，分别是争端解决小组工作程序、专家审查、争端解决小组成员和仲裁员行为守则。争端当事方也可以通过协商，就仲裁程序达成一致意见而申请仲裁，并通知争端解决机构。据目前的信息看，非洲自贸区争端解决机制将类似于世界贸易组织争端解决机制。然而，投资保护的问题，包括投资者—国家争端解决的规定，仍有待在自贸区第二阶段的谈判中解决。

从前，涉及非洲当事人的大部分国际仲裁都是由设在非洲大陆以外的仲裁机构管理的，其中最引人注目的是国际商会和伦敦国际仲裁院。除开罗国际商业仲裁区域中心（CRCICA）外，非洲在过去一直没有一个全球知名的仲裁机构。然而，这一趋势正在改变。非洲法律、政商界正积极推动"非洲争议在非洲解决"的倡议，非洲正在建立更多的仲裁中心。近年来，投资各方在约定仲裁条款时，考虑到相关材料文件获得及证人出庭的便利性，越来越多地选择在非洲当地进行仲裁。越来越多的非洲仲裁机构，将业务从国内仲裁扩展到国际仲裁。

因此，非洲区域性仲裁机构的受理案件数量一直稳步增长，一些新的仲裁机构开始涌现。最早的区域仲裁机构是开罗国际商业仲裁中心，其他新近成立的机构还有：南部非洲仲裁基金会、拉各斯商会国际仲裁中心、内罗毕国际仲裁中心、加纳仲裁中心、肯尼亚法律协会国际仲裁中心和卡萨布兰卡国际调解和仲裁中心，同时吉布提国际仲裁中心也在筹建中。一些专门性仲裁机构开始出现，如埃及体育仲裁中心和摩洛哥国际海事和航空仲裁法院。中非联合仲裁中心也于 2015 年 12 月由中非合作论坛成员国召集成立，包括位于中国的北京中心和深圳中心，以及位于非洲肯尼亚的内罗毕中心，旨在解决中非各方之间的商业争端。这些最新发展表明，非洲已经初步具备了进行国际仲裁的场所和制度支持，非洲国际仲裁将迎来蓬勃发展。

三　仲裁在非洲法语国家的发展

非洲区域一体化是非洲大陆一体化的重要发展阶段，在此过程中诞生了一批具有影响力的区域组织。诸如"中非经货联盟"、"西非经济共同体"、"非洲商法统一组织"（Organization pour l'harmonisation du Droit des Affairs en Afrique，OHADA）这样的区域组织大多通过其组织条约设有区域争端解决机构或机制，这些机制虽完善程度不一、设立时间不同，但体现了非洲区域组织及其成员国对现代仲裁制度的认同。许多案例也显示了非洲国家对仲裁的支持态度。毛里求斯最高法院根据《毛里求斯民法典》决定将诉讼程序中的案件提交仲裁，认为在当事人双方合意进行仲裁的情况下，法院应中止审理当前的争议。非洲法语国家主要分布在两个主要的次区域：北部非洲（主要是马格里布地区和埃及），以及撒哈拉以南非洲法语地区。后者中的绝大部分国家加入了 OHADA，遵循该组织的仲裁制度。

北部非洲的仲裁实践与撒哈拉以南非洲法语国家的仲裁实践有些不同。在北非的阿尔及利亚和埃及，仲裁是一种常见的争端解决方式，而在该地区的其他国家，仲裁被较少地使用。在这些国家，国家豁免被作为仲裁裁决执行的前提条件。如突尼斯和利比亚，仍然不允许对国家执行仲裁裁决。北非法语国家关于仲裁的立法和接受度存在着一些共同点。一是仲裁法都对国内仲裁和国际仲裁进行了区分，这与法国的传统做法一致。二是各国立法者对促进仲裁作为一种有效的争端解决机制的接受度正在不断提高。北非法语国家加入了与仲裁有关的公约，但这些公约的缔约国大多为阿拉伯国家，如《利雅得司法合作协定》、《安曼国际商业仲裁公约》和《阿拉伯国家资本投资统一协定》。三是北非法语国家的立法对仲裁协议的规定较为具体。例如，阿尔及利亚《行政和民事诉讼法》第1007条规定了仲裁条款的自主合意性质，将提起仲裁作为一项权利赋予当事人，双方当事人可以约定合同争议采取仲裁方式解决。仲裁条款必须以书面形式说明，并规定仲裁员的提名或其任命方式，但该条只适用于国际仲裁。

大部分非洲法语国家分布在撒哈拉以南非洲地区。撒哈拉以南非洲拥有丰富的自然资源和矿产资源，人口红利巨大，加速的城市化进程以及日益增长的消费力水平等因素，使中国投资者与该地区的贸易合作与投资活动互动频繁。但该地区法律和司法的不确定性一直是吸引外国投资和制约该地区经济发展的主要障碍。目前，撒哈拉以南非洲法语国家的仲裁立法和实践主要得益于 OHADA 在该地区商业法的协调与统一上发挥的重要作用。该组织为解决商事纠纷建立了完善的仲裁制度，其"超国家"性质的管辖权对争端解决结果的承认与执行提供了保障。OHADA 于 1999 年通过了《仲裁统一法》并于 2017 年对其进行修订，该法以《示范法》为基础。OHADA 的较完善先进的仲裁制度为该地区的投资仲裁提供了保障。该组织目前的 17 个成员国均分布于撒哈拉以南非洲地区，几乎都是法语国家，它旨在通过简单、现代和适应当地现状的商业法规来促进本地区及外国投资，OHADA 的十部统一商业法律在所有成员国中优先于国内法实行，《仲裁统一法》便是其中之一。中国对非投资排名前十的国家中，就有 5 个 OHADA 成员国。

近年来中非贸易争议越来越倾向于使用更加"本土化"的方式进行解决，国际商会、国际投资争端解决中心已不再是争议解决的首选机构。OHADA 一直积极推动仲裁、调解等非诉讼方式作为解决商事纠纷的有效机制。OHADA 成员国涵盖了 5 个未加入《纽约公约》的国家（乍得、刚果、几内亚比绍、赤道几内亚和多哥），这意味着 ICC、ICSID 作出的裁决不能在上述国家得到承认与执行，但 OHADA 的共同司法和仲裁法院（CCJA）的裁决却能够得到有效快速的承认与执行。因此，利用 OHADA 的仲裁制度解决中国在撒哈拉以南非洲的投资争端对于中国实现"一带一路"高质量发展，对于大量"走出去"的中国企业具有重要意义。

OHADA 的《仲裁统一法》是 OHADA 地区争议各方进行仲裁时的准据法，适用于 CCJA 管理的机构仲裁以及由 CCJA 以外的机构进行的临时仲裁或机构仲裁。根据组织条约，CCJA 具有双重作用，既是常设仲裁庭，又是 OHADA 法律的终审法院，并有权废除该地区其他仲裁机构作出的裁决。《仲裁统一法》是以现行国际仲裁规则，特别是以《示范法》为蓝本而制定的，适用于仲裁地位于 OHADA 成员国内的所有仲裁，无论仲裁的当事人是否来自 OHADA 的成员国，还是其他国家。《仲裁统一法》相对于成员国内的仲裁法律具有优先适用的地位。《仲裁统一法》与《CCJA 程序规则》共同构建了一套完整的争端解决规则。OHADA 法律优先于国内法律在实践中得到了成员国的承认，与《仲裁统一法》相冲突的国内仲裁法应被替代，国内仲裁法可继续适用于《仲裁统一法》中没有涉及的问题。

《仲裁统一法》于 2017 年进行修订，体现了 OHADA 仲裁制度的不断革新。仲裁程序的效率和透明度得到进一步提升，CCJA 作为区域仲裁中心的软硬件进一步增强，OHADA 成员国更有可能成为被投资者青睐的仲裁地。CCJA 作出的仲裁裁决在 OHADA 成员国境内具有与这些国家国内法院的判决相同的约束力。在"投资仲裁本土化"的趋势中，CCJA 作为区域仲裁中心越来越受到非洲国家的青睐，许多国家在其国内投资立法中都添加了将其作为非洲区域仲裁中心以解决争端的条款。[1] OHADA 仲裁制度允许投资者根据任何与投资保护有关的文书（包括双边投资条约和当地投资法）对 OHADA 区域内的东道国启动投资仲裁程序。投资仲裁应是主持中国投资者与东道国之间的投资争端重要方法。

争端由独立于东道国司法系统的中立仲裁庭处理，可防止东道国政府干预司法，损害外国投资者的利益。考虑到中非之间民商事争议的实际情况，结合非洲国家争议解决的现状，仲裁应是解决中非民商事争议的上佳选择之一。在非洲选择仲裁时，中国当事人要考虑仲裁地所在国是否具有仲裁友好型法律制度、该国法院是否在实践中支持仲裁、该国是不是《纽约公约》或仲裁友好型区域争端解决公约的缔约国等因素，并且要尽量选择具备良好条件和完整制度的常设仲裁机构进行仲裁。目前，中非之间已经设立了中非联合仲裁中心，从长远来看，中非仲裁机构之间可考虑加强合作，向中国当事人积极推广仲裁作为解决民商事争议的主要途径。

四　非洲仲裁制度与 CICC 开展制度互鉴的前景

"一带一路"倡议提出十年来，中国与各国间贸易往来、产业合作不断深入。如今，当这个"源自中国，属于世界"的倡议逐步进入高质量发展的快车道，如何应对不可避免的跨国商事纠纷成为中国与参与国共同的关切，国际仲裁由此成为"一带一路"建设中助力贸易、投资、基础建设等合作领域的重要角色。越来越友好的仲裁环境正在非洲形成，更多走出去的中国企业将能够选择仲裁维护投资利益。虽然大多数非洲国家都是《ICSID 公约》的缔约国，但加入《纽约公约》的非洲国家数量仍有待提高。非洲国际仲裁的发展形势乐观，相关从业者呼吁培养更多的非洲仲裁员，并在非洲实现仲裁的"本土化"。[2] 为实现这一目标，非洲一些组织和机构已进行了多年努力。OHADA 为撒哈拉以南地区国家设立了较完善的仲裁制度和仲裁机构，并根据二十多年的实践经验对其进

---

[1] Théobald Nauld, Ben Sanderson and Andrea Lapunzina Veronelli, "Recent Trends in Investment Arbitration in Africa", *Global Arbitration Review*, Vol. 9, 11 April 2019, pp. 231 – 237.

[2] Sebastian Perry, "Time to 're-localize' arbitration in Africa, ICCA told", *Global Arbitration Review*, 10 May 2016, p. 61.

行改革修正。非政府组织"非洲仲裁联盟"近十年来对非洲法律从业者进行相关投资法和国际仲裁制度培训,并定期公布在具体领域具有专长的人员名单,为非洲仲裁建立了宝贵的人才资源库。[①] 2018年6月29日成立的非洲仲裁协会旨在促进更多的仲裁人员培训和仲裁机构设立。

为深化推动"一带一路"高质量发展,避免中国对非洲的投资遭遇政治、法律等风险,中国投资者应充分关注非洲仲裁制度的新发展,以此为重要依据确定投资取向和投资国别等重大投资决策,并积极运用非洲本土仲裁制度,切实保护自身合法权益。2018年1月23日,习近平总书记主持召开的中央全面深化改革领导小组会议,审议通过了《关于建立"一带一路"国际商事争端解决机制和机构的意见》,规划设立了中国国际商事法庭(CICC)的蓝图。该意见指出,要设立符合"一带一路"建设参与国国情特点并被广泛接受的国际商事争端解决新机制和机构,公正高效便利解决"一带一路"建设过程中产生的跨境商事纠纷。争端解决机制主要旨在解决重大项目建设过程中产生的争端,中国将本着平等协商的原则,建立双边或多边机制,以充分协商为解决争端主要路径。[②] 非洲作为"一带一路"建设的重要区域,其本土仲裁规则应受到充分关注和研究,非洲仲裁制度将为"一带一路"国际商事争端解决机制的构建提供重要的参考,促进中国和非洲解决国际商事争端的合作,促进双边经济合作,最终促进"一带一路"建设的高质量发展。

(本文编辑:文雅)

[①] *DAIA Report*, African Arbitration Association, https://afaa.ngo/page-18348, 2023-1-8.
[②] 刘敬东:《"一带一路"法治化体系构建的再思考》,《环球法律评论》2021年第3期。

征稿启事

《世界法语区发展研究》稿约

尊敬的各位专家学者：

《世界法语区发展研究》为四川外国语大学世界法语区发展研究中心主办的学术集刊，由中国社会科学出版社出版。每年出版两辑，面向国内外发行，被中国知网等数据库收录，具有一定的影响力。

本刊旨在反映国内外世界法语区发展研究前沿动态，展示该领域深度学术评论，推动该领域研究事业的发展。本刊立足于理论研究与应用研究相结合的理念，反映世界法语区研究的新动向、新问题、新成果，开展该领域的前沿与热点问题研究，推广规范、健康的学术评论与争鸣，倡导问题导向的跨学科交叉研究。热盼相关专家、学者不吝赐稿。

本刊以发表原创性学术论文为主，常设栏目为"文学""文化与翻译""语言与教育"和"区域国别研究"并根据稿源情况设立动态栏目。本刊亦接受法文投稿，但仅限外籍作者或有外籍作者合作的稿件。法文投稿时，请一并提交中文论文摘要。

撰稿要求：

来稿篇幅以 8000 – 15000 字以内为宜。为方便编辑工作，本刊采用与《外国语文》（前《四川外语学院学报》）相一致的发稿体例。参考文献只采用脚注体例，每页重新编号。投稿前请按本刊已发表文章或近期《外国语文》的发稿体例仔细核对调整。本刊采用规范的专家审稿制度，在收到稿件三个月内通知审稿结果。编辑部可能会根据有关编辑要求对来稿做一定删稿，不同意删改者请在来稿时申明。来稿文责自负，切勿一稿多投，本刊不承担论文侵权等方面的连带责任。

投稿截止时间：2024 年 7 月 31 日。

鉴于当代世界法语区研究的跨学科发展趋势，本刊对脚注中的外文文献引用体例不作统一要求，但须标明出处。中文文献采用"作者：《书名（文献名）》，出版社与出版时间，第 N 页"的统一格式。如：

①张 XX：《西方汉学史》，北京大学出版社 2020 年版，第 100 页。

本刊采编接收稿件的邮箱为：fr@ sisu. edu. cn。投稿请使用 Word 文档，文字字体为中文宋体，外文 Times New Roman，小四字号，1. 5 倍行距。如有符号与图表请另附 PDF 文档，以便核对。来稿请注明作者单位以及作者实名、简介、联系方式。

《世界法语区发展研究》编辑部